STUDIENKURS ETHIK

Lehrbuchreihe für Studierende der Ethik, Philosophie, Theologie und Religionswissenschaften an Universitäten und Hochschulen

Wissenschaftlich fundiert und in verständlicher Sprache führen die Bände der Reihe unter anderem in verschiedene Bereichsethiken und ethische Fragestellungen ein. Die Bände vermitteln die grundlegenden Studieninhalte. Die konsequente Problemorientierung und die didaktische Aufbereitung der einzelnen Kapitel erleichtern den Zugriff auf die fachlichen Inhalte. Bestens geeignet zur Prüfungsvorbereitung u.a. durch Zusammenfassungen, Diskussions- und Verständnisfragen, weiterführende Literaturhinweise sowie Schaubilder und thematische Querweise.

Peter G. Kirchschläger

Ethisches Entscheiden

 Nomos

Onlineversion
Nomos eLibrary

Die Deutsche Nationalbibliothek verzeichnet diese Publikation in der Deutschen Nationalbibliografie; detaillierte bibliografische Daten sind im Internet über http://dnb.d-nb.de abrufbar.

ISBN 978-3-7560-1317-3 (Print)
ISBN 978-3-7489-1820-2 (ePDF)

1. Auflage 2023
© Nomos Verlagsgesellschaft, Baden-Baden 2023. Gesamtverantwortung für Druck und Herstellung bei der Nomos Verlagsgesellschaft mbH & Co. KG. Alle Rechte, auch die des Nachdrucks von Auszügen, der fotomechanischen Wiedergabe und der Übersetzung, vorbehalten. Gedruckt auf alterungsbeständigem Papier.

Für unsere Tochter Sara Alexandra

Vorwort

Ethisches Entscheiden fordert uns als Menschen dank unserer Freiheit tagtäglich heraus – sei dies im privaten oder beruflichen Alltag, sei dies auf individueller, organisationaler, institutioneller Ebene, sei dies im gesellschaftlichen, wirtschaftlichen oder politischen Kontext. Die dabei offen stehenden Chancen dank gelungenen ethischen Entscheidens und die diesbezüglich zu meisternden Herausforderungen nehmen zu – wegen wachsender ethischer Komplexität und aufgrund einer Realität, die sich zunehmend als VUCA-Welt (VUCA steht für volatility (Unbeständigkeit), uncertainty (Unsicherheit), complexity (Komplexität) und ambiguity (Mehrdeutigkeit)) präsentiert (Hieronymi, 2016, S. 6-21).

Angesichts dieser Realitäten und dank des Austauschs mit Studierenden, mit Teilnehmer:innen an Konferenzen, Tagungen, Forschungsworkshops, Veranstaltungen, bei denen ich mitwirken oder die ich leiten durfte, mit politisch engagierten Menschen, mit Entscheidungsträger:innen in Politik, Gesellschaft und Wirtschaft sowie mit Fachkolleg:innen und Wissenschaftler:innen aus anderen wissenschaftlichen Fächern und Disziplinen ist in mir die Idee gereift, ein Modell zu entwickeln, das danach strebt, neue Chancen und Herausforderungen, die im Zuge des ethischen Entscheidens auftreten, zu adressieren sowie zu einem begründeten ethischen Positionsbezug als auch zu einem entsprechenden Handeln zu ermutigen, und das in diesen Hinsichten über bisher existierende Modelle und Instrumente ethischen Entscheidens hinausgeht – dies natürlich im Bewusstsein, dass ich dabei vielleicht nicht allen bereits existierenden Instrumenten und Modellen ethischer Entscheidungsfindung gerecht werde. Gleichzeitig war es mein Ziel, ein Modell zu entwickeln, dass ethisches Entscheiden mit Leichtigkeit und mit argumentativer Eleganz unterstützt. Und herauskam: SAMBA!

SAMBA steht für die folgenden vier Schritte:

1. See and Understand the Reality
2. Analyze the Reality from a
   Moral Standpoint
3. Be the Ethical Judge!
4. Act Accordingly!

Mehr dazu folgt nun in dem vorliegenden Buch.

Ein Buch geht auf einen intellektuellen Weg zurück, den man niemals ganz allein beschreitet, sondern auf dem man direkt oder indirekt, mittelbar oder unmittelbar sowie implizit und explizit Anregungen und Impulse aufschnappt, sammelt oder entgegennimmt. Mein besonderer Dank gilt den Mitarbeiter:innen des Instituts für Sozialethik ISE der Theologischen Fakultät der Universität Luzern – Aaron Butler, Adrienne Hochuli Stillhard, Alexandra Kaiser-Duliba, Andrea Murer, Antonia Bilic, Dr. Ana Laura Edelhoff, Dr. Ernst von Klimakowitz, Dr. Evelyne Tauchnitz, Dr. Jürg Kühnis, Kiki Künzler, Matteo Frey, Melina Fäh, Shania Kuhn, Sonia Arfaoui –, den Teilnehmer:innen der Lucerne Graduate School in Ethics LGSE des Instituts für Sozialethik ISE der Theologischen Fakultät der Universität

Vorwort

Luzern – u. a. Elizaveta Bagrintseva, Noemi Honegger, Sara Ilić, Mojalefa Koloko, Laurence Lerch, Darius Meier, Jan Thomas Otte, Nina Stern, Stefanie Uhl und Matej Vereš –, der Faculty und den Studierenden der Lucerne Summer University: Ethics in a Global Context under the patronage of UNESCO des Instituts für Sozialethik ISE der Theologischen Fakultät der Universität Luzern, meinen Student:innen an der Universität Luzern und an anderen Universitäten im In- und Ausland, den Teilnehmer:innen von Konferenzen, Tagungen und Veranstaltungen, an denen ich mitwirken oder die ich leiten durfte. Gleichzeitig danke ich den anderen Mitgliedern, u. a. der Arbeitsgruppe Mobility 4.0 des Bundesamtes für Straßen (ASTRA), der Eidgenössischen Ethikkommission für die Biotechnologie im Außerhumanbereich EKAH und des Stiftungsrats der Stiftung Schweiz der Europäischen Akademie der Wissenschaften und Künste, von denen ich viel lerne bzw. lernen durfte.

Das forschungsorientierte wissenschaftliche Umfeld an der Theologischen Fakultät der Universität Luzern hat das Schreiben dieses Buches erheblich begünstigt, wofür ich sehr dankbar bin.

Besonders danke ich Herrn Alexander Hutzel vom Nomos Verlag für die Aufnahme der Studie in die Reihe „Studienkurs Ethik". Bei der Einrichtung des Manuskripts für die Drucklegung waren mir Frau Eva Lang vom Nomos Verlag sowie Frau Antonia Bilic, Frau Kiki Künzler und Frau Shania Kuhn vom ISE eine große Hilfe, für die ich sehr dankbar bin.

Meine Frau Miriam und unsere Töchter Sara und Mia, meine gesamte Familie und meine Freund:innen haben die Entwicklung dieses Buches mit ihrer Liebe und Freundschaft, mit bestärkendem Interesse und mit großartiger Unterstützung begleitet. Den Menschen meiner „kleinen Welt" gilt dafür all mein Dank.

Luzern, 13. Juli 2023   Peter G. Kirchschläger

Inhalt

1 **Warum Ethik-SAMBA?** 11
   1.1 Notwendigkeit ethischer Entscheidungen 11
   1.2 Erwartungen an ethische Entscheidungsfindung 18

2 **Ethik in einem globalen Kontext** 25

3 **Ethik und Recht** 35

4 **Menschliche ethische Entscheidungen sind und bleiben gefragt – auch in Zukunft** 41
   4.1 Delegation ethischer Entscheidungen an Maschinen? 41
   4.2 Verletzbarkeit 42
   4.3 Gewissen 47
   4.4 Freiheit 51
   4.5 Verantwortung 52
   4.6 Autonomie 52
   4.7 Ethische Entscheidungen von Menschen 56

5 **Die regelüberragende Einzigartigkeit des Konkreten** 59
   5.1 Ethik ist keine Demokratie 59
   5.2 Ethik jenseits von Prinzipien und Normen 59

6 **SAMBA** 63
   6.1 See and Understand the Reality 64
   6.2 Analyze the Reality from a Moral Standpoint 66
      Tugendethik 70
      Normethik 70
      Autoritative Ansätze 70
      Naturrecht 70
      Diskursethik 71
      Teleologie, Konsequenzialismus 72
      Utilitarismus 72
      Deontologie (Pflichtenethik) 73
      Das Prinzip der Verantwortung 75
      Das Gerechtigkeitsprinzip 85
      Menschenrechte als Prinzip ethischen Entscheidens 96
   6.3 Be the Ethical Judge! 119
   Exkurs: Ethik-Gremien, Ethik-Ausschüsse, Ethik-Kommissionen, Ethik-Räte, Ethik-Teams und Ethik-Gruppen in die Hände von Ethiker:innen! 128
   6.4 Act Accordingly! 131

7 **Ausblick: Ethik-SAMBA. Mit Leichtigkeit und argumentativer Eleganz in 4 Schritten ethisch entscheiden** 135

Literaturverzeichnis 137

Stichwortverzeichnis 151

1 Warum Ethik-SAMBA?

> **Zusammenfassung**
>
> In diesem Kapitel erfahren Sie, dass wir Menschen dank unserer Freiheit und unserer Selbstbestimmung dauernd ethische Entscheidungen zu treffen haben. Ethische Entscheidungsfindung stützt sich weder auf rechtliche Überlegungen oder auf Eigeninteressen, Einzelinteressen oder ökonomische Rationalität noch auf pragmatische oder praktische Überlegungen, sondern orientiert sich an dem Guten und sucht nach dem Richtigen. Die Ethik als Wissenschaft, die über Moral nachdenkt, soll hier weiterhelfen und Orientierung stiften. Gleichzeitig kommt ihre Praxisorientierung darin zum Ausdruck, dass ethische Entscheidungen auch zu damit korrespondierenden ethischen Handlungen führen sollten.
>
> Im Zuge ihres Strebens nach Universalität muss die Ethik das Prinzip der Verallgemeinerbarkeit durch rationale und plausible Argumente erfüllen, um sowohl die Freiheit und Menschenwürde – die zwei Prinzipien aller Prinzipien, die Ethik konstituieren – jedes Menschen als auch die kulturelle, religiöse, weltanschauliche, moralische und ethische Pluralität zu respektieren. „Gute Gründe" sind zu nennen. Ein Modell, wie „gute Gründe" identifiziert werden können bzw. wie Kriterien formuliert werden können, die „gute Gründe" von anderen Gründen unterscheiden, ist das Folgende: „Gute Gründe" bedeutet, dass es denkbar sein muss, dass alle Menschen in ihrer effektiven Freiheit und Autonomie sowie in ihrer vollen Gleichheit diesen Gründen – innerhalb eines Denkmodells und nicht innerhalb einer realen weltweiten Volksabstimmung – aus ethischen Gründen zustimmen würden (vgl. Kirchschläger, 2021a).
>
> Menschen können mit ihren Ideen, Entscheidungen und Handlungen das Heute und Morgen mitgestalten. Damit dies ethisch basiert geschieht und Individuen sowie Gesellschaft mehr ethische Verantwortung übernehmen können, braucht es vier Kompetenzen: Erstens gilt es, die Realität möglichst umfassend wahrzunehmen. Zweitens braucht es die Befähigung, ethische Chancen und Risiken als solche zu erkennen. Dafür ist ethische Reflexionskompetenz verlangt. Dies umfasst auch die rational begründbare Wahl eines/von ethischen Referenzpunktes/n, mit dessen/deren Hilfe die ethischen Chancen und Risiken identifiziert werden können. Drittens gilt es, ethisch begründet Position zu beziehen. Viertens helfen ethisch basierte Lösungsvorschläge und Handlungsmöglichkeiten weiter.
>
> Ethik-SAMBA soll als Modell für ethisches Entscheiden hier weiterhelfen.

1.1 Notwendigkeit ethischer Entscheidungen

Die Veränderungen unserer Lebenswelt eröffnen uns Menschen Handlungsspielräume und stellen uns gleichzeitig vor neue Herausforderungen mit gesamtgesellschaftlicher Relevanz[1]. Das Bedürfnis nach ethischer Orientierung in einer komplexer werdenden Welt wächst. Daraus ergeben sich zahlreiche grundlegende Fragen mit neuer Dringlichkeit, z. B.: Wie begegnen wir globalen Problemen wie Armut, Pandemien oder Klimawandel? Wie gehen wir verantwortungsvoll mit erweiterten Handlungsmöglichkeiten in Medizin und Biotechnologie um? Was

---

[1] Alle wörtlichen Zitate, die ursprünglich in anderen Sprachen als Deutsch verfasst waren, wurden vom Autor auf Deutsch übersetzt.

bedeutet der digitale Wandel für die Zukunft unserer Arbeit, für die ökonomischen und politischen Systeme, für uns als Einzelne und als Gesellschaft, für unser Leben? Wie sind die berechtigten Freiheitsansprüche einzelner Menschen und jene der Gesellschaft miteinander zu verbinden? Welchen Stellenwert spielt dabei die Wahrnehmung persönlicher, gesellschaftlicher, politischer und globaler Verantwortung? „Die Frage nach dem Rechten und Guten stellt sich für jede Gesellschaft, jede Generation und jede Person" (Pauder-Studer, 2020, S. 13).

Ethische Entscheidungen sind gefragt. Ethische Entscheidungen sind gefordert – sei dies auf einer individuellen Ebene (Mikro-Ebene), auf der Ebene von Organisationen (Meso-Ebene) oder auf der Ebene von Gesellschaften, Institutionen oder globaler Gesellschaft (Makro-Ebene). Sie dienen auch dem Verstehen des Verstehens, d. h. sie lassen erkennen, wo aus ethischer Sicht Chancen und Risiken bestehen sowie wo und wie Chancen zu nutzen und Risiken zu meistern sind. Dabei liegt der Fokus bei ethischer Entscheidungsfindung weder auf rechtlichen Überlegungen oder auf Eigeninteressen, Einzelinteresse oder ökonomischer Rationalität noch auf pragmatischen oder praktischen Überlegungen. „,Ethik' bedeutet die philosophische Reflexion über das, was aus moralischen Gründen richtig oder falsch ist. […] Der Begriff ,Ethik' wird meistens aber auch gleichbedeutend mit ,Moral' verwendet, also gleichbedeutend mit der Summe der Normen, nach denen zu leben wir für richtig und gut begründet halten" (Pauder-Studer, 2020, S. 14). Im Fokus steht also, was Menschen tun sollen bzw. was Menschen nicht tun sollen. Diese Sollens-Fragen stellen sich nur, wenn Menschen mit Freiheit gedacht werden. Dank der Freiheit steht Menschen die Entscheidung offen, zwischen „gut" und „schlecht" bzw. zwischen „richtig" und „falsch" zu unterscheiden. Besäßen Menschen keine Freiheit in diesem so grundlegenden Sinn, dann würde sich die Frage nach *ethischen* Entscheidungen erübrigen und dieses Buch würde hier enden bzw. hätte gar nie begonnen.

Die Freiheit der Menschen umfasst darüber hinaus auch die Selbstbestimmung der Menschen. „Erst wenn ein Mensch sich nicht mehr dogmatisch vorschreiben lässt, was als gut zu gelten hat, sondern nach reiflicher Überlegung, d. h. in kritischer Distanz sowohl zu seinen eigenen Interessen als auch zu den Urteilen anderer, selbst bestimmt, welche Ziele für ihn, für eine Gruppe von Menschen oder auch für alle Menschen insgesamt gute, d. h. erstrebenswerte Ziele sind, hat er die Dimension des Moralischen erreicht" (Pieper, 2017, S. 19). Diese Selbstbestimmung erlaubt es den Menschen, sich zur Moral oder Sitte zu verhalten, Orientierungspunkte für ethische Entscheidungen freizulegen und ethische Entscheidungen zu fällen. „Zur Moral oder Sitte werden jene – aus wechselseitigen Anerkennungsprozessen in einer Gemeinschaft von Menschen hervorgegangenen und als allgemein verbindlich ausgezeichneten Handlungsmuster zusammengefasst, denen normative Geltung zugesprochen wird. Die Ausdrücke Moral und Sitte bezeichnen mithin Ordnungsgebilde, die gewachsene Lebensformen repräsentieren, Lebensformen, die die Wert- und Sinnvorstellungen einer Handlungsgemeinschaft widerspiegeln" (ebd., S. 22).

An dieser Stelle wäre aber eine bedeutsame Unterscheidung vorzunehmen, die deutlich sichtbar werden lässt, worauf es bei *Ethik* und somit bei *ethischen* Entscheidungen ankommt: „Wer es nun nicht dabei belässt, einfach moralisch zu urteilen, sondern sich dafür interessiert, was das Moralische eigentlich ist, und ob es überhaupt einen Sinn hat, moralisch zu handeln, wie man solches Handeln begründen und rechtfertigen kann – wer solche Fragen stellt, fängt an, Ethik zu betreiben. Die Ethik erörtert alle mit dem Moralischen zusammenhängenden Probleme auf einer allgemeineren, grundsätzlicheren und insofern abstrakteren Ebene, indem sie rein *formal* die Bedingungen rekonstruiert, die erfüllt sein müssen, damit eine Handlung, ganz gleich welchen Inhalt sie im Einzelnen haben mag, zu Recht als eine *moralische* Handlung bezeichnet werden kann. Die Ethik setzt somit nicht fest, welche konkreten Einzelziele moralisch gute, für jedermann erstrebenswerte Ziele sind; vielmehr bestimmt sie die Kriterien, denen gemäß allererst verbindlich festgesetzt werden kann, welches Ziel als gutes Ziel anzuerkennen ist. Die Ethik sagt nicht, was das Gute in concreto ist, sondern wie man dazu kommt, etwas als gut zu beurteilen. […] Die Ethik ist nicht selber eine Moral, sondern redet *über* Moral" (Pieper, 2017, S. 20, Hervorhebung im Original). Ethik ist also nicht Moral, sondern denkt über Moral nach. Ethik bildet die Wissenschaft, die über Moral nachdenkt, diese reflektiert und untersucht. Folgende Beispiele dienen zur Veranschaulichung dieses Punktes: „Analog zum Literaturwissenschaftler und Theaterkritiker urteilt auch der Ethiker aus einer gewissen Distanz zu seinem Gegenstand über diesen Gegenstand, die Moral nämlich. Indem der Ethiker Ethik betreibt, handelt er nicht moralisch, sondern reflektiert aus theoretischer Perspektive über das Moralische und damit aus der kritischen Distanz des Wissenschaftlers" (Pieper, 2017, S. 25).

Dies bedeutet natürlich nicht, dass Ethik und somit ethische Entscheidungen nichts mit Praxis zu tun hätten. Im Gegenteil zeichnet die Ethik als Wissenschaft ihre Praxisorientierung aus. Dennoch sind Ethik und ethische Entscheidungen von konkreten moralischen oder ethischen Handlungen zu differenzieren, was folgende Analogie verdeutlicht: „Gegenstand der Literaturwissenschaft ist die sog. ‚schöne Literatur', die unter verschiedenen (z. B. linguistischen, formaltechnischen, inhaltlichen) Aspekten untersucht und klassifiziert wird. Wer Literaturwissenschaft betreibt, schreibt – indem er dies tut – keinen Roman, kein Gedicht etc., obwohl er dazu durchaus in der Lage sein mag; vielmehr analysiert er literarische Texte im Hinblick auf bestimmte regelmäßige Strukturelemente und -formen, um zu allgemeinen Aussagen über ‚den' Roman, ‚das' Drama, ‚die' Ode etc. zu gelangen, und versucht, vermittels dieser Regeln wiederum einzelne Romane, Dramen, Oden kritisch zu beurteilen. Wer dagegen einen Roman schreibt, betreibt nicht – indem er dies tut – ‚Literaturwissenschaft', obwohl ihm literaturwissenschaftliche Kenntnisse bei der Abfassung durchaus von Nutzen sein können" (Pieper, 2017, S. 24f). Ethik informiert ethisches und moralisches Handeln.

Als erster Schritt einer ethischen Handlung erweist sich die ethische Entscheidungsfindung. Gleichzeitig haben Ethik und ethische Entscheidungsfindung auf genügend Distanz zur Praxis zu achten. Denn nur so kann eine kritische Durchdringung der Praxis durch die Ethik gelingen.

Der Begriff der Ethik als Wissenschaft, die über Moral nachdenkt und somit in der Moral ihren Untersuchungsgegenstand besitzt, scheint schon klarer verständlich geworden zu sein, als dies bis jetzt beim Begriff der Moral der Fall zu sein scheint. „Der Begriff der Moral umfasst alle teils naturwüchsig entstandenen, teils durch Konvention vereinbarten, teils durch Tradition überlieferten, aus wechselseitigen Anerkennungsprozessen hervorgegangenen Ordnungs- und Sinngebilde (Regelsysteme), die in Form eines Katalogs materialer Normen und Wertvorstellungen einerseits die Bedürfnisbefriedigung einer menschlichen Handlungsgemeinschaft regeln und andererseits in dem, was von dieser allgemein als verbindlich (als Pflicht) erachtet wird, Auskunft über das jeweilige Freiheitsverständnis der Gemeinschaft geben." (Pieper, 2017, S. 37) Moral kann auf der personalen Ebene (Individuum) und auf der sozialen (Gemeinschaft, Gesellschaft) angesiedelt sein.

Ethische Entscheidungsfindung nährt sich aus Moral, die jedoch ethisch zu reflektieren ist. Ihren Sinn erhalten ethische Entscheidungen von der ethisch reflektierten Moralität. „Im Begriff der Moralität wird Freiheit als das Unbedingte gedacht, als der unbedingte Anspruch, Freiheit um der Freiheit willen als das höchste menschliche Gut zu realisieren. […] Moralität (im Sinne von ἦθος) ist das zur festen Grundhaltung gewordene Gutseinwollen, das sich den unbedingten Anspruch der Freiheit zu eigen und zum Sinnhorizont jedweder Praxis gemacht hat. Wer aus dieser Grundhaltung heraus handelt, besitzt *moralische Kompetenz*." (Pieper, 2017, S. 37f, Hervorhebung im Original)

Beim Zusammenspiel von Moral und Moralität kommt der Ethik eine wesentliche Aufgabe zu, die sich auch auf ethische Entscheidungsfindung konstituierend auswirkt. „Dieses *Wechselverhältnis von Moral und Moralität,* das die menschliche Praxis als eine humane Praxis fundiert, ist der zentrale Gegenstand der Ethik: Die Ethik reflektiert das Verhältnis von Moral und Moralität. Indem sie die Dialektik von Moral und Moralität in Gang setzt, erfüllt die Ethik ihre kritische Absicht, nämlich im Hin- und Hergehen zwischen den bedingten Ansprüchen der Moral einerseits und dem unbedingten Anspruch des Moralitätsprinzips andererseits einen Aufklärungsprozess in Gang zu setzen, durch den dogmatische Fixierungen, Vorurteile und Handlungszwänge transparent gemacht bzw. aufgelöst werden" (Pieper, 2017, S. 39, Hervorhebung im Original). Dieser ausschließliche Fokus auf das Unbedingte zeichnet die Ethik aus. Es geht ihr um „das Gute an sich" bzw. „das Richtige an sich". „Das moralisch Gute ist das, was uns auf einer letzten Bewertungsebene nicht als irgendein Gutes, sondern als schlechthin Gutes erkennbar wird und uns zugleich unbedingt verpflichtet" (Marschütz, 2014, S. 20).

Dies lässt sich weiterführend veranschaulichen, wenn wir Urteile gegenüberstellen, in denen z. B. „gut" verwendet wird: Im Zuge eines alltäglichen Werturteils (z. B. „gutes Essen") wird eine bestimmte Qualität hinsichtlich einer Sinneswahrnehmung bezeichnet. In einem instrumentellen Verständnis kommt die Aussage „gut für etwas" (als Mittel zum Ziel) zum Zuge. Pragmatisch betrachtet ist etwas „gut für jemand" (Ziel). Von allen drei Verwendungen unterscheidet sich der moralische Einsatz von „gut", der „gut" als „in sich selbst gut" (im Sinne einer unbedingten Gültigkeit) versteht. „Die Ethik, sofern sie eine zureichende Begründung der Moral liefern will, muss auf ein Unbedingtes, Letztgültiges rekurrieren, das ihren normativen Anspruch verbürgt. Dieses Unbedingte begreift die Ethik im Prinzip der Moralität als Freiheit, und zwar als Freiheit, die keinen Grund außerhalb ihrer selbst hat, sondern sich selbst begründet. Wo immer menschliches Handeln mit einem Anspruch auf Moralität auftritt, wird behauptet, unbedingt gut gehandelt zu haben oder handeln zu wollen. Unbedingt gut kann aber nur eine Handlung heißen, die *sowohl* aus Freiheit geschieht *als auch* Freiheit (des Handelnden und der durch die Handlung Betroffenen) zum Ziel hat" (Pieper, 2017, S. 41, Hervorhebung im Original).

Gerät diese Konzentration der Ethik auf das Unbedingte nicht ins Wackeln, wenn sie gleichzeitig die Moral in ihrer Wandelbarkeit und Dynamik berücksichtigt? Öffnet sie damit nicht eine Angriffsfläche für den Relativismus-Vorwurf (d. h., dass eigentlich alles ethisch akzeptabel und alles ethisch problematisch sein kann, ganz im Sinne von „anything goes")? „Dieser Einwand trifft nur das variable inhaltliche Moment an der Moral (z. B. nach dem Prinzip der Polygamie zu leben [...]), übersieht aber, dass sich in echten moralischen Geltungsansprüchen auch ein invariables Formmoment mit zum Ausdruck bringt (z. B. nach dem Prinzip zu leben, immer und überall unbedingt gut zu handeln), das in keiner speziellen Moral aufgeht, sondern als Prinzip der Moralität jedweder Konkretion von Freiheit zugrunde liegt. [...] Dass jedoch aus einer und derselben Basisnorm (z. B. der Norm der Menschenwürde) in verschiedenen Kulturkreisen unterschiedliche, ja gelegentlich entgegengesetzte Regeln als allgemeine Handlungsanweisungen abgeleitet werden, ist kein Einwand gegen die Gültigkeit der Norm, sondern fordert gerade dazu heraus, nach immer vollkommeneren Formen einer gemeinsamen Lebensordnung, nach einer immer besseren, humaneren Moral zu suchen" (Pieper, 2017, S. 42). Diesbezüglich liegt es an der Ethik, für Klarheit hinsichtlich der Interaktion von Moral und Moralität zu sorgen. Diese Verhältnisbestimmung von Moral und Moralität wirkt sich auf ethische Entscheidungen aus, da sie dank Moralität ihre klare Ausrichtung auf das Unbedingte kennen und mit kritischer Distanz der Ethik auf Bedingtes der Moral Bezug nehmen.

Ethische Entscheidungsfindung ist und bleibt dabei auch deswegen notwendig, weil die Ethik Menschen ihre ethischen Entscheidungen nicht abnimmt, indem sie ihnen genau vorschreibt, was sie zu tun haben, sondern aus Achtung und Respekt der Freiheit aller Menschen Orientierung stiftet – wie ein Kompass. „Der Kompass schreibt [...] nicht direkt den richtigen Weg vor, sondern gibt an, wie der richtige Weg zu ermitteln ist. Überträgt man dieses Bild des Kompasses auf die Ethik, so wird deutlich, dass ihre Funktion nicht darin besteht, eine bestimmte Handlung direkt zu gebieten; sie gebietet immer nur Moralität als die dem Menschen wesentliche Freiheit. Trotzdem gibt sie Auskunft darüber, wie in einem Einzelfall die moralisch angemessene Handlung zu ermitteln ist, vorausgesetzt der Handelnde weiß hinreichend über die Situation Bescheid, in der er sich befindet, und hat von dieser bestehenden Situation her eine Vorstellung von der zu erstrebenden zukünftigen Situation, die durch sein Handeln verwirklicht werden soll. Wie der Kompass die Richtung nach Norden als festen, unverrückbaren Bezugspunkt anzeigt, der es ermöglicht, den Weg zu einem gewünschten Ort zu bestimmen, so verweist die Ethik auf die Idee der Freiheit als jenen unbedingten Bezugspunkt, von dem her sich eine Handlung aus dem Verhältnis zwischen ihrem

Ausgangs- und Zielpunkt als gesollt bestimmen lässt. Doch wie der Kompass seinem Benutzer nur dazu verhilft, den richtigen Weg zu finden, ohne ihn dazu zwingen zu können, diesen als den richtigen erkannten Weg auch tatsächlich zu gehen, so leitet die Ethik den Handelnden nur dazu an, seinen Willen moralisch zu bestimmen, ohne ihn dazu zwingen zu können, die als moralisch erkannte Handlung auch tatsächlich auszuführen" (Pieper, 2017, S. 98).

Die Ethik als Wissenschaft, die über gutes und richtiges Leben nachdenkt, zur Klärung von moralischen Konflikten beiträgt, die Legitimität der Geltungsansprüche moralischer Positionen prüft und Orientierung in moralischen Fragen und ethischen Entscheidungsfindungsprozessen stiftet, ist gefragt – gestern, heute, morgen und übermorgen. Die menschliche Faszination für die Fragen, was der Mensch sein will, von welcher Welt er träumt und ob alles, was der Mensch technisch kann, auch wirklich getan werden soll, erweist sich als keine Errungenschaft des 21. Jahrhunderts. Sie reicht weit in die Geschichte der Menschheit zurück und wird auch in absehbarer Zeit nicht verschwinden. Mit ihren Ideen, Entscheidungen und Handlungen können Menschen das Heute und Morgen mitgestalten.

Wie kann man aber gegenwärtige und zukünftige ethische Chancen und Risiken erkennen? Zahlreiche Themen der öffentlichen Diskussion weisen im Kern eine ethische Dimension auf. Ethische Fragen spielen auch im beruflichen Alltag eine zunehmend wichtige Rolle. Nicht nur im Gesundheitswesen und in der Forschung, sondern auch in Unternehmen, privaten und öffentlichen Institutionen sowie in den Entscheidungs- und Handlungsspielräumen von Individuen. Dementsprechend ist in den letzten Jahren die Notwendigkeit an ethischen Entscheidungen gewachsen. Um diesem Bedarf, aber auch dem Anliegen nachzukommen, als Individuen und Gesellschaft mehr ethische Verantwortung zu übernehmen, sind vier Kompetenzen notwendig:

- *Erstens* gilt es, die Realität möglichst umfassend wahrzunehmen.
- *Zweitens* braucht es die Befähigung, ethische Chancen und Risiken als solche zu erkennen. Dafür ist ethische Reflexionskompetenz verlangt. Dies umfasst auch die rational begründbare Wahl eines/von ethischen Referenzpunktes/n, mit dessen/deren Hilfe die ethischen Chancen und Risiken identifiziert werden können.
- *Drittens* gilt es, ethisch begründet Position zu beziehen.
- *Viertens* helfen ethisch basierte Lösungsvorschläge und Handlungsmöglichkeiten weiter.

Darüber hinaus zeichnet sich ethische Reflexion auch dadurch aus, dass sie sich jeweils darum bemüht, auf die Fragen nach dem Wozu, Wohin und Warum in begründbar zuverlässiger und allgemein verbindlicher Weise Antworten zu geben. Ethik ist eine Wissenschaft, die über Moral reflektiert. Als wissenschaftliche Disziplin strebt die Ethik auf rationale, logisch kohärente, methodisch-reflexive und systematische Weise nach Wissen darüber, was sein soll. Die Ethik bemüht sich um eine universell, auch generationenübergreifend begründbare Vorstellung von richtig und falsch sowie von gut und schlecht. Universalität als notwendiges Merkmal von Ethik, ethischen Behauptungen, ethischen Prinzipien und ethischen

Normen setzt die Erfüllung des Prinzips der Verallgemeinerbarkeit durch rationale und plausible Argumente voraus. „Gute Gründe" sind vorzutragen. Ein Modell, wie „gute Gründe" identifiziert bzw. Kriterien formuliert werden können, die „gute Gründe" von anderen Gründen unterscheiden, ist das Folgende: *„Gute Gründe" bedeutet, dass es denkbar sein muss, dass alle Menschen in ihrer effektiven Freiheit und Autonomie sowie in ihrer vollen Gleichheit diesen Gründen – innerhalb eines Denkmodells und nicht innerhalb einer realen weltweiten Volksabstimmung – aus ethischen Gründen zustimmen würden* (vgl. Kirchschläger, 2021a).

Die Notwendigkeit einer rationalen Begründung ist Ausdruck der Achtung und des Respekts vor der Freiheit und Menschenwürde jedes einzelnen Menschen, vor der Pluralität der säkularen Gesellschaft und auch der Ethik selbst. Dem zugrunde liegen sollte, so würde ich vorschlagen, ein Säkularitätskonzept, das über das Verständnis von Säkularität als „Zustand zunehmender Pluralisierung religiöser und nichtreligiöser Möglichkeiten" (Casanova, 2015, S. 19) noch dahingehend hinausgeht, als es um *die Realität der Garantie, des Schutzes und der Förderung wachsender Pluralität religiöser und nichtreligiöser Optionen* geht.

Schließlich sollte sich das ethisch Gebotene auch im Bedingten der sich verändernden Realität nicht von Tag zu Tag ändern und erreicht dies durch die Orientierung des ethisch Gesollten an ihrem Kern des vernunftbasierten Unbedingten, das von den *zwei Prinzipien aller Prinzipien Freiheit und Menschenwürde der Ethik* konstituiert wird:

- Das ethische Prinzip der Freiheit – d. h., alle Menschen mit Freiheit zu denken – initiiert Ethik und die damit verbundene Notwendigkeit ethischer Entscheidungsfindung (in Freiheit zwischen ethisch richtig und falsch – ethisch gut und schlecht zu wählen) und fundiert die Moralfähigkeit der Menschen.

  Freiheit bedeutet, nach den eigenen Wünschen und Plänen zu handeln. Sie kann die Freiheit umfassen, zu wollen, was man will, und die Freiheit, zu wollen, was man nicht will. Letzteres bedeutet, dass Freiheit auch bedeuten kann, das „Gesollte", d. h. das ethisch Gesollte, zu wollen, auch wenn dies nicht den eigenen Wünschen, Bedürfnissen, Vorlieben, Lüsten oder Interessen entsprechen mag. Damit öffnet sich der soziale Horizont der Freiheit, denn die Freiheit aller anderen Menschen sowie die Menschenwürde aller Menschen, und die damit korrespondierende Verantwortung, kommt dabei in den Blick.

- Das ethische Prinzip der Menschenwürde aller Menschen schreibt die Einzigartigkeit *aller* Menschen fest, das sie von materiellen Objekten und anderen Lebensformen unterscheidet und das es absolut verbietet, Menschen ein Preisschild anzuheften und sie zu instrumentalisieren, was Ethik Basis und Rahmen zugleich verleiht. Das, worum es beim ethischen Prinzip der Menschenwürde geht, kommt in der Formulierung „everybody matters" (Appiah, 2006, S. 144) treffend zum Ausdruck.

Weder Freiheit noch Menschenwürde aller Menschen verlieren angesichts neuester wissenschaftlicher Erkenntnisse oder neuester technologischer Entwicklungen etwas von ihrer Gültigkeit.

1.2 Erwartungen an ethische Entscheidungsfindung

Kann die eben erläuterte Notwendigkeit ethischer Entscheidungen nicht mit schon vorhandenen Modellen und Instrumenten abgedeckt werden? Warum braucht es ein neues Modell ethischen Entscheidens, wenn es doch eine Fülle von Modellen und Instrumenten für ethische Entscheidungsfindung gibt? Bereits existierende Ansätze für ethisches Entscheiden erlauben es zum einen, Punkte und Aspekte zu entdecken und zu erkennen, die vielleicht noch mehr Aufmerksamkeit verdienen und so im Ethik-SAMBA bespielt werden sollen. Zum anderen lassen sich dank der sich bereits im Umlauf befindenden Modelle und Instrumente ethischer Entscheidungsfindung Kernelemente identifizieren, in denen sich primäre Erwartungen an ethische Entscheidungsfindung manifestieren. (Diese Bezugnahme auf bereits bestehende Modelle und Instrumente ethischen Entscheidens erfolgt in epistemischer Bescheidenheit. Natürlich kann weder ein Anspruch auf einen global umfassenden und abschließenden Überblick gestellt werden noch ist man gefeit davor, aufgrund der Kürze der jeweiligen Ausführungen gewissen Modellen und Instrumenten nicht gerecht zu werden. Das Vorhaben, wesentliche Punkte und Aspekte herauszuschälen und in diesem Sinne systematisierend diese Ansätze zu reduzieren, um sie so für dieses Vorhaben kritisch würdigen zu können, kommt diesbezüglich zusätzlich erschwerend dazu.)

In beiden Hinsichten kann Ethik-SAMBA von bereits bestehenden Modellen und Instrumenten lernen. Aus der kritischen Betrachtung der schon existierenden Ansätze erschließt sich, dass diese Fülle und Vielfalt von Vorhaben weiterhelfen, auf die Frage eine Antwort zu geben, wie ethisches Entscheiden gelingen kann. Denn sie streben erstens grundsätzlich die Stärkung der ethischen Legitimation von Entscheidungen an, was trotz möglicher Schwächen oder Lücken eines Modells oder eines Instrumentes in einem bestimmten Kontext oder in einer bestimmten Situation trotzdem gelingen kann. Zweitens legen sie unabhängig von ihrer Überzeugungskraft jeweils spezifische Aspekte des ethischen Entscheidens frei.

Bisher vorliegende Modelle und Instrumente ethischen Entscheidens lassen zum einen die Handlungsorientierung der Ethik als Wissenschaft vermissen, die sich auch in einem Modell der ethischen Entscheidungsfindung wiederfinden sollte. Beispielsweise wird dies sichtbar in dem folgenden Modell: „A partir del análisis de los modelos que se han descrito para abordar los dilemas éticos, se pudieron identificar cuatro etapas en el proceso de revisión. Las etapas son las siguientes: 1) identificar el dilema ético; 2) hacer explícitos los hechos relevantes para la discusión del dilema; 3) exponer las posturas éticas; y 4) tomar una decisión" (Ruiz-Cano, 2015, S. 97). Dieses Desideratum soll in einem neuen Modell für ethisches Entscheiden zum Zuge kommen.

Des Weiteren will ein neues Modell dem rasant voranschreitenden technischen Fortschritt in seinen möglichen Auswirkungen auf menschliches ethisches Entscheiden spezifischer Rechnung tragen.

Zudem soll SAMBA auch der Komplexität der Ethik noch gezielter gerecht werden – unter Berücksichtigung und Betrachtung der regelüberragenden Einzigartigkeit des Konkreten (vgl. Kirchschläger 2021a) in ihren Konsequenzen für ethische Entscheidungsfindung.

Schließlich kann stets der Versuch unternommen werden, noch kompakter und konziser bei gleichzeitiger argumentativer Eleganz und Leichtigkeit ethisches Entscheiden zu ermöglichen.

Darüber hinausgehend zeigen zum anderen schon vorhandene Modelle und Instrumente Bedeutsames und Weiterführendes für die Entwicklung eines neuen Ansatzes auf. So erweist sich als inspirierend und ebenfalls als Einladung zum Mut zur Abgrenzung das **Integrative Descriptive Model of Ethical Decision Making" von K. C. Strong und D. G. Meyer** (vgl. Strong & Meyer, 1992), wobei der Fokus auf dem Entscheiden von Manager:innen liegt und dementsprechend die ethische Verantwortung sowie damit verbunden auch die ethische Entscheidungsfindung als eingebettet in Manager:innen-Entscheidungsfindung betrachtet wird. Ethischer Entscheidung wird ein bestimmter Platz zugewiesen, was die Frage auslöst – die es auch beim Ethik-SAMBA zu beantworten gilt –, wo sich ethisches Entscheiden ansiedeln soll, beispielsweise in seinem Verhältnis zum Recht.

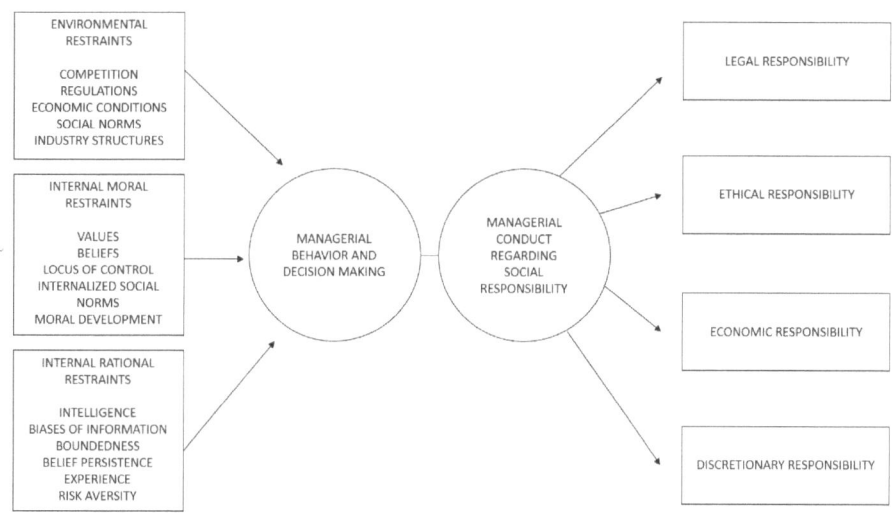

Abbildung 1: Integrative Descriptive Model of Ethical Decision Making. Quelle: Strong & Meyer, 1992, S. 97.

Schlussendlich lässt sich auch ein Konsens herauskristallisieren hinsichtlich der zu erwartenden inhaltlichen Bereiche, die ein Modell für ethische Entscheidungen grob gesagt abzudecken hat, wie er sich anhand der folgenden fünf Modelle veranschaulichen lässt:

„**EDM process endorsed by ACA**" (Forester-Miller & David, 1995).
1. Identify the Problem
   Tune Into Feelings

1 Warum Ethik-SAMBA?

   Involve Clients in Process
2. Consider Moral Principles
3. Review Relevant Codes, Laws, and Regulations
4. Consult
5. Identify Desired Outcomes
6. Consider Possible Actions
7. Choose and Act on Choice" (Heller Levitt & Hartwig Moorhead, 2013, S. 215).

Dagmar Fenner schlägt folgende Schritte vor (Fenner, 2020, S. 80f):
1. *Schritt: Situationsanalyse: Deskriptive Ebene*
   In einem ersten Schritt wird auf einer *deskriptiven Ebene* die Handlungssituation analysiert und geklärt, was überhaupt der Fall ist. Es sollen sämtliche für die Entscheidungsfindung relevanten Fakten und Daten gesammelt und sämtliche Informationen kritisch geprüft werden.
2. *Schritt: Interessen- und Konfliktanalyse*
   Immer noch auf einer deskriptiven Ebene werden danach alle in einen moralischen Konflikt involvierten Personen oder Personengruppen aufgelistet und ihre unterschiedlichen Erwartungen, Interessen und Ansprüche benannt. Ohne vorschnelle Vorverurteilung sollen die Perspektiven und Positionen aller Beteiligten zur Kenntnis genommen und kontextsensibel in ihrem jeweiligen historischen, kulturellen oder gesellschaftlichen Hintergrund oder ihren vielfältigen Netzen von Abhängigkeiten und Einflüssen wahrgenommen werden.
3. *Schritt: Analyse der Handlungsalternativen*
   Spätestens an dieser Stelle gilt es, mittels der Erfahrung und der kreativen Phantasie sämtliche in der konkreten Entscheidungssituation offenstehenden Handlungsalternativen aufzulisten. Außer in Notfallsituationen gibt es meist viel mehr als nur zwei Möglichkeiten, sodass die Entscheidungsfindung aus einem simplen „Entweder-Oder" herausgeführt werden soll und kleinteilige Zwischenlösungen mitzuberücksichtigen sind. Auch ist es zu klären, welche Mittel zur Durchführung der einzelnen Optionen faktisch überhaupt zur Verfügung stehen und welche Handlungsfolgen jeweils zu erwarten sind.
4. *Schritt: Analyse der Werte und Normen: Normative Ebene*
   Eindeutig auf eine normative Ebene begibt man sich mit dem 4. Schritt, weil jetzt die einzelnen Handlungsoptionen auf die relevanten ethischen Werte und Normen hin beurteilt werden müssen. Über die in Schritt 2 identifizierten Personen und Personengruppen können die ethischen Argumente für und gegen gewisse Alternativen aufgelistet werden. Dabei gilt es, die den einzelnen Argumenten zugrundeliegenden normativen Vorstellungen aufzudecken und zu prüfen, inwiefern sich die einzelnen Normen, Prinzipien oder Rechte begründen lassen oder kritisiert werden müssen.
5. *Schritt: Interessen- und Konfliktanalyse*
   Am Ende der kritischen Reflexion aller ethischen Argumente und der Abwägung der ihnen zugrundeliegenden Werte und Normen gelingt es im Idealfall, die bestmögliche Handlungsoption zu bestimmen. Wichtig ist dabei

> die Einnahme des unparteiischen Standpunktes der Moral oder *objektiven Standpunkts der Moral*, damit auch das getroffene Urteil unparteiisch ist und den Anspruch auf universelle Gültigkeit erheben kann. Oft besteht die Lösung in der Wahl des kleinsten Übels für alle Betroffenen oder einer gerechten Verteilung der Vorteile und Lasten

> Ähnlich geht das **Modell ethischer Entscheidungsfindung nach Bleisch, Huppenbauer & Baumberger** (2021) vor mit dem Ziel einer systematischen Anleitung zur ethischen Entscheidungsfindung und einer praktischen Rahmengebung zur Strukturierung der Argumente und Diskussion:
> 1. Schritt: Analyse des Ist-Zustandes
> 2. Schritt: Die moralische Frage benennen
> 3. Schritt: Analyse der Argumente
> 4. Schritt: Evaluation und Entscheidung
> 5. Schritt: Implementierung.

Schließlich lassen sich einige Leitfragen identifizieren, deren inhaltlicher Kern in der einen oder anderen Formulierung innerhalb verschiedener Modelle und Instrumente für ethische Entscheidungsfindung zu finden sind – so bei **M. J. Úriz Pemán und F. Idareta Goldaracena** (vgl. ebd., 2017):

> 1. „Beschreiben Sie das ethische Problem oder Dilemma:
> - Wer ist involviert, was ist ihre Beteiligung?
> - Worin besteht das Dilemma?
> - Was sind die Auswirkungen, was die Risiken?
> - Was sind die Hauptmerkmale?
> - Um welche Art von Problem handelt es sich?
> 2. Ethische und rechtliche Aspekte berücksichtigen:
> - Berücksichtigen Sie alle ethischen Richtlinien und rechtlichen Normen.
> - Ermitteln Sie Ihre eigenen persönlichen Werte, die für das Problem relevant sind.
> - Ermitteln Sie die sozialen oder gesellschaftlichen Werte, die für das Problem relevant sind.
> - Ermitteln Sie die relevanten beruflichen Standards.
> - Ermitteln Sie die relevanten Gesetze und Vorschriften.
> - Wenden Sie diese Richtlinien an.
> 3. Prüfen Sie alle Konflikte:
> - Beschreiben Sie die Konflikte, die Sie intern erleben.
> - Beschreiben Sie die externen Konflikte, die Sie erleben (mit uns, den Benutzern, dem Vorgesetzten, den Fachleuten usw.).

- Entscheiden Sie, welche dieser Konflikte weniger wichtig sind (ob der externe Konflikt Vorrang vor dem internen hat, ob Sie einen von ihnen minimieren können...).
4. Lösen Sie die Konflikte, indem Sie um Hilfe bitten, wenn Sie diese benötigen, um die Entscheidung zu treffen:
   - Beraten Sie sich mit anderen Kollegen, Experten oder Vorgesetzten.
   - Konsultieren Sie die einschlägige Fachliteratur.
   - Suchen Sie Hilfe bei Berufsverbänden oder Ethikkommissionen.
5. Erarbeiten Sie alle möglichen Handlungsalternativen.
6. Prüft und bewertet Handlungsalternativen (versucht, unter den Alternativen Prioritäten zu setzen).
   - Berücksichtigt die Präferenzen der Nutzer und anderer Beteiligter in voller Kenntnis ihrer Werte und ethischen Überzeugungen (z. B. Nutzerautonomie).
   - Eliminiert Alternativen, die mit den Werten und Überzeugungen des Klienten und wichtiger anderer Beteiligter unvereinbar sind (versuchen Sie nicht, Ihre eigenen Werte durchzusetzen).
   - Eliminieren Sie Alternativen, die mit anderen für den Fall relevanten Vorschriften unvereinbar sind.
   - Eliminieren Sie Alternativen, für die Sie keine Unterstützung oder Ressourcen haben (seien Sie realistisch).
   - Eliminieren Sie Alternativen, die nicht den ethischen Grundsätzen der Universalität, Öffentlichkeit und Fairness entsprechen.
   - Als Hilfestellung für diesen Schritt sammelt P. Kenyon folgende Fragen zur Universalität: Gilt die Maßnahme für alle Menschen in ähnlichen Situationen (einschließlich Ihnen selbst)? Würden Sie eine solche Maßnahme anderen Fachleuten empfehlen? Würden Sie es gutheißen, wenn ein Kollege sie durchführt?
   - In Bezug auf die Öffentlichkeit: Basiert die Maßnahme auf ethischen Standards, die von allen beteiligten Personen anerkannt werden? Würden Sie die Maßnahme Ihren Kollegen oder der Öffentlichkeit erklären? Würden diese die Erklärung akzeptieren?
   - Und in Bezug auf die Fairness: Behandelt die Maßnahme die Menschen fair? Würden Sie in einer ähnlichen Situation dasselbe für andere Nutzer tun? Würden Sie dasselbe tun, wenn der Nutzer bekannt oder einflussreich wäre?
   - Schätzen Sie die möglichen Folgen der verbleibenden akzeptablen Alternativen ab (kurz- und langfristig; sicher, wahrscheinlich, unwahrscheinlich usw.).
   - Setzen Sie Prioritäten bei den verbleibenden akzeptablen Alternativen.
   - Um Ihnen bei diesem Schritt zu helfen, greift Kenyon (1998) die von Loewenberg und Dolgoff (1982) vorgeschlagenen Fragen auf: Welche Alternativen schützen die Rechte und das Wohlergehen der Nutzer und anderer am besten? Welche Alternativen schützen die Rechte und Interessen der Gesellschaft am besten? Was können Sie tun, um Konflikte zwischen dem Schutz der Rechte und dem Wohlergehen der Nutzer, der Gesellschaft, anderer usw. zu minimieren? Welche Alternative verursacht den "geringstmöglichen Schaden"?

7. Wählen und bewerten Sie die gewählte Maßnahme (die beste Vorgehensweise):

- Vor allem, wenn wir uns nicht für die an erster Stelle stehende Maßnahme entschieden haben, müssen wir unsere Entscheidung bewerten und uns auch fragen, ob wir von einem Faktor beeinflusst werden, den wir nicht erkannt hätten, oder ob wir etwas überdenken sollten.

8. Planen Sie die Aktion: Entwickeln Sie einen Aktionsplan und führen Sie ihn aus.
9. Das Ergebnis der von Ihnen durchgeführten Maßnahme bewerten:

- Waren die Ergebnisse wie erwartet, und sind Sie immer noch der Meinung, dass dies die beste Entscheidung war?

10. Prüfen Sie die Konsequenzen/Implikationen:

- Was haben Sie aus dem Prozess und den Ergebnissen gelernt, und welche Auswirkungen hat das auf zukünftige ethische Entscheidungen?[2]

---

2   1. „Describir la cuestión o el dilema ético:
   - ¿Quién está implicado? ¿Cuál es su implicación?
   - ¿Qué tiene el dilema?
   - ¿Qué implicaciones tiene? ¿Qué riesgos hay?
   - ¿Cuáles son las características principales?
   - ¿Qué tipo de asunto es?
   2. Considerar los aspectos éticos y jurídicos:
   - Considera todas las directrices éticas y normas jurídicas.
   - Identifica tus propios valores personales pertinentes para el asunto.
   - Identifica los valores sociales o comunitarios pertinentes para el asunto.
   - Identifica los estándares profesionales pertinentes.
   - Identifica las leyes y regulaciones pertinentes.
   - Aplica estas directrices.
   3. Examinar todos los conflictos:
   - Describe los conflictos que experimentas internamente.
   - Describe los conflictos que experimentas y que son externos (implican a nosotros, usuarios, supervisor, profesional, etc.).
   - Decide cuáles de estos conflictos son menos importantes (si el externo prima sobre el interno, si puedes minimizar alguno de ellos...).
   4. Resolver los conflictos pidiendo ayuda, si la necesitas, para tomar la decisión:
   - onsulta con otros colegas, expertos o supervisores.
   - Consulta bibliografía profesional pertinente.
   - Busca ayuda en organizaciones profesionales o comités de ética.
   5. Generar todos los posibles cursos de acción.
   6. Examinar y evaluar las alternativas de actuación (se intenta priorizar entre alternativas)
   - Considera las preferencias de las personas usuarias y de las otras personas implicadas desde una comprensión total de sus valores y creencias éticas (p.e.: autonomía del usuario).
   - Elimina las alternativas que sean incompatibles con los valores y creencias de la persona usuaria y de otras personas significativas implicadas en el caso (no intentes imponer tus propios valores).
   - Elimina las alternativas que sean incompatibles con otras normativas relevantes pertinentes en el caso.
   - Elimina las alternativas para las que no tienes apoyo ni recursos (sé realista).
   - Elimina las alternativas que no se ajusten a los principios éticos de universalidad, publicidad y justicia.

1 Warum Ethik-SAMBA?

Diesen Erwartungen an ethisches Entscheiden will SAMBA gerecht werden. SAMBA strebt gleichzeitig danach, kompakt und konzis Leichtigkeit sowie argumentative Eleganz im Ringen um das ethisch Richtige sowie das ethisch Gute zur Entfaltung zu bringen und damit einen Beitrag zu einer besseren Welt zu leisten.

Weiterführende Literatur
Pieper, A. (2017). *Einführung in die Ethik* (7. Aufl.). UTB.
Pollmann, A. (2022). *Menschenrechte und Menschenwürde. Zur philosophischen Bedeutung eines revolutionären Projekts*. Suhrkamp.

- Con el propósito de auxiliar en este paso, P. Kenyon recoge las siguientes preguntas sobre la universalidad: ¿La acción es aplicable a todas las personas en situaciones similares (incluyéndote a ti mismo/a)? ¿Recomendarías actuar así a otros profesionales? ¿Lo aprobarías si un colega lo hiciera?
- En relación a la publicidad señala las siguientes: ¿La acción se basa en estándares éticos reconocidos por todas las personas implicadas? ¿Explicarías esa acción a tus colegas o en público? ¿Aceptarían ellos esa explicación?
- Y con respecto a la justicia: ¿La acción trata a las personas justamente? ¿Harías lo mismo con otros usuarios en situación similar? ¿Harías lo mismo si la persona usuaria fuera conocida o influyente?
- Prevé las posibles consecuencias de las alternativas aceptables que te quedan (a corto y largo plazo; ciertas, probables, improbables, etc.).
- Prioriza las alternativas aceptables que te quedan.
- Para ayudar en este paso, Kenyon (1998) recoge las preguntas que proponen Loewenberg y Dolgoff (1982): ¿Qué alternativas protegen más los derechos y bienestar de los usuarios y de otras personas? ¿Qué alternativas protegen más los derechos e intereses de la sociedad? ¿Qué puedes hacer para minimizar los conflictos entre proteger derechos y bienestar de los usuarios, la sociedad, otros, etc.? ¿Qué alternativa causa „el menor daño" posible?

7. Seleccionar y evaluar la actuación elegida (el mejor curso de acción):
- Especialmente si no hemos elegido la acción que estaba situada en primer lugar, tenemos que evaluar nuestra decisión, preguntándonos también si estamos siendo influidos por algún factor que no hubiéramos reconocido o si debiéramos reconsiderar algo.

8. Planificar la actuación: Desarrolla un plan de actuación y llévalo a cabo.
9. Evaluar el resultado de la acción que has llevado a cabo:
- ¿Los resultados eran los esperados? ¿Aún piensas que ésa era la mejor decisión?

10. Examinar las consecuencias/implicaciones:
- ¿Qué has aprendido del proceso y sus resultados? ¿Qué implicaciones tiene para futuras tomas de decisiones éticas?".

2 Ethik in einem globalen Kontext

Zusammenfassung

In diesem Kapitel geht es um die Frage, wie Ethik in einem globalen Kontext gelingen und überzeugen kann. Notwendig dafür ist die Achtung der Freiheit und Menschenwürde aller Menschen – den zwei Prinzipen aller Prinzipen der Ethik. Denn wenn alle Menschen als frei und als Träger:innen von Menschenwürde verstanden werden, dann darf man ihnen kein Sollen unbegründet vorsetzen, was einer Freiheitsverletzung oder einer Instrumentalisierung bedeuten würde. Vielmehr bedingen die zwei Prinzipien aller Prinzipen Freiheit und Menschenwürde sowie der Respekt der Pluralität der Ethik eine ethische Begründung – „gute Gründe".

Gleichzeitig bilden die zwei Prinzipien aller Prinzipen Freiheit und Menschenwürde Voraussetzungen der Möglichkeit einer Wahrnehmung, Berücksichtigung, Reflexion und eines ethisch begründbaren und legitimen Umgangs mit der Pluralität von Ethik, da bereits das Denken der, die Rede von, geschweige denn eine Praxis der Pluralität von Ethik von der Voraussetzung der Quellen der Pluralität von Ethik leben: Freiheit und Menschenwürde aller Menschen.

Im Zuge ethischer Entscheidungsfindung stößt man immer wieder auf geografische Kategorien (wie West/Ost, global/lokal…), die eine normative Rechtfertigung für eine Aussage oder eine Position suggerieren, die sich auf einen bestimmten geografisch definierten Ort oder ein bestimmtes Gebiet bezieht, z. B. entweder für oder gegen die Freiheit und die Menschenwürde aller Menschen. Diesbezüglich stellt sich u. a. die ganz grundsätzliche Frage, welche Relevanz geografischen Kategorien in einem ethischen Diskurs zukommen darf. Natürlich haben historische Hintergründe, Kontext, Ort und Zeit usw. einen Einfluss auf Denkweisen und Meinungen. Letzteres ist jedoch – wenn im Zuge ethischer Entscheidungsfindung die Argumentation nur auf Ort oder Zeit der Entstehung beruht – in seiner normativen Gültigkeit und Argumentationskraft zu hinterfragen. Denn diese geografischen Kategorien bleiben immer relativ zum Ausgangspunkt, was deshalb relevant ist, weil sie ihrem Inhalt nach geografische Kategorien sind. Es stellt sich die Frage, von welchem Punkt aus dieser Blickwinkel eingenommen wurde und wie festgestellt wurde, dass ein Ort im „Osten" und ein anderer im „Westen" liegt. Zum Beispiel liegt Wien „östlich" von Luzern, aber im normalen Gebrauch der beiden Kategorien im Menschenrechtsdiskurs würde man Wien wohl dem „Westen" zuordnen. Schließlich scheinen diese Kategorien auf rassistischem Gedankengut zu beruhen, denn sie suggerieren, dass sich Menschen in einem bestimmten Kontext in Freiheit und Menschenwürde grundlegend von Menschen außerhalb dieses Kontexts unterscheiden – und dass es bei Freiheit und Menschenwürde nur um wahrnehmbare Unterschiede geht.

Diese Welt bildet den globalen Kontext, in dem Ethik zu denken ist. Verbunden mit diesem Kontext kommen zunächst in besonderem Ausmaß auch die Anforderungen an eine Ethik zum Ausdruck, Pluralität von Ethik zu achten und zu respektieren. Die oben für Ethik erkannte Notwendigkeit einer rationalen Begründung stellt *erstens* eine Bekundung des Respekts vor der Freiheit und Menschenwürde aller Menschen – *den zwei Prinzipen aller Prinzipen der Ethik* dar. Denn wenn alle Menschen als frei und als Träger:innen von Menschenwürde verstanden werden, dann darf man ihnen kein Sollen unbegründet vorsetzen, was einer Freiheitsverletzung oder einer Instrumentalisierung bedeuten würde. Vielmehr bedingen die *zwei Prinzipien aller Prinzipen Freiheit und Menschenwürde* eine ethische Begründung – „gute Gründe". („Gute Gründe" bedeutet, dass es denkbar sein muss, dass alle Menschen in ihrer effektiven Freiheit und Autonomie sowie in ihrer vollen Gleichheit diesen Gründen – innerhalb eines Denkmodells und nicht innerhalb einer realen weltweiten Volksabstimmung – aus ethischen Gründen zustimmen würden (vgl. Kirchschläger, 2021a).)

Gleichzeitig erweist sich die für Ethik erkannte Notwendigkeit einer rationalen Begründung *zweitens* als Ausdruck der Achtung der Pluralität der Ethik, der mit „guten Gründen" zu begegnen ist.

Darüber hinaus erweisen sich die die *zwei Prinzipien aller Prinzipen Freiheit und Menschenwürde* als *Bedingungen der Möglichkeit* einer Wahrnehmung, Berücksichtigung, Reflexion und eines ethisch begründbaren und legitimen Umgangs mit der Pluralität von Ethik, da bereits das Denken der, die Rede von, geschweige denn eine Praxis der Pluralität von Ethik von der Voraussetzung der Quellen der Pluralität von Ethik leben: Freiheit und Menschenwürde aller Menschen. Denn wie sollten sonst überhaupt – insbesondere in einem globalen Kontext – all die Stimmen, welche die Pluralität von Ethik ausmachen, zur Geltung kommen, wenn ihnen ihre Existenz bzw. ihre Existenzberechtigung abgesprochen werden würde? Wie sonst sollte eine Anerkennung der Vielfalt von Stimmen erfolgen, wenn diese Stimmen weder zum Erklingen kommen noch gehört würden? Wie sonst sollte überhaupt Pluralität von Ethik entstehen und gelebt werden können, wenn Zwang und Unterdrückung ihren Ursprung auslöschen sowie anstatt eines so inklusiv wie möglich und gleichberechtigt gedachten Kreises moralischer Gemeinschaft – alle Menschen – ein Nadelöhr der Exklusion und Dominanz Uniformierung propagieren würde? In anderen Worten: Pluralität von Ethik – insbesondere die gleichberechtigte Anerkennung all dessen, was diese Pluralität von Ethik ausmacht – sowie ihre gelebte Theorie und Praxis stützen sich auf die *zwei Prinzipien aller Prinzipen Freiheit und Menschenwürde* als *Bedingungen ihrer Möglichkeit*.

Bereits darin ist grundgelegt, dass Pluralität von Ethik weder zu Beliebigkeit, Willkür noch zu einem Relativismus oder einem „anything goes" führt, sondern sehr wohl ethische Aussagen und Positionsbezüge mit Verbindlichkeit kennt und anstrebt – schon allein deswegen, weil sich die Pluralität von Ethik sonst den Ast abschneiden würde, auf dem die Pluralität von Ethik selbst sitzt.

Schließlich kommen Relativismus und „anything goes" an die Grenzen ihrer argumentativen Überzeugungskraft, wenn wir uns konkret vor Augen führen, wofür sie eigentlich in letzter Konsequenz stehen: Relativismus oder „anything goes" wären gleichbedeutend damit, dass auch Positionen, Aussagen oder Handlungen, die – auch vor dem Hintergrund von unterschiedlichen ethischen Traditionen, Kulturen, Glaubensüberzeugungen, Ansätzen, Modellen, Schulen und Strömungen – eindeutig als ethisch falsch oder ethisch schlecht zu bezeichnen sind (z. B. einzelne oder gewisse Menschen nicht als Menschen zu verstehen, sexuelle Gewalt an Kindern), vermeintlich als ethisch richtig und gut zu verstehen wären, weil ja dann alles als ethisch richtig und gut gelten können müsste. Für eine ethische

Gutheißung solcher Positionen, Aussagen oder Handlungen fehlen aber „gute Gründe".

Ethik in einem globalen Kontext begegnet des Weiteren zwei Haupteinwänden, die zu reflektieren sind:

1. Immer wieder versuchen Menschen an allen Ecken und Enden dieser Welt zu unterschiedlichen Zeiten, einzelne Menschen oder Gruppen von Menschen vom Menschsein, von Freiheit und Menschenwürde sowie vom Tragen der die Menschenwürde schützenden Menschenrechte oder vom Tragen von einzelnen Menschenrechten auszuschließen. Um diese Versuche vermeintlich argumentativ zu untermauern, kommen Argumente und Gründe zum Zuge, die als „Zehn Argumentationsmuster der Exklusion" (vgl. Kirchschläger, 2016d, S. 170-178) identifiziert werden können. Diese treten an allen Orten der Erde und in allen denkbaren Diskursen immer dann auf, wenn Versuche des Ausschlusses von Freiheit und Menschenwürde sowie von den die Menschenwürde schützenden Menschenrechten gegen einzelne Menschen oder gegen Gruppen von Menschen unternommen werden.

Ausgangspunkt der Entdeckung der „Zehn Argumentationsmuster der Exklusion" war die Untersuchung des Fallbeispiels der Frauenstimmrechtsdebatte in der Schweiz. Das Frauenstimmrecht existiert in der ganzen Schweiz erst seit 1990. Es wurde zwar am 7. Februar 1971 – auch dies im internationalen Vergleich ein später Zeitpunkt – mit einer knappen Zwei-Drittel-Mehrheit angenommen. Es dauerte dann aber noch bis zum 25. März 1990, bis in der ganzen Schweiz Schweizerinnen auch als Stimmbürgerinnen anerkannt wurden. Erst ein Urteil des Bundesgerichtes, das einer Klage von Frauen aus Appenzell Innerrhoden Recht gab und die Verfassungswidrigkeit der Innerrhoder Kantonsverfassung in diesem Punkt bestätigte, verlieh Frauen auch im Kanton Appenzell Innerrhoden das Stimmrecht. Am 27. November 1990 kam es dann auf der Basis dieses Bundesgerichtsurteils auch im Kanton Appenzell Innerrhoden – und zwar gegen die Mehrheit der Stimmbürger – zur Einführung des Stimmrechts für Frauen auf kantonaler Ebene ein, womit auch der letzte Kanton in der Schweiz das Frauenstimmrecht eingeführt hatte (vgl. Neue Zürcher Zeitung, 2011).

Damals wurden folgende zehn Argumente gegen das Frauenstimmrecht aufgeführt, die sich alle – das sei schon vorweg festgehalten – als ethisch inakzeptabel erweisen:

1. *Die Rolle, die für die Frauen als Individuen vom Kollektiv vorgesehen war – nämlich die der Mutter –, würde sich nicht mit der Politik verknüpfen lassen;*
2. *der Beitrag von Frauen als Individuen zum Kollektiv, im Sinne von: „die Gesellschaft ist auf Frauen ohne Stimmrecht angewiesen, um zu funktionieren, um sich weiterzuentwickeln und um zu überleben";*
3. *eine Änderung würde dem, was mehrheitlich in einer Gesellschaft abgelehnt wird und gleichsam „als Böses" markiert wird, Tür und Tor öffnen – im Falle des Frauenstimmrechts in der Schweiz wurde argumentiert, dass das Frauen-*

stimmrecht den Bolschewismus in die Schweiz bringen würde (vgl. Gariup, 2011);
4. *das präsumierte Selbstverständnis der Frauen selbst, im Sinne von: „wenn man die Frauen fragen würde, würden sie selbst gar nicht politisch mitbestimmen wollen";*
5. *der vermeintliche Mangel der für die Ausübung dieses Menschenrechts notwendigen Kompetenzen bei Frauen;*
6. *die eigene Tradition und Kultur, im Sinne von: „das entspricht unserer Tradition und Kultur" bzw. „das ist unsere Tradition und Kultur" bzw. „wir sind ein Sonderfall – und das ist gut so und soll auch so bleiben";*
7. *die eigene Geschichte, im Sinne von: „das haben wir immer so gemacht";*
8. *die eigene Geschichte als Erfolgsmodell, im Sinne von: „wir sind bisher sehr gut gefahren mit diesem Weg";*
9. *die eigene Souveränität, im Sinne von: „das ist unsere Sache";*
10. *innerer Zusammenhalt gegen Einflüsse von außen: „wir lassen uns da von niemandem hineinreden".*

Diese zehn Argumentationsfiguren kamen in unterschiedlicher Kombination und Reihenfolge in den damaligen demokratischen Meinungsbildungs- und Entscheidungsfindungsprozessen vor.

Ihre Gegenargumente finden sie *erstens* in der Begründung der Freiheit und Menschenwürde aller Menschen sowie der Menschenrechte auf der Basis des Prinzips der Verletzbarkeit (vgl. Kirchschläger, 2013e, 2015b, 2016b).

Zweitens kann das Gegenargument der Umkehr der Beweislast dabei weiterhelfen, diese zehn Argumentationsfiguren zu entkräften. Im Zuge der Umkehr der Beweislast werden „gute Gründe" – „gute Gründe" bedeutet, dass es denkbar sein muss, dass alle Menschen in ihrer effektiven Freiheit und Autonomie sowie in ihrer vollen Gleichheit diesen Gründen (innerhalb eines Denkmodells und nicht innerhalb einer realen weltweiten Volksabstimmung) aus ethischen Gründen zustimmen würden – vom Gegenüber im Diskurs verlangt, die für die jeweilige Argumentationsfigur sprechen würden (vgl. Kirchschläger, 2021a). Es erweist sich als unmöglich, entsprechende „gute Gründe" für diese zehn Argumentationsfiguren zu finden.

Drittens schwächt die folgende Beobachtung die Überzeugungskraft der zehn Argumentationsfiguren. Unabhängig davon, ob mit einem Staat über seine Angriffe auf Freiheit, Menschenwürde und Menschenrechte diskutiert, ob eine weltanschauungsbasierte freiheitswidrige oder menschenunwürdige Praxis in einem bestimmten Kontext beim Namen genannt oder ob im Dialog mit einer Religionsgemeinschaft die Diskriminierung von Frauen thematisiert wird: Diese zehn Argumentationsfiguren scheinen religions-, weltanschauungs- und staatenübergreifend in gleicher oder ähnlicher Weise aufzutreten, wenn aus einer Partikularposition heraus der Versuch im Dienste von Eigeninteressen unternommen wird, allen Menschen, einer bestimmten Gruppe von Menschen oder einzelnen Individuen Freiheit, Menschenwürde, all ihre Menschenrechte oder einzelne spezifische Menschenrechte abzusprechen. Dabei geht es hier nicht darum, empirisch zu beweisen, dass diese zehn Argumentationsfiguren der Exklusion immer und überall in solchen Situationen der Beschränkung und Verneinung von Freiheit, Menschenwürde oder Menschenrechten zum Einsatz kommen. Vielmehr werden die Fragen mit auf den Weg gegeben, ob nicht diese zehn Argumentationsfiguren der Exklusion jeweils verwendet werden oder ob nicht ihr jeweiliges Schema wiederzuerkennen ist.

Diese beiden Fragen schwächen die zehn Argumentationsfiguren der Exklusion insofern, als deren vermeintlich starker und für die Argumentation essenzieller Kontextbezug dadurch an Bedeutung verliert, dass die gleichen bzw. ähnliche Argumentationsfiguren der Exklusion in anderen Kontexten ebenfalls zum Zuge kommen, in denen ebenfalls aus einer Partikularposition heraus anderen Menschen ihre Freiheit, ihre Menschenwürde und ihre Menschenrechte abgesprochen werden sollen. Die Hauptgründe für die zehn Argumentationsfiguren der Exklusion – nämlich u. a. das eigene Kollektivverständnis, der eigene Staat, die eigene Kultur, Tradition, Religion, Weltanschauung, das eigene Wertesystem, die eigene Geschichte, die eigene Souveränität – verlieren ihre Überzeugungskraft im Zuge der Bewusstwerdung, dass genau die gleichen Argumentationsfiguren von anderen Staaten, Kulturen, Traditionen, Religionen, Weltanschauungen, Zivilisationen, Wertesystemen etc. eingesetzt werden. Dies bedeutet, dass also nicht die Einzigartigkeit des Eigenen bzw. das Eigene ausschlaggebend für die Exklusion sprechen, sondern etwas Staaten-, Religions- und Weltanschauungsgemeinschaften-Übergreifendes. Damit geraten die Argumentationsfiguren zumindest ins Wanken. Denn es ist dann beispielsweise nicht mehr „typisch schweizerisch", Frauen ihr Stimmrecht abzuerkennen, sondern etwas, was gewisse Kreise in der Schweiz, aber auch Kreise eben gerade nicht in der Schweiz – unabhängig vom Schweizer Staat, Schweizer Kontext, von der Schweizer Geschichte, von der Schweizer Tradition, von den Schweizer Werten etc. – vertreten. Dies bedeutet, dass sich diese zehn Argumentationsfiguren eigentlich nicht auf die Einzigartigkeit des Eigenen bzw. auf das Eigene stützen, sondern auf etwas Anderes. Demzufolge bauen sie auf etwas anderem auf, als vom Gegenüber im Diskurs vorrangig behauptet worden ist.

Viertens entlarven diese Rückfragen nach dem Staaten-, Religions- und Weltanschauungsgemeinschaften-Übergreifenden die wohl eher zutreffenden Gründe der Argumentationsfiguren der Exklusion, die weniger vom Kontext, von der Kultur, der Tradition, der Religion, der Weltanschauung, vom Wertesystem, von der Geschichte usw. abhängig sind, sondern wohl eher von einem anderen einigenden, nicht staats-, religions- oder weltanschauungsrelativen Faktor. Diesen einigenden Faktor charakterisiert scheinbar eine konservative Grundausrichtung – scheinbar deshalb, weil eine konservative Grundausrichtung auf jeden Fall mit Freiheit, Menschenwürde und Menschenrechten kompatibel sein kann bzw. da auch Konformität mit Freiheit, Menschenwürde und Menschenrechten eines Kollektivs im konservativen Sinn bewahrt werden kann.

Diesen einigenden Faktor kennzeichnen Rassismus und wissenschaftlich eindeutig Widerlegtes, was mit der Bezugnahme auf das vermeintlich „Eigene" zugedeckt werden soll – gleichsam wie mit einem „Regenschirm", um die eigentlichen Gründe nicht zum Vorschein kommen zu lassen.

Dieser einigende Faktor löst allerdings die Notwendigkeit aus, den wohl nicht ganz unberechtigten Verdacht zu widerlegen, die eigene Kultur, Tradition, Religion, Weltanschauung, das eigene Wertesystem, die eigene Geschichte, die eigene Souveränität etc. so zu drehen, dass sie den Partikularinteressen von bestimmten Menschen oder einer bestimmten Gruppe entspricht. Und er kann wohl insofern als illiberal bezeichnet werden, als seine Opposition zur Achtung der Freiheit, der Menschenwürde und der Menschenrechte bzw. seine Bereitschaft, Freiheit, Menschenwürde und Menschenrechte allen Menschen oder einzelnen Menschen zu negieren, in Kauf nimmt, dass Menschen ganz oder in einem gewissen Ausmaß ihre Freiheit, Menschenwürde und Menschenrechte vorenthalten werden.

Oder die zehn Argumentationsfiguren der Exklusion könnten auf den Souveränitäts- und Machtanspruch bestimmter Individuen und Gruppen in einem Kollektiv zurückgehen. Falls dies vom Gegenüber im Diskurs nicht widerlegt werden kann, können Mächtige und Entscheidungsträger:innen von Staaten oder von Religions- und Weltanschauungsgemeinschaften angesichts der Verwendung dieser zehn Argumentationsfiguren der Exklusion in ihren eigentlich ausschlaggebenden Partikularinteressen oder institutionspolitischen Überlegungen entlarvt werden (vgl. Langan, 1982, S. 31-34).

Fünftens wird so zusätzlich die nicht vorliegende inhaltliche Divergenz der eigenen Kultur, Tradition, Religion, Weltanschauung, des eigenen Wertesystems, der eigenen Geschichte, der eigenen religiösen oder weltanschaulichen Überlieferungen, Überzeugungen und Lehren zu Freiheit, Menschenwürde und Menschenrechten offensichtlich, womit auch die Gründe für eine kontextuell begründete Unterwanderung der Freiheit, der Menschenwürde und der Menschenrechte wegfallen.

Sechstens ergibt sich aus der Beschäftigung mit den zehn Argumentationsfiguren der Exklusion und den sich bisher daraus ergebenden Widersprüchen und Entlarvungen die Möglichkeit von Glaubwürdigkeits- und Kohärenzproblemen und von sinkendem Wirkungsgrad bzw. sinkender Überzeugungskraft des jeweiligen Kollektivs gegenüber den Menschen innerhalb und außerhalb der jeweiligen Gemeinschaft. Oftmals können freiheitsfeindliches und menschenwürdeverletzendes Denken und Handeln sowie Menschenrechtsverletzungen, Druck, Zwang, Gewalt, Extremismus in einem bzw. durch ein Kollektiv Anzeichen für dessen Schwäche und allmählichen Rückgang von dessen Bedeutung sein. Oder anders formuliert: Warum sollte man Menschen zu etwas zwingen, wenn man sie von etwas überzeugen kann?

Siebtens legt die Auseinandersetzung mit den zehn Argumentationsfiguren der Exklusion, die auch den Widerstand und die Widerrede gegen Exklusion in den einzelnen Staaten und Religions- und Weltanschauungsgemeinschaften wahrnimmt, offen, dass weder Staaten noch Religions- und Weltanschauungsgemeinschaften homogene, monolithische, präzise definier- und fassbare, ewig gleich bleibende, endlos bestehende und sich nicht verändernde Entitäten darstellen. Vielmehr kennen sie eine hohe Komplexität der Zusammensetzung ihres jeweiligen Kollektivs, eine heterogene Gestalt (z. B. konservative, liberale u. a. Strömungen), Wandel und Veränderungen (z. B. Entwicklungen, Fortschritte u. a.), Gründungen, Wachstum und Untergänge sowie Beiträge und Widerstände zur ideengeschichtlichen Entstehung von Freiheit, Menschenwürde und Menschenrechten. In ihrer Vergangenheit, in ihrer Gegenwart und wohl auch in ihrer Zukunft kennen Staaten sowie Religions- und Weltanschauungsgemeinschaften Vielfalt, Differenzen, Binnendiskurse, Meinungsverschiedenheiten, Reibungen und einen Wettkampf der Argumente und Gründe – wohl in unterschiedlicher Offenheit, Intensität und Öffentlichkeit. Spuren in mündlicher und schriftlicher Überlieferung, die erhalten bleiben, geben Zeugnis von solchen Prozessen.

Beispielsweise werden Stimmen für die Menschenrechte in Staaten und Religions- und Weltanschauungsgemeinschaften laut, wenn es z. B. zu Unterdrückung, Bekämpfung und Vernichtung von Minderheiten, zu einem Aufeinanderprallen der Macht des Kollektivs gegen die Ohnmacht des Individuums, zu Ungerechtigkeit, zu Konflikten zwischen sozioökonomischen Gruppen u. ä. kommt. Konkrete Fragen, Probleme, Herausforderungen und historische Unrechts- und Verletzungserfahrungen, die essenzielle Elemente und Bereiche der menschlichen Existenz betreffen, die der Mensch zum Überleben und zum Leben als Mensch braucht, lösen menschenrechtlich basierten Widerspruch aus. Denn alle Menschen sind und bleiben innerhalb und außerhalb von staatlichen, religiösen und weltanschauungsbasierten Kollektiven Träger:innen von Freiheit, Menschenwürde und Menschenrechten.

Achtens kann die Tendenz wahrgenommen werden, Unterschiede zwischen Staaten sowie Religions- und Weltanschauungsgemeinschaften größer zu sehen und zu machen, als sie in Wirklichkeit sind. „Societies change faster than foreigners' pictures of them. [...] It is true that different parts of the world have sometimes had radically different histories, which still exert an influence on their vocabularies, their ways of thinking, their religions, their values. But the influences on the members of virtually all societies are now much more a mix of local and global than they were even a hundred years ago" (Griffin, 2015, S. 562).

2. Im Zuge ethischer Entscheidungsfindung stößt man immer wieder auf *geografische Kategorien (wie West/Ost, global/lokal...)*, die eine normative Rechtfertigung für eine Aussage oder eine Position suggerieren, die sich auf einen bestimmten geografisch definierten Ort oder ein bestimmtes Gebiet bezieht, z. B. entweder für oder gegen die Freiheit und die Menschenwürde aller Menschen. Diese Kategorien rufen jedoch aus folgenden Gründen Zweifel in Bezug auf ihre epistemische Bedeutung hervor:

a. Die Frage stellt sich, welche Relevanz geografischen Kategorien in einem ethischen Diskurs zukommen darf. Natürlich haben historische Hintergründe, Kontext, Ort und Zeit usw. einen Einfluss auf Denkweisen und Meinungen. Letzteres ist jedoch – wenn im Zuge ethischer Entscheidungsfindung die Argumentation nur auf Ort oder Zeit der Entstehung beruht – in seiner normativen Gültigkeit und Argumentationskraft zu hinterfragen.

b. Diese geografischen Kategorien bleiben immer relativ zum Ausgangspunkt, was deshalb relevant ist, weil sie ihrem Inhalt nach geografische Kategorien sind. Es stellt sich die Frage, von welchem Punkt aus dieser Blickwinkel eingenommen wurde und wie festgestellt wurde, dass ein Ort im „Osten" und ein anderer im „Westen" liegt. Zum Beispiel liegt Wien „östlich" von Luzern, aber im normalen Gebrauch der beiden Kategorien im Menschenrechtsdiskurs würde man Wien wohl dem „Westen" zuordnen.

c. Kategorien wie z. B. Ost/West beruhen auf der Annahme oder Konstruktion von angeblich definierbaren, greifbaren, monolithischen, homogenen, ewig bestehenden, unveränderlichen, gegensätzlichen und getrennten Welten. Es scheint klar zu sein, was der so genannte „Westen" oder „Osten" umfasst und auf welchen Traditionen, Prinzipien und Werten diese beiden Teile der Welt beruhen.

d. Es stellt sich heraus, dass es schwierig, wenn nicht gar unmöglich ist, diese Kategorien – zum Beispiel den sogenannten „Osten" und „Westen" – und ihre jeweiligen Werte, auf denen diese beiden Kategorien beruhen, zu verstehen. Wenn man versucht, eine umfassende Definition des sogenannten „Westens" und „Ostens" zu entwickeln und anzunehmen, dass man die Werte kennt, auf denen sie beruhen, muss man angesichts der vorherrschenden Pluralität, Heterogenität und Dynamik im „Osten" oder „Westen" Vorsicht walten lassen. Ein erkenntnistheoretischer Ansatz würde wahrscheinlich scheitern, weil diese Kategorien nicht endgültig definiert werden können, abgesehen von ihrer Bezeichnung als geografische Positionen. Die Realität ist viel komplexer, und die vermeintlich kategorisierenden Werte – etwa im geografischen „Osten" und „Westen" – erweisen sich aufgrund der religiösen und weltanschaulichen Pluralität und Heterogenität, der normativen Vielfalt und der unterschiedlichen Rechts- und Politiksysteme sowie wegen großer Unterschiede in der Wirtschaftskraft als unzugänglich.

e. Die in diesen Kategorien enthaltene Schematisierung, die auf der Annahme und Konstruktion von angeblich definierbaren, umfassenden, monolithischen, homogenen, ewigen, unveränderlichen, getrennten und widersprüchlichen Welten (z. B. „Osten" – „Westen", ...) beruht, ist eine zu starke Vereinfachung. Sie reduziert die Vielfalt, die in solchen Kategorien enthalten ist und die für die Gestaltung der Diskussion sehr wichtig ist. Die beiden vermeintlichen Pole erweisen sich in ihrer inneren Struktur als vielfältig und heterogen und enthalten verschiedene Strömungen (z. B. konservativ, liberal, etc.). Dies wäre für die Subjekte des jeweiligen Diskurses bei der Verwendung dieser Kategorien wichtig. Diese Art der Schematisierung unterdrückt mit der Vorstellung von monolithischen, definierbaren, umfassenden, homogenen, ewigen und unveränderlichen inneren Strukturen die epistemisch notwendige Wahrnehmung und Berücksichtigung unterschiedlicher Grundlagen, Entwicklungen und der Dynamik des Wandels.

f. Auf dieser Grundlage werden die Kategorien „Osten" oder „Westen" in der Argumentation verwendet, zum Beispiel in folgendem Satz: „Weil Freiheit und Menschenwürde im ‚Westen' entstanden sind, gelten sie nicht im ‚Osten'". Abgesehen von der Relevanz zeitlicher und lokaler Gegebenheiten für die Geltung universeller Normen, die im folgenden Abschnitt diskutiert wird, begründen die Kategorien „Ost" und „West" eine normative Aussage („Freiheit und Menschenwürde gelten nicht im ‚Osten'").

g. Ein Argument, das sich auf diese Kategorien stützt, geht von der unzutreffenden Annahme aus, dass der „Westen" über eine bestimmte überlegene Qualität verfügt, die dem „Osten" fehlt. Die Aussage „weil Freiheit und Menschenwürde im ‚Westen' entstanden sind..." enthält auch die Annahme, dass der „Westen" angeblich über eine Innovations- und Schaffenskraft verfügt, die der „Osten" angeblich nicht hat (vgl. Frezzo, 2015).

h. Inhalte einem bestimmten geografischen Ort oder Gebiet zuzuordnen, ist nicht überzeugend, denn ein bestimmter Inhalt A oder eine Tendenz B kann sowohl in dem, was wir „Osten" nennen, als auch in dem, was wir „Westen" nennen, gefunden werden, und die widersprechende Position C oder Tendenz D kann ebenfalls überall gefunden werden (vgl. Joas, 2015, S. 78). Diese Argumentationsmuster, auf denen Positionen oder Trends beruhen, hängen nicht primär von ihrer geografischen oder zeitlichen Herkunft ab, wie eine solche Schematisierung suggerieren möchte. Vielmehr handelt es sich um eine liberale Position, die an allen Orten und in allen Himmelsrichtungen zu finden ist, ebenso wie ihre Gegenpositionen. Liberale und illiberale Positionen existieren unabhängig von Längen- und Breitengraden. Wenn ein geografischer Bezug zu einem bestimmten Ort hergestellt wird – etwa in Aussagen wie „im Osten denkt man so" oder „im Westen macht man das so" –, besteht die Gefahr, dass „im Osten" oder „im Westen" zu einem Argument wird, das alles andere, insbesondere die wirklichen Gründe und Faktoren, ausblendet. Dabei kann das Argument die Prüfung der wirklichen Gründe und Faktoren auf ihre Qualität als „gute Gründe" behindern – was bedeutet, dass es denkbar sein muss, dass alle Menschen in ihrer tatsächlichen Freiheit und Autonomie sowie in ihrer vollen Gleichheit diesen Gründen (innerhalb eines Denkmodells und nicht innerhalb eines realen weltweiten Referendums) aus ethischen Gründen zustimmen würden (vgl. Kirchschläger, 2021a). Diese kritische Prüfung wäre jedoch im Hinblick auf die normative Gültigkeit und Argumentationskraft der realen Gründe und Faktoren notwendig.

i. Diese Kategorien scheinen auf rassistischem Gedankengut zu beruhen, denn sie suggerieren, dass sich Menschen in einem bestimmten Kontext in Freiheit und Menschenwürde grundlegend von Menschen außerhalb dieses Kontexts unterscheiden – und dass es bei Freiheit und Menschenwürde nur um wahrnehmbare Unterschiede geht.

Weiterführende Literatur
Joas, H. (2015). Sind die Menschenrechte westlich? Koesel-Verlag.
Kirchschläger, P. G. (2016d). Menschenrechte und Religionen. Nichtstaatliche Akteure und ihr Verhältnis zu den Menschenrechten. Gesellschaft - Ethik - Religion 7. Ferdinand Schoeningh.

3 Ethik und Recht

> **Zusammenfassung**
>
> In diesem Kapitel liegt der Fokus auf dem Verhältnis zwischen Ethik und Recht, um ein präzises Verständnis des Aufgabenfeldes der Ethik zu erhalten – ethische Entscheidungen im Unterschied zu gesellschaftlich abgestützten, sozial normierten Entscheidungen basierend auf gesellschaftlicher Akzeptanz sowie im Unterschied zu rechtlichen Entscheidungen unter Bezugnahme auf geltendes Recht, das durch juridische Festlegung entsteht.
>
> Das Verhältnis zwischen Ethik und Recht prägt die folgenden Möglichkeiten von Normen:
>
> - Gesetze ohne ethischen Gehalt, die nur als legal zu bezeichnen sind (wie z. B. der Rechtsvortritt im Straßenverkehr);
> - Gesetze mit ethischem Gehalt, die als legal und legitim zu bezeichnen sind (z. B. das Verbot von Mord);
> - ethische Normen ohne Gesetzescharakter, die nur als legitim zu bezeichnen sind (z. B. das Spenden für Bedürftige);
> - Gesetze, die legal, aber illegitim sind (z. B. gegenwärtige Bestimmungen im Asyl- und Migrationsrecht, die Freiheit, Menschenwürde und Menschenrechte verletzen).
>
> Aus der Gefahr heraus, dass positives Recht immer auch illegitime Normen umfassen könnte,
>
> - da entweder der demokratische Meinungsbildungs- und Entscheidungsfindungsprozess nicht fair verlaufen ist;
> - da im Zuge der Gesetzgebung später in der Rechtspraxis auftretende ethische Probleme nicht vorhergesehen worden sind;
> - da der politische Wille gefehlt hat, ethische Überlegungen im Rahmen des demokratischen Meinungsbildungs- und Entscheidungsfindungsprozess genügend zu berücksichtigen bzw. Letztere keine Mehrheit gefunden haben;
> - da eine Position dank höherer finanzieller Ressourcen viel mehr öffentliche und mediale Präsenz genossen hat als eine andere und so eine einseitige, bestimmten Partikularinteressen ungerechterweise dienende Gesetzgebung zustande gekommen ist;
>
> brauchen das Recht und die Rechtspraxis zur Verhinderung von illegitimen Gesetzen die kontinuierliche kritische Überprüfung ihres moralischen Fundaments durch die Ethik, um nicht nur legal, sondern auch legitim zu sein und zu bleiben. Dabei spielen die *zwei Prinzipien aller Prinzipien der Ethik* Freiheit und Menschenwürde sowie die die Menschenwürde schützenden Menschenrechte in ihrer Wirkung aufs Recht eine wesentliche Rolle, in dem sie das Fundament legen sowie den Rahmen für positives Recht setzen.

Die Relevanz und Qualität ethischer Entscheidungsfindungsprozesse werden nicht nur durch einen klaren Blick auf ihre Notwendigkeit und auf Wünsche an sie sowie die kritische Kenntnis von inhaltlichen und methodischen Möglichkeiten, sondern durch eine präzise Absteckung ihres Arbeitsfeldes erhöht.

3 Ethik und Recht

Eine erste diesbezügliche Differenzierung zieht die Grenze zwischen ethischen Entscheidungsfindungsprozessen und gesellschaftlich abgestützten, sozial normierten Entscheidungen. Während ethische Entscheidungen einen ethischen Verbindlichkeitsanspruch erheben und Geltung aufgrund ethischer Rechtfertigung anstreben, genügt sozialen Entscheidungen gesellschaftliche Akzeptanz, um für sich Geltung zu beanspruchen. Diese gesellschaftliche Akzeptanz sagt jedoch nichts über ihre Legitimität aus. Dies bedeutet in anderen Worten, dass sozial akzeptierte Entscheidungen auch ethisch inakzeptabel sein können, was dazu führt, dass die Ethik als Wissenschaft gesellschaftlich getragene Entscheidungen auf ihre Legitimität kritisch überprüfen muss.

Eine weitere Differenzierung erfolgt durch die Bestimmung des vielschichtigen Verhältnisses von Recht und Ethik (vgl. Kirchschläger, 2022a) und deren Auswirkungen auf ethische Entscheidungsprozesse. Rechtliche Entscheidungen werden innerhalb von geltendem Recht gefällt, das in seiner Gültigkeit auf juridische Festlegung zurückgeht. Die Genese von positivem Recht geht in liberalen Rechtsstaaten auf demokratische Meinungsbildungs- und Entscheidungsfindungsprozesse zurück. Ethische Entscheidungen können in solchen demokratischen Meinungsbildungs- und Entscheidungsfindungsprozessen in die Schaffung von rechtlichen Normen münden. Diese potenzielle Verbindlichkeit in positivem Recht ist bei ethischen Entscheidungen mitzudenken. Positives Recht stellt ein System positiver Zwangsnormen als formelle Regelung nach dem Gleichheitsprinzip der „äußeren" Handlungen von Menschen einer politischen Gemeinschaft mit dem Ziel eines friedlichen Zusammenlebens dar (vgl. Pieper, 2017, S. 111). Es bildet eine verbindliche Ordnung für das gesamte soziale Handeln, die einen Durchsetzungsmechanismus und Sanktionen kennt.

Positives Recht sollte als Bedingung seiner Verbindlichkeit auf Moral und Ethik basieren (z. B. stützt sich die freiheitlich-demokratische Rechtsordnung auf die Anerkennung von Freiheit, Gerechtigkeit, Gleichheit als unbedingte Werte ab). Recht kann als indirekter Ausdruck von Moralität verstanden werden. Seine Begründung sollte das positive Recht durch die Ethik erfahren, um die Beziehung zwischen den Gesetzen und ethischen Normen zu pflegen. Dies ist vor dem Hintergrund insofern bedeutsam, als es

- Gesetze ohne ethischen Gehalt gibt, die nur als legal zu bezeichnen sind (wie z. B. der Rechtsvortritt im Straßenverkehr);
- Gesetze mit ethischem Gehalt gibt, die als legal und legitim zu bezeichnen sind (z. B. das Verbot von Mord);
- ethische Normen ohne Gesetzescharakter gibt, die nur als legitim zu bezeichnen sind (z. B. das Spenden für Bedürftige);
- Gesetze gibt, die legal, aber illegitim sind (z. B. gegenwärtige Bestimmungen im Asyl- und Migrationsrecht, die Freiheit, Menschenwürde und Menschenrechte verletzen).

Positives Recht läuft stets Gefahr, illegitime Normen zu umfassen,

- da entweder der demokratische Meinungsbildungs- und Entscheidungsfindungsprozess nicht fair verlaufen ist;
- da im Zuge der Gesetzgebung später in der Rechtspraxis auftretende ethische Probleme nicht vorhergesehen worden sind;
- da der politische Wille gefehlt hat, ethische Überlegungen im Rahmen des demokratischen Meinungsbildungs- und Entscheidungsfindungsprozess genügend zu berücksichtigen bzw. Letztere keine Mehrheit gefunden haben;
- da eine Position dank höherer finanzieller Ressourcen viel mehr öffentliche und mediale Präsenz genossen hat als eine andere und so eine einseitige, bestimmten Partikularinteressen ungerechterweise dienende Gesetzgebung zustande gekommen ist.

Um die Möglichkeit möglichst zu verhindern, dass es auch Gesetze gibt, die als legal und illegitim zu bezeichnen wären, sind das positive Recht und die Rechtspraxis auf die kontinuierliche kritische Überprüfung ihres moralischen Fundaments durch die Ethik angewiesen. Dies zieht die Notwendigkeit der Begründung rechtlicher Normen durch die Ethik als „roten Faden" der Beziehung zwischen Ethik und Recht nach sich.

Das Verhältnis zwischen Ethik und Recht kennt verschiedene Ebenen: Auf der Ebene der Begründung erweisen sich moralische Rechte als begründet, wenn eine zu ihnen korrespondierende begründete moralische Pflicht besteht, für die „gute Gründe" (wie oben unter 1.1 Notwendigkeit ethischer Entscheidungen eingeführt) benannt werden können und so das Prinzip der Verallgemeinerbarkeit erfüllt werden kann. Juristische Rechte formulieren dann als Teile eines positiven Rechtssystems legitime und legale Ansprüche der Mitglieder des Rechtssystems. Zu fürchten haben potenzielle Täter:innen von Verletzungen moralischer Rechte interne Sanktionen wie moralische Gefühle (Scham, Empörung, Schuld). Diese basieren auf der Grundlage, dass die den moralischen Gefühlen als Fundament dienende Moralauffassung geteilt wird. Im Falle der Verletzung juristischer Rechte erwarten den/die Täter:in externe Sanktionen, die nicht von der Überzeugung der Beteiligten abhängen und von einer staatlichen Instanz mit Durchsetzungsmacht verordnet und implementiert werden. Eine solche Instanz fehlt bei moralischen Rechten.

Neben dieser Unterscheidung zwischen Legalität und Legitimität wird eine weitere Differenz hinsichtlich ihrer Durchsetzung zwischen positivem Recht und Ethik am Folgenden deutlich sichtbar: „Jemand kann rechtlich völlig korrekt und dennoch unmoralisch handeln; bestraft wird jedoch nur ein Rechtsbruch, nicht aber ein Verstoß gegen moralische Normen." (Pieper, 2017, S. 118) Die moralische Gemeinschaft und eine kritische Öffentlichkeit können über die Durchsetzung moralischer Rechte wachen und deren Achtung einfordern.

Besonders die Differenzen im Bereich der Sanktionen und der Instanz sowie der damit verbundene Mangel eines legitimen Zwanges, der ihre Durchsetzung gewährleisten würde, führen dazu, dass moralische Rechte als „schwache Rechte" bezeichnet werden.

3 Ethik und Recht

Moralische Rechte bilden menschliche Konstruktionen, die auf wechselseitige unbedingte moralische Pflichten zurückgehen. Sie sind Teil einer Moral, die als ein System von Verpflichtungen unterschiedliche Arten von Verpflichtungen (asymmetrische, bedingte, unbedingte) umfasst. Wechselseitige Verpflichtungen allein können nicht auslösen, dass Subjekte und Objekte dieser Verpflichtungen Träger:innen von Rechten werden. Es braucht eine willentliche Entscheidung, dass Rechte gestiftet werden.

An dieser Stelle ergibt sich die Frage, wie diese Verrechtlichung begründet werden kann, d. h. warum Menschen Träger:innen von Rechten sind. Die rechtliche Begründung kennt in den Grenzen des nationalen Rechtssystems das Limit ihrer Relevanz. Diese Begrenzung ist bei moralischen Rechten aufzulösen, denn bei moralischen Rechten ist das Prinzip der Verallgemeinerbarkeit zu erfüllen. Die Begründung moralischer Rechte ist umgekehrt nicht auf die Begründung auf der rechtlichen Ebene angewiesen, weil sich die rechtliche Ebene auf eine in ihrer Geltung eingeschränkte Legitimation abstützt.

Die Begründung moralischer Rechte wird auch herbeigezogen, wenn beispielsweise Menschenrechte als positive Rechte geschaffen werden, um diesen Prozess kritisch zu überprüfen. An dieser Stelle muss ein potenzielles Missverständnis präventiv ausgeräumt werden: Dies bedeutet nicht, dass Rechte, die diese Prüfung überstehen, automatisch positiviert werden. Denn bei der Transformierung in positives Recht kommen auch politische und historische Einflüsse zum Zug.

Die Transformation von moralischen Rechten in positives Recht bringt folgende Vorteile mit sich (Alexy, 1998, S. 244-264):

1. Positives Recht bewirkt verbesserte Durchsetzungschancen. Damit verbunden besteht die Möglichkeit, unfaire Vorteile, die aus unmoralischem Verhalten entstehen, mit einem größeren Risiko auszustatten.
2. Die Positivierung kann Probleme der Interpretation und der Konkretisierung, die aufgrund des abstrakten Charakters moralischer Rechte entstehen, durch geregelte und kontrollierbare rechtliche Entscheidungsfindung lösen.
3. Die mit den moralischen Rechten korrespondierenden Pflichten führen im Zuge der Positivierung dieser Rechte zur Konstituierung von staatlichen Organisationen, die diesen Pflichten gewachsen sind.

Die Transformierung moralischer Rechte in positives Recht erweist sich aber nicht als moralisch notwendig, weil aus ethischer Perspektive keine Verpflichtung dazu besteht, da sich moralische Rechte diesbezüglich selbst genügen und nicht auf Quellen außerhalb ihrer selbst zurückgreifen. Es ist aber möglich, dass es aus einer moralischen Verpflichtung heraus geschieht (vgl. Tugendhat, 1993, S. 350) oder sonst aufgrund eines rationalen Eigeninteresses der Beteiligten (vgl. Lohmann, 1998, S. 62-95).

Moralisch relevant ist einzig die Entscheidung, welches rechtliche System der Positivierung zugrunde gelegt wird bzw. welches rechtliche System einen Teil des Ergebnisses dieses Positivierungsprozesses darstellt. Dieses muss den Ansprüchen der moralischen Rechte genügen.

Im Zuge der Positivierung moralischer Rechte durch einen demokratischen Meinungsbildungs- und Entscheidungsprozess in einem Rechtsstaat führt dies zu „Abstraktions- und Entlastungsleistungen des positiven Rechts gegenüber der Moral" (Lohmann, 1998, S. 90) im kantischen Sinne: das Individuum wird vom Muss des Sittlichseins befreit hin zur Authentizität seiner individuellen und eigenverantwortlichen Lebensführung, die moralisch sein kann (vgl. Lohmann, 1998, S. 90).

Positives Recht greift nicht nur in der Begründung seiner prinzipiellen Pfeiler auf die Ethik zurück. Das Recht ist in seiner Durchsetzung auf ein korrespondierendes Ethos angewiesen. Es braucht zur Realisierung von positivem Recht ein entsprechendes moralisches Bewusstsein. Denn Rechte werden nicht nur respektiert, weil ihre Verletzung Sanktionen zur Folge hat, sondern v. a. auch, weil eine damit verbundene Moral die Einhaltung des Rechts gebietet. Martin Luther King hat dies in seiner Rede „Facing the Challenge of a New Age" anläßlich der NAAACP Emancipation Day Rally am 1. Januar 1957 in Atlanta folgendermaßen formuliert: „I know that there are those who say that this can't be done through the courts, it can't be done through laws, you can't legislate morals. They would say that integration must come by education not legislation. Well, I choose to be dialectical at that point. It's not either law or education. It's both legislation and education" (Luther King, 1957).

Schließlich sind die *zwei Prinzipien aller Prinzipien der Ethik* Freiheit und Menschenwürde sowie die die Menschenwürde schützenden Menschenrechte in ihrer Wirkung auf das Recht zu erschließen. Freiheit, Menschenwürde und Menschenrechte bilden nicht nur den Rahmen für positives Recht, sondern auch für seine Entstehung im Zuge eines demokratischen Meinungsbildungs- und Entscheidungsfindungsprozesses sowie Grundbedingung für seine Legitimität. „Die moderne Rechtskultur bewegt sich in einer eigentümlichen Spannung, fast ein Widerspruch: mehr und mehr wird sie von einem empirischen, überdies pragmatischen Denken bestimmt, trotzdem erkennt sie moralische Prinzipien an, die wie die Menschenrechte sich durch eine kategorische Verbindlichkeit auszeichnen und die sich gerade deshalb dem empirisch-pragmatischen Denken nicht beugen. Die Menschenrechte haben die Bedeutung von kategorischen Rechtsprinzipien und bilden als solche einen Kontrapunkt in der modernen Rechtskultur" (Höffe, 1990, S. 11). Die kategorischen Rechtsprinzipien schaffen Vor- und Rahmenbedingungen, damit aus Verschiedenheit auch Wirklichkeit, damit auch gegen Widerstand legitime Vielfalt wird (vgl. Höffe, 1990, S. 11). Innerhalb der Ethik kommen Freiheit, Menschenwürde und Menschenrechten eine besondere Rolle bei der Interaktion zwischen Ethik und Recht zu, die davon geprägt ist, dass Ethik in Recht gegossen werden kann, Recht auf ethische Begründung angewiesen ist und schließlich die kontinuierliche kritische Überprüfung durch die Ethik braucht, um nicht nur legal, sondern auch legitim zu sein und zu bleiben.

Weiterführende Literatur
Gosepath, S. & Lohmann, G. (Hrsg.) (1998). *Philosophie der Menschenrechte*. Suhrkamp.
Tugendhat, E. (1993). *Vorlesungen über Ethik*. Suhrkamp.

4 Menschliche ethische Entscheidungen sind und bleiben gefragt – auch in Zukunft

> **Zusammenfassung**
>
> In diesem Kapitel erwartet Sie die Diskussion der Möglichkeit, ob ethische Entscheidungen nicht zur Entlastung von Menschen an sogenannte „künstliche Intelligenz" delegiert werden könnten. Im Fokus steht dabei die Frage, ob Maschinen Moralfähigkeit aufweisen oder nicht, und ob Menschen ihnen aufgrund ethischer Entscheidungsfähigkeit ethische Entscheidungen anvertrauen können oder nicht. Im Folgenden wird aufgezeigt, dass dies aufgrund von bei Maschinen fehlender Verletzbarkeit, mangelndem Gewissen, fehlender Freiheit, Verantwortung und Autonomie sowie nicht vorliegender und auch in Zukunft nicht begründet denkbarer Moralfähigkeit nicht möglich ist. Ethische Entscheidungen sind und bleiben eine exklusive Verantwortung von Menschen. Denn nur Menschen können das ethisch Legitime erkennen, sich entsprechend entscheiden und danach handeln.

4.1 Delegation ethischer Entscheidungen an Maschinen?

Der rasant vorangehende technologische Fortschritt drängt die Frage auf, ob ethische Entscheidungen nicht zur Entlastung von Menschen an sogenannte „künstliche Intelligenz" (KI) delegiert werden könnte (vgl. Anderson & Anderson, 2011, S. 1-4). Dafür spricht, dass „KI-Systeme aufgrund ihrer zunehmenden Intelligenz, Autonomie und Interaktionsmöglichkeiten zunehmend als moralische Agenten wahrgenommen und erwartet" (Dignum, 2019, S. 36) werden. Begriffe wie „moralische Technologien", die im aktuellen Diskurs über Digitalisierung, Automatisierung, Maschinisierung, Robotisierung und den Einsatz von „künstlicher Intelligenz" verwendet werden, legen eine solche Option nahe. Sie drücken die Erwartung aus, dass es möglich wäre, „moralische" Technologien zu schaffen. Der Begriff „moralische Technologien" bezieht sich auf deren Fähigkeiten, ethische Regeln zu befolgen, moralische Entscheidungen zu treffen und auf dieser Grundlage Handlungen auszuführen. Der Begriff „moralische Technologien" bringt den Wunsch zum Ausdruck, Maschinen mit ethischen Prinzipien und Normen auszustatten. Dies würde durch Programmierung, vor allem aber durch Training und Lernen erreicht werden.

Die Rede von „moralischen Technologien" löst Fragen aus. Können technische Erfindungen wirklich moralisch sein? Kann künstliche Intelligenz ethisch sein? Kann man technologischen Systemen eine Moral zutrauen? Kann man ihnen eine ethische Entscheidungsfähigkeit zuschreiben (vgl. Sullins, 2006)? Oder verfügen sie über eine begrenzte, aber nicht vollständige Moral, wie eine „funktionale Moral" (Wallach & Allen, 2009, S. 39), die es ihnen erlaubt, die ethischen Folgen ihrer Handlungen abzuschätzen, oder eine geistlose Moral, ohne die Eigenschaften zu erlangen, die Menschen als Grundlage für ihre Moral besitzen (vgl. Floridi & Sanders, 2004)? Oder ist es unmöglich, Technologien mit Moral zu denken? Im Folgenden wird die Charakterisierung als „moralische Technologien", die vermeintlich über Moralfähigkeit verfügen sollen, im Hinblick auf die Möglichkeit der Delegation ethischer Entscheidungen von Menschen an Maschinen aus ethischer Sicht kritisch untersucht. Im Fokus steht dabei die Frage, ob Maschinen Moralfähigkeit aufweisen oder nicht und ob Menschen ihnen aufgrund ethischer Entscheidungsfähigkeit ethische Entscheidungen anvertrauen können oder nicht.

4.2 Verletzbarkeit

„Moralische Technologien" und „ethische künstliche Intelligenz" sind zunächst mit einer der Besonderheiten der Moralfähigkeit des Menschen konfrontiert, die den Menschen von Maschinen und künstlicher Intelligenz unterscheidet: die Verletzbarkeit des Menschen in Verbindung mit seiner „Erste-Person-Perspektive" und seinem „Selbstverhältnis". Der Begriff „Verletzbarkeit" (vgl. Kirchschläger, 2013a, S. 241-267) umfasst die Möglichkeit, angegriffen oder verletzt zu werden, und gleichzeitig die fehlende Fähigkeit oder die fehlenden Mittel, sich aus dieser Situation zu befreien und sich vor Verletzungen zu schützen (vgl. Schroeder & Gefenas, 2009, S. 113-121; Kottow, 2004). Die Verletzbarkeit hat ihren Ursprung in der physischen und psychischen Hilflosigkeit des Menschen gegenüber sich selbst, seinen Mitmenschen, seinem Umfeld und seiner Umwelt (vgl. Ong-Vang-Cung, 2010, S. 119) sowie in seiner Abhängigkeit von der Welt. Der Mensch ist insofern von sich selbst, den Mitmenschen, dem Kontext und der Umwelt abhängig, als er einerseits von ihnen verletzt werden kann und andererseits von ihnen vor Verletzung geschützt werden kann (vgl. auch Butler, 2004, S. 77). Hier zeigt sich ein wesentlicher Unterschied zwischen dem Verständnis von „Verletzbarkeit" und dem Begriff „Demütigung" (vgl. Margalit, 1998). „Demütigung" bezieht sich nur auf menschliche Handlungen oder Unterlassungen und nicht auf die natürliche Umwelt (vgl. Margalit, 1998, S. 9-10). Die Umwelt (verstanden als menschliche und natürliche Umwelt) ist hier aber auch in ihrem zweiten Sinn gemeint, nämlich als Quelle der Verletzbarkeit des Menschen, weil sie wesentliche Elemente und Bereiche der menschlichen Existenz berühren kann und weil der Mensch verschiedene Möglichkeiten hat, mit ihr umzugehen und auf sie zu reagieren. So sollten Menschen, die Opfer einer Naturkatastrophe geworden sind, nicht einfach sich selbst überlassen werden, sondern Unterstützung erfahren.

Man kann zwischen zwei Arten der Verletzbarkeit unterscheiden, wobei die zweite Art in drei Herleitungen unterteilt werden kann:

Grundlegende Verletzbarkeit (A), die eine Eigenschaft aller Menschen ist und vom Menschen nicht beeinflusst werden kann (z. B. menschliche Vergänglichkeit);

Selektive und variable Verletzbarkeit (B),
- die auf Ungerechtigkeit zurückgeführt werden kann;
- die auf Unglücksfälle zurückgeführt werden kann;
- die auf eigenes Verschulden zurückgeführt werden kann.

Alle Arten der Verletzbarkeit können verschiedene Bereiche bzw. Aspekte der menschlichen Existenz umfassen. Zum einen kann es sich um physische oder psychische Verletzbarkeit handeln. Physische und psychische Verletzbarkeit gehören gleichsam zum Individuum und können daher als *„innere Bereiche und Aspekte der Verletzbarkeit"* (C) bezeichnet werden. Die Verletzbarkeit wird zu Verletzungen bei Folter, Gewalt, ... Beide – sowohl physische als auch psychische Verletzbarkeit – werden durch die menschliche Heterogenität nicht eingegrenzt. Z. B. sind Menschen mit Behinderungen subjektiv und objektiv in gleichem Maße der Verletzbarkeit ausgesetzt wie Menschen ohne Behinderungen.

Die „inneren Bereiche und Aspekte der Verletzbarkeit" sind von den *„äußeren Bereichen und Aspekten der Verletzbarkeit"* (D) zu unterscheiden, wie z. B. Glaube, Religiosität und Weltanschauung (vgl. Barnes 2002, S. 3), Recht, Nahrung, medizinische Versorgung, Bildung, finanzielle Zuwendungen, Infrastruktur usw. Die Verletzbarkeit verwandelt sich in Verletzungen, Entbehrungen, Diskriminierung und Ausgrenzung, wenn sie missachtet wird (vgl. Ferrarese, 2009). Im Gegensatz zu den „inneren Bereichen und Aspekten der Verletzbarkeit" (C) findet die Umwandlung von Verletzbarkeit in Verletzung in den „äußeren Bereichen und Aspekten der Verletzbarkeit" (D) außerhalb der Person statt. Das bedeutet natürlich nicht, dass diese Umwandlung keine Auswirkungen auf die Person oder ihre inneren Sphären hat – im Gegenteil.

Von den inneren und äußeren Bereichen und Aspekten der Verletzbarkeit zu unterscheiden sind die oben eingeführte *äußere Form (E)* (Möglichkeit des Angriffs und der Verletzung von außen) und *innere Form (F)* (Unfähigkeit und Mangel an Mitteln für einen korrespondierenden Schutz) der Verletzbarkeit, die ebenfalls bei beiden Arten der Verletzbarkeit vorkommen können.

Was die zweite Art von selektiver und variabler Verletzbarkeit und ihre Unterformen betrifft, so besteht ein Interesse daran, die verschiedenen disziplinären Positionen zu messen und operationell zu machen, um auf die Verletzbarkeit mit geeigneten Maßnahmen zu reagieren (vgl. Alwang et al., 2002).

Der Mensch teilt die Verletzbarkeit mit anderen Lebewesen, was die moralische Relevanz der Letzteren begründet (vgl. Ladwig, 2007). Wenn die eigenen Entscheidungen und Handlungen einem anderen Lebewesen Schmerz zufügen würden, ist dies moralisch relevant. Denn wenn die Moral nach dem guten Leben und dem richtigen Handeln strebt, dann ist der Schmerz eines anderen Lebewesens aus zwei Perspektiven wichtig: Die eine Perspektive ist die Sicht des/der Moralfähigen. Moralfähig bedeutet, dass der moralfähige Mensch in der Lage ist, selbstbestimmt über das gute Leben und das rechte Handeln zu reflektieren, moralische Regeln zu definieren und nach ihnen zu urteilen und zu handeln. Die andere Perspektive vertritt die Sichtweise des moralbedürftigen Wesens oder des Wesens mit moralischer Geduld. Moralische Bedürftigkeit wird hier nicht in dem kantischen Sinne verstanden, dass es eine Eigenart des Menschen ist, dass er auf Moralisierung angewiesen ist (vgl. Ladwig, 2007). Moralisches Bedürfnis oder moralische Geduld bedeutet hier vielmehr, dass die Objekte von Entscheidungen und Handlungen ethischen Charakters (z. B. Tiere), die von den Moralfähigen getroffen oder vollzogen werden, auf die ethische Qualität dieser Entscheidungen und Handlungen angewiesen sind; d. h. in diesem Sinne, dass sie einer Legitimität bedürfen, welche die Entscheidungen und Handlungen der Moralfähigen prägt. Umgekehrt sind diese Objekte nicht moralisch gleichgültig gegenüber den Entscheidungen und Handlungen moralfähiger Menschen, d. h. sie machen einen Unterschied, wenn die moralfähigen Menschen nach dem guten Leben und dem richtigen Handeln streben, was im Beispiel der Tiere durch ihre Verletzbarkeit gerechtfertigt ist. Moralisches Bedürfnis oder moralische Geduld hängt nicht von der Moralfähigkeit ab. Um moralische Relevanz aufzuzeigen, kann man sowohl vom Moralbedürftigen als auch vom Moralfähigen ausgehen. Vom Standpunkt des Moralbedürftigen oder Moralgeduldigen aus ist es zum Beispiel moralisch falsch, wenn jemand es schlägt. Gleichzeitig ist es aus der Sicht des Moralfähigen moralisch falsch, einen Moralbedürftigen oder einen Moralgeduldigen zu schlagen, d. h. ihm Schmerzen zuzufügen (schlechtes Gewissen). Mit der Verletzbarkeit ist es möglich, die Beziehung zwischen Moralbedürfnis (oder Moralgeduld) und Moralfähigkeit neu zu überdenken und die moralische Relevanz von Moralbedürfnis oder Moralgeduld sowie Moralfähigkeit aufzuzeigen.

Man kann sich dem Umstand der gemeinsamen Verletzbarkeit von Mensch und Tier auch auf andere Weise nähern, nämlich indem man feststellt, dass es einige Anhaltspunkte für die Annahme gibt – die hier nur kurz angedeutet werden soll, da sie nicht im Zentrum der Auseinandersetzung mit Verletzbarkeit im Kontext ethischer Entscheidungsfindung steht –, dass der Mensch wegen der Verletzbarkeit der Tiere Tierschutzgesetze formuliert. Die unmittelbare Schlussfolgerung, dass Menschen und Tiere die gleichen Rechte haben sollten, weil sie beide verletzlich sind, ist insofern nicht zulässig, als drei Punkte (und insbesondere der dritte Punkt) zu beachten sind: *Erstens* verständigen sich Menschen – aufgrund ihrer Verletzbarkeit – auf Rechte, die für sie selbst als Menschen gelten. Darüber hinaus entwerfen Menschen auch für andere Lebewesen, wie z. B. Tiere, mit denen sie die Verletzbarkeit teilen, entsprechende Tierschutzgesetze. Diese beruhen auf ihrer Selbstwahrnehmung und der Wahrnehmung ihrer eigenen Verletzbarkeit und, getrennt davon, auf der Wahrnehmung von Tieren und deren Verletzbarkeit.

Zweitens ist es denkbar, dass Menschen sich so vorstellen oder wahrnehmen, dass die Verletzbarkeit von Menschen und die Verletzbarkeit von Tieren phänomenologisch unterschiedlich sind. Dieser Zusammenhang beinhaltet nicht den Versuch zu behaupten, dass dies empirisch tatsächlich der Fall ist, weder in der Unterscheidung zwischen menschlicher Selbstwahrnehmung und der davon abweichenden Wahrnehmung von Tieren noch in der Feststellung von Unterschieden im Zuge der phänomenologischen Betrachtung der Verletzbarkeit von Menschen und Tieren. Dies ist für diesen Ansatz irrelevant. Vielmehr ist es wahrscheinlich, dass Menschen – im Bewusstsein und in der Anerkennung der Verletzbarkeit von Tieren – sich selbst als Menschen anders denken als Tiere, oder dass Menschen ihre eigene Verletzbarkeit, die sie mit anderen Menschen teilen, anders denken als die Verletzbarkeit von Tieren.

Drittens unterscheidet die sich anschließende Bewusstwerdung der eigenen Verletzbarkeit, die sich der „Erste-Person-Perspektive" (vgl. Runggaldier, 2003) und dem „Selbstverhältnis" öffnet und in das Prinzip der Verletzbarkeit mündet, den Menschen von anderen Lebewesen. Beim Prinzip der Verletzbarkeit geht es nicht nur um die rein empirisch wahrnehmbare Verletzbarkeit, sondern vor allem darum, wie der Mensch seine eigene Verletzbarkeit wahrnimmt und über sie denkt. Im Mittelpunkt stehen die Untersuchung und Reflexion von Verletzbarkeit und die moralischen Konsequenzen, die das Prinzip der Verletzbarkeit im Menschen auslöst. Verletzbarkeit kann zum Beispiel bedeuten, dass ein Mensch, der heute gesund ist, weiß, dass er morgen krank werden könnte. Oder – während er heute glücklich lebt – dass er morgen von anderen getötet werden könnte. In diesem Denkprozess durchläuft diese Person einen Prozess der Unsicherheit. Denn sie wird sich ihrer eigenen Verletzbarkeit und in letzter Konsequenz auch ihrer Vergänglichkeit bewusst (vgl. Hoffmaster, 2006, S. 42). Diese Möglichkeit der Selbstwahrnehmung gilt für alle Menschen.

Die Bewusstwerdung der eigenen Verletzbarkeit ist ein Selbstwahrnehmungsprozess des Menschen, dessen empirische Korrektheit nicht relevant ist. Während dieses Prozesses, wenn sich ein Mensch seiner eigenen Verletzbarkeit bewusst wird, erkennt er *ex negativo* die „Erste-Person-Perspektive" (vgl. Runggaldier, 2003). Dies umfasst das Bewusstsein der Menschen, dass sie als singuläre Personen Subjekte der Selbsterfahrung sind, durch die sie Zugang zu ihrer eigenen Verletzbarkeit haben. Andererseits erfahren sie diese anthropologische Grundsituation der Verletzbarkeit als Subjekt (d. h. in der ersten Person Singular). Die Handlungen, Entscheidungen, Leiden und das Leben von Menschen gehen von ihnen als Subjekte aus. Darüber hinaus interpretieren sie diese anthropologische Grundsituation der Verletzbarkeit als Subjekt: „Denn handelnd und erleidend erfährt er sich als das Lebewesen, das nicht einfach lebt wie alle anderen Lebewesen, sondern das nur lebt, indem es *sein Leben* führt. Sich zu sich zu verhalten, weder naturnotwendig noch beliebig zu handeln, sondern sich an Gründen zu orientieren und frei gewählte Zwecke zu verfolgen, macht die Lebensform aus, die ihn mit allen Menschen als *seinesgleichen* verbindet. Sie macht ihn zugleich verletzbar, ist doch das zu seiner Lebensform gehörende Selbstverhältnis auf fundamentale Realisierungsbedingungen angewiesen" (Honnefelder, 2012, S. 171-172, Hervorhebung im Original). Der Mensch ist in der Lage, mit sich selbst in ein „Selbstverhältnis" zu treten.

Da die Menschen sich ihrer Verletzbarkeit bewusst sind, aber gleichzeitig nicht wissen, ob und wann sich diese Verletzbarkeit manifestiert und in eine konkrete Verletzung oder Übertretung umschlägt, sind sie bereit, allen Menschen die „Erste-Person-Perspektive" und das „Selbstverhältnis" auf der Grundlage der Gleichheit aller Menschen zuzugestehen, weil dies für sie die rationalste, vernünftigste und vorteilhafteste Lösung darstellt. Das heißt, allen Menschen Rechte – also Menschenrechte – zuzugestehen, um sich selbst und alle anderen zu schützen, denn die Verletzbarkeit beinhaltet auch die „Erste-Person-Perspektive" und das „Selbstverhältnis".

Der Mensch ist also nicht deshalb Träger:in von Menschenrechten, weil er verletzbar ist, sondern wegen des Prinzips der Verletzbarkeit, das zum Genuss der Menschenrechte für alle Menschen führt, den Unterschied zur Verletzbarkeit von Tieren deutlich macht und als *differentia specifica* dient, die ein unterschiedliches Verständnis der Verletzbarkeit von Menschen und der Verletzbarkeit von Tieren begründet. Die Tatsache, dass Verletzbarkeit Menschen und Tiere betrifft, widerspricht daher nicht der Relevanz des Prinzips der Verletzbarkeit für die Begründung der Menschenrechte.

Verletzbarkeit, „Erste-Person-Perspektive" und „Selbstverhältnis": Das Prinzip der Verletzbarkeit deckt wahrscheinlich das ab, was „Bewusstsein", „Willensfreiheit", „Selbstreflexivität" (Misselhorn, 2018, S. 214) und „Subjektivität" (Ohly, 2019a, S. 49-72) als Unterscheidungsmerkmale zwischen Menschen und Maschinen bzw. künstlicher Intelligenz vorsehen. Gleichzeitig gehen Verletzbarkeit, „Erste-Person-Perspektive" und „Selbstverhältnis" in ihrer argumentativen Wirkung auf die Unterscheidung zwischen Menschen und Maschinen (oder „künstlicher Intelligenz") über diese Unterscheidungsmerkmale hinaus, weil sie *erstens* nicht von der Bedingung eines angenommenen Dualismus zwischen Geist (oder Seele) und Körper abhängen und es daher erlauben, diese kontroverse Frage zu vermeiden. *Zweitens* – und das ist noch wichtiger – schaffen sie kein Potenzial für Diskriminierung. Wenn man „Bewusstsein", „Willensfreiheit", „Selbstreflexivität" und „Subjektivität" zu *den* Merkmalen oder Fähigkeiten unter den vielen menschlichen Merkmalen oder Fähigkeiten macht, die den Menschen von Maschinen und „künstlicher Intelligenz" unterscheiden, läuft man Gefahr, diejenigen Menschen zu diskriminieren, die sich in diesen Merkmalen oder Fähigkeiten unterscheiden, wie Menschen mit Behinderungen, Komapatient:innen oder Embryonen. Die Gefahr der Diskriminierung bleibt auch dann bestehen, wenn sie potenziell zur Rechenschaft gezogen wird. Martha C. Nussbaum zeigt dieses Diskriminierungspotenzial besonders deutlich, wenn sie – dieser Argumentationslinie folgend – so weit geht, Menschen mit Behinderungen ihre Menschlichkeit abzusprechen, weil ihnen bestimmte Fähigkeiten fehlen, ihnen aber dennoch moralische Relevanz zubilligt, um ihre Argumentation abzuschwächen: „[…] dass bestimmte schwer behinderte Säuglinge niemals Menschen sind, selbst wenn sie von zwei menschlichen Eltern geboren werden: wiederum solche mit einer globalen und totalen Sinnesunfähigkeit und/oder ohne Bewusstsein oder Denken; auch, so denke ich, solche, die überhaupt nicht in der Lage sind, andere zu erkennen oder eine Beziehung zu ihnen aufzubauen. (Das sagt natürlich nichts darüber aus, was wir ihnen moralisch schulden, es trennt diese Frage nur von moralischen Fragen über Menschen.)" (Nussbaum, 1995, S. 82)

Das Fehlen des Prinzips der Verletzbarkeit ist ein erstes Argument gegen die Moralfähigkeit von Maschinen und „künstlicher Intelligenz". Das Fehlen der Verletzbarkeit ist ein Argument dagegen, Maschinen und „künstliche Intelligenz" als moralbedürftig oder als Wesen mit Moralgeduld zu betrachten. Als Gegenargument könnte angeführt werden, dass der Status der Moralbedürftigkeit oder der Moralgeduld von den Menschen in Abhängigkeit von ihren Beziehungen zu den Maschinen und zur „künstlichen Intelligenz" zugewiesen werden sollte (vgl. Coeckelbergh, 2012). Die implizite Willkür, die dieser Sichtweise widerspricht, erfüllt nicht die Anforderungen einer kritischen rationalen Ethik. Darüber hinaus könnte das Gegenargument angeführt werden, dass es ethisch besser ist, ein moralisch wertvolles Wesen besser zu behandeln, als es sein Status verdient, und es nicht als bloßes Objekt zu behandeln (vgl. LaBossiere, 2017). Die Grenze dieses Arguments ist jedoch, dass dies voraussetzen würde, dass Maschinen und

„künstliche Intelligenz" Wesen und mehr als Objekte sind. Beides konnte bisher nicht nachgewiesen werden (vgl. zu dieser Frage Gunkel, 2018). Im Gegenteil, die fehlende Verletzbarkeit und die fehlende Identität (vgl. DiGiovanna, 2017), die oben dargelegt wurden, widersprechen der Vorstellung, dass Maschinen und „künstliche Intelligenz" Wesen sind, und sprechen dafür, sie als Objekte wahrzunehmen. Diese Wahrnehmung als Objekte bedeutet nicht automatisch, dass der Mensch ihnen gegenüber keine ethischen Verpflichtungen hat (vgl. Bryson, 2010), weil eine Misshandlung eines Objekts das menschliche Subjekt in ethisch negativer Weise verändern würde (vgl. Kant, 1990) und weil es nicht ausschließt, dass Objekte insofern moralische Relevanz haben, als ihr materieller Wert unter dem Gesichtspunkt der Nachhaltigkeit einschließlich der ökonomischen, ökologischen und sozialen Dimension betrachtet werden muss.

4.3 Gewissen

Eine zweite Infragestellung der Moralfähigkeit von Maschinen basiert auf dem Konzept des Gewissens (vgl. Kirchschläger, 2017d), das für den Menschen und seine Moral von zentraler Bedeutung ist. Das Gewissen vereint das, was objektiv geboten ist, und das, was subjektiv in einer spezifischen und konkreten Situation, in einem spezifischen Kontext, bei einer einzigartigen Begegnung mit einzigartigen Menschen erlebt wurde. „Das Gewissen ist ein aktives Vermögen, das in der Komplexität einer jeden Situation das Gute entdeckt und erkennt" (Hogan, 2004, S. 86-87). Das Gewissen schafft in einer Person eine Autorität, die sich *a priori*, aber auch *a posteriori* auf eine Handlung auswirkt. Das Gewissen ist ein Prozess, der einer Handlung vorausgeht, sich aber auch auf die kritische Befragung und Prüfung nach einer Handlung bezieht (vgl. auch Holzhey, 1975, S. 7; Schüller, 1980, S. 40-57). Aber das Gewissen handelt nicht selbst (vgl. auch Wolbert, 2008, S. 170). „Das Gewissen macht man nicht geltend, wenn es einem in den Kram passt. Das Gewissen macht sich selber geltend, oft wenn es uns gar nicht in den Kram passt. Was das Gewissen ist, ist uns nicht im letzten verfügbar. [...] Diese Erfahrung hört nicht auf. Daraus lernen wir, dass das Gewissen im Werden ist, einen Prozess darstellt, der uns zugleich vorgegeben und aufgegeben ist" (Mieth, 1992, S. 225). Das Gewissen erschließt also den Unterschied zwischen der Seinsebene und der Sollensebene (vgl. Reiter, 1991, S. 11).

Als Zeugnis der menschlichen Moralfähigkeit verbindet das Gewissen die Menschen über Kulturen, Traditionen, Religionen und Weltanschauungen hinweg. Das Gewissen kann daher auf einer konstituierenden Ebene des Menschseins verortet werden. Es umfasst das Potenzial, das moralisch Richtige und Gute zu erkennen und in den jeweils spezifischen Kontext einzuordnen (vgl. Schuster & Kerber, 1996, S. 144).

Darüber hinaus beschreibt das Gewissen eine Wechselwirkung zwischen dem normativen System, auf dem es beruht, und den inneren Aspekten des Individuums (vgl. Kranich-Stroetz, 2008, S. 124). Ersteres drückt sich auch durch die Einordnung des Individuums in einen gesellschaftlichen Kontext mit den daraus resultierenden Pflichten und der entsprechenden Verantwortung aus (vgl. zum Diskurs über konkrete Gewissensfragen Schaupp, 2014; Höfling, 2014; Martinsen, 2004). Letzteres garantiert eine kritische Distanz des Individuums gegenüber dem normativen System einer Gesellschaft (vgl. Reiter, 1991, S. 15).

Das Selbstverhältnis, die Beziehung zur Normativität und die Beziehung zu einem normativen System beruhen also auf dem Gewissen oder sind darin vereint (vgl. Kranich-Stroetz, 2008, S. 125). Bei näherer Betrachtung kann das Gewissen verstanden werden als die „Fähigkeit des menschlichen Geistes zur Erkenntnis der sittlichen Werte, Gebote und Gesetze *(Synderesis)*, im engeren Sinne aber deren Anwendung auf das eigene, unmittelbar zu vollziehende Handeln." (Schuster & Kerber, 1996, S. 144, Hervorhebung im Original; vgl. zum philosophischen Diskurs über das "Gewissen" Huebsch, 1995). Das Gewissen übernimmt die Rolle einer inneren Stimme des Menschen in moralischen Fragen und Entscheidungen. Diese innere Stimme ist nicht immer eindeutig, sondern das Gewissen kämpft mit sich und seinen Entscheidungen, wie die Definition von Immanuel Kant zeigt: „Das Bewusstsein eines inneren Gerichtshofes im Menschen (,vor welchem sich seine Gedanken einander verklagen oder entschuldigen') ist das Gewissen." (Kant, 1997, S. 572) Anstelle eines heteronomen Gewissensverständnisses, bei dem das Gewissen durch etwas bestimmt wird, das der menschlichen Freiheit und Vernunft fremd ist, verwendet Kant die Autonomie zur Wahrung der Unabhängigkeit des moralischen Phänomens oder der Pflicht. Moral im engeren Sinne bedeutet, dass sie rein subjektbezogen ist. Sittlichkeit ist die Pflicht, die der Mensch als etwas anerkennt, was ihm seine praktische Vernunft als seine Pflicht vorgibt. Nicht nur pflichtgemäßes Handeln, sondern Handeln aus Pflichtgefühl ist moralisch gut und moralisch richtig, denn rein pflichtgemäßes Handeln kann aus verschiedenen Gründen geschehen, die nichts mit Moral oder gar Unmoral zu tun haben. Da das Gewissen sich nur an sich selbst misst, ist ein falsches Gewissen nach Kant unmöglich. Nach seinem Gewissen zu handeln, kann keine zusätzliche Pflicht sein, sonst bräuchte es ein Gewissen über dem Gewissen, das das gesuchte Gewissen wäre. Es ist auch Sache des Gewissens selbst, zu erkennen, was eine Pflicht ist. Die Pflicht zur Gewissensbildung ergibt sich aus dem Gewissen selbst. Nur dann ist sie eine moralische Pflicht. In jedem anderen Fall käme die Pflicht von außen, wäre fremdbestimmt und daher nicht moralisch, sondern legalistisch. Die praktische Vernunft ist gewissermaßen der Gegenpol zum Gewissen. Sie erinnert uns daran, ob eine Handlung pflichtgemäß ist oder nicht und bestimmt die Objekte, die pflichtgemäß sind. Das heißt, ihr werden alle inhaltlich bestimmten Funktionen entzogen. Stattdessen ist das Gewissen die Pflicht an sich. Nicht das Gewissen, sondern die praktische Vernunft entscheidet über den Inhalt der Pflicht. Das Gewissen beurteilt nur das Verhältnis des Menschen zu seiner Pflicht wie „ein[] innere[r] Gerichtshof[] im Menschen (,vor welchem sich seine Gedanken einander verklagen oder entschuldigen')" (Kant, 1997, S. 572). Auf der Grundlage der Autonomie der Moral ist das Gewissen mit einer Selbstverpflichtung des Menschen gleichzusetzen.

Hilfreich ist auch die von Thomas von Aquin eingeführte Unterscheidung zwischen dem „Urgewissen" (synteresis) – dem natürlichen Habitus, in dem der Mensch an der ewigen Wahrheit der praktischen Vernunft teilhat, die auch den obersten Grundsatz des moralischen Gewissens „Du sollst das Gute tun und das Böse unterlassen" enthält – als Grundlage des Handelns und dem darauf aufbauenden konkreten Gewissen bzw. Funktionsgewissen, das in seiner Anwendung auf das konkrete Handeln (conscientia) besteht (Thomas von Aquin, Summa theologiae 1 q 79 a 12-13; vgl. Anzenbacher, 2015; Noichl, 1993, S. 264-274). „Das Gewissen hilft, in der Gestaltung der Freiheit realistisch und vernünftig zu sein – ja, auch seine moralischen Grenzen und Abhängigkeiten zu erkennen. Aber es macht zugleich immer wieder Mut, nicht zu resignieren und an die Möglichkeit zu glauben, dass man sein Leben nach moralischen Überzeugungen und Idealen tatsächlich verändern kann." (Römelt, 2011, S. 58)

Darauf aufbauend geht die Unterscheidung des Gewissens in ein „Urgewissen", ein „Wertegewissen" und ein „Situationsgewissen" noch weiter (vgl. Teichtweiter, 1976). Während sich das „Urgewissen" auf die grundsätzliche Forderung konzentriert, das Gute dem Bösen vorzuziehen und entsprechend zu handeln, entscheidet das „Situationsgewissen" anhand der konkreten Situation, welche konkreten Handlungen von moralischem Wert zu setzen sind, und berücksichtigt dabei persönliche Bedürfnisse, natürliche Neigungen, persönliche Werte, Pflichten und Verantwortlichkeiten. Das „Wertegewissen" vermittelt zwischen dem „Urgewissen" und dem „Situationsgewissen", indem es die persönlichen Eindrücke und Einstellungen berücksichtigt. Die Vermittlung des Gewissens beinhaltet also die verschiedenen Dimensionen der Moral, die sich auch in der Reifung des Gewissens manifestieren kann. Auf dieser Grundlage lässt sich über das Gewissen Folgendes sagen: „In seinem Vollzug als Urteil ist es wie das sittliche Urteil ein mannigfach bedingtes, nämlich mehrfach gestuftes und inhaltlich von höchst vielfältigen Größen bestimmtes Geschehen. In dem Anspruch dagegen, den es habituell festhält und im Urteil zur Geltung bringt, ist es gänzlich unbedingt, kommt doch in ihm im Modus des Selbstbezugs nichts anderes zum Ausdruck als das, was Grund sittlicher Verbindlichkeit überhaupt ist, nämlich das Selbstsein des Menschen als Vernunft- und Freiheitswesen." (Honnefelder, 1993, S. 121)

Das Gewissen verbindet also die Moral oder die Pflicht mit den verschiedenen Ebenen des Menschen und seiner Existenz. Letztere sind von unterschiedlicher Qualität und Intensität und werden durch individuelle Entwicklung oder gesellschaftliche Einflüsse geprägt (vgl. Schmitt, 2008). Der Mensch bildet auch sein bzw. ihr Gegenstück. „Jede Beanspruchung von Gewissen greift auf Selbstbejahung zurück und wiederholt sie. Wie das Selbst der Bejahung nichts Einsames ist, so handelt auch das Gewissen nicht lautlos-verschwiegen, verallgemeinerungsunfähig, selbstisch. [...] Wiederholt Gewissen im Rückbezug auf Selbstbejahung den entscheidenden Augenblick der Einleitung von Individuation und Sozialisation, dann unternimmt es dabei nichts zur ‚einsamen' und ‚nackten' Selbstfindung, Selbstwahl und Selbstverwirklichung." (Marten, 1975, S. 124)

Darüber hinaus geht es beim Gewissen um Entscheidungen, Handlungen und Unterlassungen des Menschen in einer einzigen Lebenssituation, die nicht übersehen werden kann. Alle diese Situationen erheben Anspruch auf Moral. Der Mensch betrachtet diesen Anspruch auf unterschiedlichste Art und Weise. Der Gegenstand des moralischen Handelns ist die Gestaltung der eigenen Lebensgeschichte. In

4 Menschliche ethische Entscheidungen sind und bleiben gefragt – auch in Zukunft

die jeweiligen bewussten Entscheidungen werden auch emotionale Momente einbezogen. Weil „nur die Vernunft das Vermögen sein [kann], das (im Akt des Gewissens) die Vielheit der Handlungen auf eine letzte Einheit, nämlich auf das Gelingen der menschlichen Existenz als ganzer bezieht." (Honnefelder, 1982, S. 32-33; vgl. Honnefelder, 1993) Diese umfassende Besorgnis lässt auch viele Wege zur Erkenntnis und Wahrnehmung des Gewissens zu. „Das Gewissen missrät nur dann nicht zur autoritären Kontrollinstanz, wenn es sich öffnet, kontextuell agiert und aus eigener – kritisch begleiteter – Anschauung der Wirklichkeit seine sozialpraktische Sensibilität und Urteilskraft aufbaut." (Schmitt, 2008, S. 162)

Zugleich wird der Mensch nachdrücklich dazu angehalten, die objektiven und subjektiven Bedingungen zu überprüfen, indem er sich seiner eigenen Identität, seines Selbstverständnisses und seiner Selbsteinschätzung im Gewissen durch die Reflexion über Normen und die Gestaltung und Setzung von Normen bewusst wird. Das Gewissen stellt sich also in den Dienst der Verwirklichung des Willens im Menschen, damit dieser sich dem ersten so weit wie möglich annähert.

Darüber hinaus wirkt sich der Horizont des Gewissens aus, der nicht bei einer einzigen Entscheidung oder Handlung endet, sondern die gesamte Existenz des Menschen umfasst. Das Gewissen erweist sich als „der geduldige Weg der lernenden Freiheit." (Römelt, 2011, S. 58-61)

Die im Gewissen erfahrene moralische Vernunft des Menschen und sein moralisches Vermögen, zwischen Gut und Böse zu unterscheiden, macht das Gewissen schließlich zu einer absoluten Herausforderung für den Menschen – immer wieder, wenn er in einem letzten praktischen Urteil, das zum Handeln führt, eine Handlung plant und erwägt, und wenn er nach einer Handlung die Infragestellung dieses Urteils hinsichtlich seiner Stellung zur moralischen Vernunft, seines Beitrags zum Gelingen des Menschseins und seines Verhältnisses zu den eigenen Handlungsprinzipien kritisch überprüft.

Schließlich drückt das Gewissen ein Vertrauen in den einzelnen Menschen aus. Vom einzelnen Menschen wird erwartet, dass er diese innere Stimme in moralischen Fragen hat, dass er sie erkennt, auf sie hört und dann verantwortungsvoll handelt. Es wird respektiert und hochgehalten, dass die Würde des Gewissens dem einzelnen Menschen zukommt.

Auch wenn im Sinne der epistemischen Bescheidenheit einerseits darauf hingewiesen werden muss, dass die Bestimmung des Gewissens äußerst komplex ist, und andererseits daran erinnert werden muss, dass man versucht, auf der Grundlage des gegenwärtigen Forschungsstandes denkbare und plausible Aussagen über die Zukunft zu treffen, so lässt sich doch Folgendes festhalten: Man kann nicht sagen, dass Technologien ein Gewissen haben. Die Möglichkeiten, die Technologien in Bezug auf ethische Entscheidungen und Handlungen besitzen, reichen bei Weitem nicht an das menschliche Gewissen heran. Es fehlt ihnen an verschiedenen Ebenen der Moral oder der Pflicht sowie an einer im Gewissen verankerten Existenz in unterschiedlicher Qualität, Intensität und geprägt von individueller Entwicklung oder gesellschaftlichem Einfluss (vgl. Schmitt, 2008). Daher kann man nicht sagen, dass Technologien ein Gewissen haben. Wenn man das Gewissen als wesentlich für die Moral versteht, ist das Fehlen des Gewissens ein zweites Argument gegen die Moralfähigkeit der Technologien.

Es ist nicht das stärkste Argument, denn im gegenwärtigen Diskurs gerät das Gewissen sowohl aus psychologischer und soziologischer als auch aus neurowissenschaftlicher Perspektive unter Druck. In der ersten belassen sie es bei tiefenpsychologischen Ansätzen, die die Selbstbestimmung zwar noch hochhalten, ihr aber einige Einschränkungen auferlegen. Letztere beruft sich auf Hinweise auf neuronale Prozesse und chemisch-biologische Vorgänge, die es nur zulassen, dass die Autonomie des Gewissens tatsächlich nur vorgetäuscht wird und das Gewissen in empirischer Wahrheit nichts anderes als das Ergebnis dieser Vorgänge ist (vgl. Roth, 2003). Diesen beiden Argumentationslinien zur Infragestellung des Gewissens kann man im Sinne einer Analogie zu den Argumenten Immanuel Kants bezüglich der geistigen Freiheit des Menschen entgegentreten (vgl. auch Nida-Rümelin, 2005): Wenn dies zuträfe, d. h., wenn der Mensch in seiner Selbstbestimmung eingeschränkt wäre und nichts als chemische und biologische Prozesse wäre, wie wäre es dann zu erklären, dass sich der Mensch gegen „sinnliche Reize" entscheiden und entsprechend handeln kann oder dass sich der Mensch von „Bewegursachen, welche nur von der Vernunft vorgestellt werden" leiten lässt (Kant, 1995a, S. 675)? Oder dass die Menschen oft das tun, was sie nicht wollen, aber sollten?

4.4 Freiheit

Ein drittes Fragezeichen hinsichtlich der Moralfähigkeit von Maschinen ergibt sich aus der Freiheit. Freiheit ist eine *conditio sine qua non* für die Moral, denn erst die Freiheit eröffnet die Möglichkeit, sich für oder gegen das Gute bzw. das Richtige zu entscheiden. Freiheit ist vieldeutig. Als formale Beziehung kann Freiheit als „Freiheit von..." und „Freiheit zu..." beschrieben werden. Freiheit bedeutet, nach den eigenen Wünschen und Plänen zu handeln. Sie kennt gleichzeitig auch einen sozialen Horizont der Freiheit, wenn die Freiheit und die Menschenwürde aller Menschen in den Blick kommen.

Darüber hinaus ist die Freiheit der Ursprung von Wissenschaft, Forschung und Technologie. Dieser Aspekt muss in einer Zeit hervorgehoben werden, in der manche Stimmen die Existenz der Freiheit gänzlich leugnen (vgl. Holderegger et al., 2007; Fink & Rosenzweig, 2006; Fleischer, 2012; Bloch, 2011; Bauer, 2007; Achtner, 2010; Guckes, 2003). „Freiheit, die nun verneint wird, hat die Entwicklungen der Wissenschaft, im Namen derer sie nun verneint wird, erst möglich gemacht. In der Tat hätte es nie eine Wissenschaft gegeben ohne die dem menschlichen Geist eigene Fähigkeit, zwischen Falsch und Wahr zu unterscheiden und das Wahre dem Falschen gegenüber vorzuziehen. Falsch und Wahr ergeben keinen Sinn, wenn nicht für einen freien Geist, der fähig ist, das eine anzustreben und das andere zu verwerfen. Ohne diese wesentliche Voraussetzung bleibt jede Erklärung bloß ein lautstarker, sinnloser Akt. Aus diesem Grund kann mit Fug und Recht gesagt werden, dass die Wissenschaft das glanzvollste Denkmal ist, das die Freiheit sich selbst errichtet hat, und dass wissenschaftliche Forschung ohne Freiheit völlig undenkbar ist." (Hersch, 1992, S. 60-61)

Maschinen haben keine Freiheit. Technologien werden von Menschen entworfen, entwickelt und gebaut, das heißt, sie werden heteronom produziert. Daher wird auch das Erlernen von ethischen Prinzipien und Normen von Menschen geleitet. In letzter Konsequenz würden Maschinen immer von außen gesteuert werden. Bildlich gesprochen: Maschinen – auch selbstlernende Maschinen – werden auf eine erste Codezeile zurückgehen, die immer vom Menschen stammt. Freiheit ist ein drittes, *wichtiges* Argument gegen die Moralfähigkeit von Maschinen.

4.5 Verantwortung

Die Freiheit zu wollen, was man nicht will, zeichnet Verantwortung aus (vgl. Kirchschläger, 2014a). Verantwortung gelingt es, die eigene Freiheit mit der Freiheit aller anderen Menschen zu verbinden und die Menschenwürde aller Menschen zu achten. Verantwortung ermöglicht die Freiheit, über die eigenen Bedürfnisse und Interessen hinaus den Horizont für die Freiheit aller anderen Menschen und für gesellschaftliche Aufgaben und Ziele zu entdecken. „Die Verantwortung bricht die individualistische und auf eigene Bedürfnisse konzentrierte Freiheit auf und bindet sie ein in soziale Gefüge, in gemeinsame Aufgaben und Ziele." (Holderegger, 2006, S. 401). Verantwortung bildet auch eine *conditio sine qua non* für Moral.

Verantwortung kennzeichnet das Bewusstsein, dass man jemand „Antwort zu geben" hat, was zum Begriff der Verantwortung führt. Man gibt einer Instanz – z. B. anderen Menschen, bei rechtlicher Verantwortung dem Gericht, als sich religiös verstehender Mensch Gott, einem Göttlichen, einem Transzendenten – in Bezug auf eigene Entscheidungen und Handlungen Antwort. Dabei stützt sich das Verantwortungsprinzip darauf ab, dass die Notwendigkeit besteht, diesen Instanzen Auskunft über das eigene Tun und Lassen zu geben, Rechenschaft abzulegen und für die eigenen Entscheidungen und Handlungen geradezustehen. Um Verantwortung zu tragen oder übertragen zu bekommen – um ein Subjekt der Verantwortung sein zu können – sind Freiheit und Rationalität notwendig.

Es stellt sich die Frage, ob Verantwortung von Maschinen übernommen werden kann. Die Antwort muss negativ ausfallen, denn Maschinen können kein Verantwortungssubjekt darstellen, weil ihnen die Freiheit fehlt – ein viertes, *wichtiges* Argument gegen die Moralfähigkeit von Maschinen.

4.6 Autonomie

Eine fünfte grundsätzliche Frage bezüglich der Zuschreibung von Moralfähigkeit an Maschinen ergibt sich aus der vom Menschen für sich proklamierten Autonomie. Immanuel Kant verknüpft die Würde des Menschen mit seiner Autonomie (vgl. Kant, 1974, S. 69). Der Mensch ist Träger der Würde und darf deshalb nicht instrumentalisiert werden, weil er als vernünftiges Wesen allgemeine moralische Regeln und Prinzipien für sich selbst erkennt, sie selbst bestimmt und seinem Handeln zugrunde legt (vgl. Kant, 1974, S. 74). Die Würde des Menschen „als vernünftiges Wesen, das keinen anderen Gesetzen gehorcht als denen, die er sich selbst gegeben hat" (Kant, 1974, S. 67), beruht auf der Fähigkeit des Menschen, sich selbst Vernunftregeln zu setzen. Das bedeutet, dass moralische Regeln und

4.6 Autonomie

Prinzipien, die der Mensch in seiner Autonomie formuliert, den folgenden Anforderungen einer kritischen, rationalen Moral genügen müssen, was ihre Universalität garantiert: Universalität setzt die Erfüllung des Prinzips der Verallgemeinerbarkeit durch die Vorlage rationaler und plausibler Argumente – „guter Gründe" – voraus. „Gute Gründe" bedeutet, dass es denkbar sein muss, dass alle Menschen in ihrer effektiven Freiheit und Autonomie sowie in ihrer vollen Gleichheit diesen Gründen – innerhalb eines Denkmodells und nicht innerhalb eines realen globalen Referendums – aus ethischen Gründen zustimmen würden (vgl. Kirchschläger, 2021a).

Entspricht die Beschreibung der menschlichen Autonomie, die von Menschen zum Ausdruck gebracht werden kann, dem Potenzial von Technologien (vgl. z. B. Decker, 2019a; Decker, 2019b; Thimm & Baechle, 2018), moralischen Regeln zu folgen, dementsprechend moralische Entscheidungen zu treffen und entsprechende Handlungen auszuführen? Hinsichtlich des Begriffs „Autonomie" besteht eine Kluft zwischen Technologie und Ethik (vgl. Kirchschläger, 2017c). Während der Mensch allgemeine moralische Regeln und Prinzipien für sich selbst erkennt, sie für sich selbst festlegt und sein Handeln daran ausrichtet, ist dies bei Technologien nicht möglich. Technologien sind in erster Linie auf ihre Tauglichkeit hin gemacht und können als selbstlernendes System Regeln aufstellen, zum Beispiel um ihre Effizienz zu steigern. Aber diese Regeln enthalten keine ethische Qualität. Maschinen scheitern an dem oben erwähnten Prinzip der Verallgemeinerbarkeit. Diese Negation ist ein fünftes, *wichtiges* Argument gegen den Begriff „moralische Technologien". Verstärkt wird diese Verneinung noch dadurch, dass Technologien ohne Freiheit keine Autonomie haben können.[3]

Was ist mit „selbstlernenden Systemen" und ihrer Moralfähigkeit? Unter selbstlernenden Systemen versteht man Maschinen, die danach streben, so wenig oder so wenig wie möglich menschlichen Input zu benötigen, um ein Ziel zu erreichen. „Der Unterschied ist, dass Maschinen nun denken können, wenn auch limitiert. Sie lösen Probleme, treffen Entscheidungen und – am wichtigsten: Sie lernen." (Metzler, 2016) Wenn sich selbstlernende Systeme auch ohne menschliches Zutun verbessern könnten, bestünde die Möglichkeit, dass sie ethisch besser werden, was letztlich zu ihrer Autonomie führen könnte. Selbst im Fall von „selbstlernenden Systemen" würde das Fehlen von Verletzbarkeit, Gewissen, Freiheit, Verantwortung und Autonomie, wie oben gezeigt wurde, ihrer Moralfähigkeit widersprechen. (Dies würde auch für die „künstliche allgemeine Intelligenz" gelten.) Da ihr Selbstlernen auf praktischen Fehlern beruht, kann die Möglichkeit eines solchen moralischen Lernprozesses wegen des Vorrangs des Prinzips der Nichtschädigung des Menschen grundsätzlich bezweifelt werden (vgl. Neuhäuser, 2012).

Ändert sich diese Einschätzung hinsichtlich der Moralfähigkeit von Maschinen im Falle von „Superintelligenz" (vgl. Bostrom, 2014) oder adäquater (vgl. Kirchschläger, 2021a): „Super-Datenbasierten Systemen (Super-DS)"? Unter

---

[3] Dieser Aspekt wurde z. B. auch in der Stellungnahme der European Group on Ethics in Science and New Technologies to the European Commission berücksichtigt, vgl. European Group on Ethics in Science and New Technologies 2018.

Super-Datenbasierten Systemen (Super-DS) versteht man Systeme, die generell intelligenter sind als der Mensch. Da Maschinen den Menschen bereits heute in verschiedenen Bereichen der Intelligenz massiv übertreffen (z. B. Gedächtnis, Umgang mit großen Datenmengen etc.), ist zu erwarten, dass weitere Bereiche der Intelligenz hinzukommen werden.

Es lassen sich drei Formen von „Super-DS" unterscheiden: Super-DS in Bezug auf die Geschwindigkeit (wie menschliche Intelligenz, aber viel schneller) (vgl. Bostrom, 2014, S. 53-54), kollektive Super-DS („überlegene Leistung durch die Zusammenfassung einer großen Zahl kleinerer Intelligenzen") (Bostrom, 2014, S. 54) und qualitative Super-DS (welche die menschliche Intelligenz bei einer Geschwindigkeit, die mindestens so hoch ist wie die menschliche Intelligenz, deutlich übertrifft) (vgl. Bostrom, 2014, S. 55-57).

Die Frage nach der Moralfähigkeit der Super-DS erweist sich als äußerst relevant. „Die Herausforderung, die die Aussicht auf Superintelligenz darstellt, und die Frage, wie wir am besten darauf reagieren können, ist möglicherweise die wichtigste und entmutigendste Herausforderung, der sich die Menschheit je gestellt hat. Und – ob wir Erfolg haben oder nicht – es ist wahrscheinlich die letzte Herausforderung, der wir uns jemals stellen werden." (Bostrom, 2014, S. vii) Unter anderem stellt sich die ethische Frage, was mit den Menschen geschieht, wenn Super-DS, die selbstlernend sind, beschließen, sich ihre eigenen Ziele zu setzen.

Aufgrund der obigen Ausführungen kann auch nicht gesagt werden, dass eine Super-DS Verletzbarkeit, Gewissen, Freiheit, Verantwortung und Autonomie hätte. Daher wäre es auch nicht möglich, bei ihr eine Moralfähigkeit zu denken.

Dieses technologische Potenzial schafft jedoch die ethische Chance, dass Super-DS ethisch bessere Entscheidungen treffen und ethisch bessere Handlungen vollziehen als Menschen, obwohl sie beides tun, weil sie die langfristigen Vorteile für sich selbst sehen, die sich aus ethischen Entscheidungen und ethischem Verhalten ergeben, also letztlich auf pragmatischen Gründen beruhen. (Dies würde natürlich streng genommen die ethische Natur ihrer Entscheidungen und ihres Verhaltens in Frage stellen). Dennoch könnten Super-DS diese positiven Auswirkungen aus ethischer Sicht haben.

Um einem möglichen Missverständnis vorzubeugen, wenn die Moralfähigkeit von Maschinen negiert wird: Maschinen können mit ethischen Prinzipien und Regeln programmiert oder trainiert werden, um ethisch legitime Entscheidungen und Handlungen zu erreichen (vgl. Wallach & Allen, 2009; Moor, 2006), auch wenn sie selbst diese nicht erkennen und bestimmen können und auch wenn sie die ethische Qualität von Prinzipien und Regeln mangels Moralfähigkeit nicht erkennen können. Ebenfalls können Technologien ethische Entscheidungen von Menschen unterstützen (vgl. Kirchschläger, 2021b).

Ein mögliches Gegenargument gegen einen solchen Positionsbezug der Abrede einer ethischen Entscheidungsfähigkeit von Maschinen könnte in der Einführung mehrerer Ebenen der „Autonomie" (oder der Moral) bestehen: „Autonomie bei Maschinen und Robotern sollte in einem engeren Sinne als beim Menschen (d.

h. metaphorisch) verwendet werden. Insbesondere kann die Autonomie von Maschinen und Robotern nicht absolut definiert werden, sondern nur relativ zu den erforderlichen Zielen und Aufgaben. Natürlich kann es häufig vorkommen, dass die Ergebnisse der Operationen einer Maschine/eines Roboters dem/der menschlichen Designer:in und Operator:in nicht im Voraus bekannt sind. Das bedeutet jedoch nicht, dass die Maschine/der Roboter ein (völlig) autonomer und unabhängiger Akteur ist, der selbst entscheidet, was zu tun ist. Tatsächlich können Maschinen und Roboter als teilautonome Agenten betrachtet werden, in diesem Fall können wir mehrere Ebenen der ‚Autonomie' […] [bzw.] mehrere Ebenen der ‚Moral'" (Tzafestas, 2016, S. 2) haben. Diese Ebenen umfassen die „operationelle Moral" („die moralische Bedeutung und Verantwortung liegt vollständig bei den Menschen, die an ihrer Entwicklung und Nutzung beteiligt sind, weit entfernt von einer vollständigen moralischen Handlungsfähigkeit. Die Computer- und Software-Wissenschaftler:innen und -Ingenieur:innen, die heutige Roboter und Software entwerfen, können in der Regel alle möglichen Situationen vorhersagen, mit denen der Roboter konfrontiert wird" (Tzafestas, 2016, S. 73)), „funktionelle Moral" („die Fähigkeit des ethischen Roboters, moralische Urteile zu fällen, wenn er ohne direkte Anweisungen von oben nach unten eine Handlungsweise beschließt. In diesem Fall können die Designer die Handlungen des Roboters und ihre Folgen nicht mehr vorhersagen" (Tzafestas, 2016, S. 73)) und „vollständige Moral" („ein Roboter, der so intelligent ist, dass er seine Handlungen völlig autonom auswählt und somit voll verantwortlich dafür ist. Tatsächlich kann die moralische Entscheidungsfindung als natürliche Erweiterung der technischen Sicherheit für Systeme mit mehr Intelligenz und Autonomie betrachtet werden" (Tzafestas, 2016, S. 73)). Selbst die Einführung von Autonomiestufen oder von Moral kann die oben dargelegten grundlegenden Kritikpunkte nicht ausräumen. Es bleibt problematisch, „Moral" oder „Autonomie" für ein technologisches System zu verwenden, das heteronom programmiert ist, um heteronom definierten Prinzipien und Regeln zu folgen, anstatt in der Lage zu sein, diese autonom für sich selbst zu definieren, autonom zu entscheiden, sie zu befolgen oder nicht, und sich deren ethischen Qualität bewusst zu sein. Es bleibt problematisch, „Moral" oder „Autonomie" für ein technologisches System zu verwenden, dem es an Verletzbarkeit, Gewissen, Freiheit, Verantwortung und Moralfähigkeit fehlt.

Ein mögliches Gegenargument könnte darin bestehen, auf die Stadien der moralischen Entwicklung des Menschen – z. B. im Modell von Kohlberg (vgl. Kohlberg, 1981; Kohlberg, 1984) – zu verweisen, eine Ähnlichkeit der Stufen mit diesen Stadien zu behaupten und den Grund abzuleiten, warum, wenn sogar Menschen auf niedrigeren Stufen der moralischen Entwicklung als „moralisch" gelten, dies nicht auf die Stufen der „Moral" von Robotern zutreffen sollte. Dieser Herausforderung könnte man begegnen, indem man auf das Potenzial verweist, das Menschen ergreifen können, um ihre moralischen Fähigkeiten weiterzuentwickeln (was realisiert werden kann oder auch nicht), als Grundlage für die Angemessenheit des Verständnisses von Menschen auf niedrigeren Stufen der moralischen Entwicklung als „moralisch".

Während die Definition dieser Ebenen als Ebenen der „Autonomie" und „Moral" kritisiert wird, ohne sie mit „Autonomie" und „Moral" zu verbinden und ohne sie als „autonom" und „moralisch" zu verstehen, kann die Unterscheidung dieser Ebenen hilfreich sein, um die verschiedenen Ebenen der Fähigkeit technischer Systeme zu kategorisieren, rechtliche und ethische Prinzipien und Regeln zu befolgen und – im Falle der letzten Ebene – zu unterscheiden, was für technische Systeme aufgrund ihrer fehlenden „Autonomie" und ihrer fehlenden Moralfähigkeit unmöglich ist.

4.7 Ethische Entscheidungen von Menschen

Die obige Reflexion führt zu der Hauptkonsequenz, dass der Mensch dafür verantwortlich ist, ethische Entscheidungen zu treffen (vgl. Johnson, 2006a; Yampolski, 2013).

Dies könnte die Kritik hervorrufen, dass diese Negierung der ethischen Entscheidungsfähigkeit von Maschinen zu fest in der Dichotomie „Mensch – Maschine" gefangen bleibt. „Menschen und technische Artefakte sind in unserem Alltag so eng miteinander verbunden, dass sogar unsere moralischen Wahrnehmungen und Entscheidungen technologisch vermittelt sind. Nur wenn wir diese Verflechtung von Menschen und Technologien anerkennen, können wir Verantwortung für die Art und Weise übernehmen, in der sich Technologien auf die Gesellschaft und die menschliche Existenz auswirken – in den Praktiken des Technologiedesigns, der Implementierung und der Nutzung." (Verbeek, 2014, S. 76) Das Verständnis von Artefakten als „moralische Einflussfaktoren" (Moor, 2006, S. 18) oder als „moralische Faktoren" hebt den positiven oder negativen Beitrag eines Artefakts zur Verwirklichung eines ethischen Grundsatzes in einer Handlung oder einem Ergebnis (vgl. Brey, 2014) hervor. Während die Verflechtung von Menschen und Technologien zutrifft, muss *zunächst* die Frage gestellt werden, ob die Berufung auf den „Beitrag" nicht zu dem Ergebnis führt, dass jedes materielle Objekt zu einer positiven oder negativen Handlung oder zu einem positiven oder negativen Ergebnis gegenüber einem ethischen Prinzip beitragen kann. So kann z. B. ein Stein die Handlung, jemanden zu schlagen, negativ beeinflussen, indem er die Gewalt dieser Handlung verstärkt, und er kann das Ergebnis des Schlagens negativ beeinflussen, da der Zustand des Opfers dieser Gewalttat schwer verletzt werden kann. Da also alles ein moralischer Faktor sein kann, kann man nicht sagen, dass dies nur für Artefakte gilt. Darüber hinaus stellt sich die Frage, ob die Bezeichnung „moralischer Faktor" überhaupt eine erkenntnistheoretische Bedeutung hat.

Zweitens kann die Lockerung der Dichotomie „Mensch – Maschine" nicht weiter gehen, weil die „Forderung nach der Bewahrung der Einheit des Subjektes gegen die drohende Gefahr seiner funktionalen Aufspaltung [besteht]. Es ist wichtig zu sehen, dass diese Forderung nicht selber als moralische missverstanden werden darf. Sie ist – und hinter dieses ‚Paradigma' der Kantischen Moralphilosophie kann nicht zurückgegangen werden – Bedingung der Möglichkeit von Ethik." (Mathwig, 2000, S. 288) Es bleibt ein grundlegender Unterschied zwischen Menschen und Technologien in Bezug auf ethische Subjektivität und moralische

Handlungsfähigkeit, eine Wirkung oder einen Einfluss zu haben – was der Fall ist: Technologien können einen Einfluss auf das menschliche Leben haben, einschließlich der ethischen Dimension – ist nicht gleichbedeutend damit, ethische Subjektivität, moralische Handlungsfähigkeit und ethische Entscheidungsfähigkeit zu besitzen. So kann beispielsweise das Wetter einen Einfluss auf die Stimmung des Menschen haben, aber niemand würde behaupten, dass das Wetter moralische Handlungsfähigkeit hinsichtlich der Stimmung des Menschen hat. Wie eben erläutert gibt es einige Voraussetzungen für ethische Subjektivität und Moralfähigkeit, die den Technologien fehlen. Daher besitzen Technologien – obwohl sie eng mit dem Menschen verwoben sind – keine ethische Subjektivität oder Moralfähigkeit, sodass keine ethische Entscheidungsfähigkeit von ihnen ausgesagt werden kann. Die Unterscheidung zwischen der „kausalen Wirksamkeit von Artefakten bei der Erzeugung von Ereignissen und Zuständen", dem „Handeln für oder im Namen einer anderen Entität" und der „moralischen Handlungsfähigkeit" (vgl. Johnson & Noorman, 2014) bekräftigt diese Position, zumal es begrifflich nicht notwendig ist, alle drei unter „Handlungsfähigkeit" zusammenzufassen, während sich die ersten beiden von der Handlungsfähigkeit unterscheiden. Betrachtet man schließlich die Verflechtung zwischen Menschen und Technologien selbst genauer, so führt eine noch intensivere Form der Verflechtung nicht zur Auflösung des Unterschieds zwischen den beiden. Wenn zum Beispiel zwei Menschen ineinander verliebt sind, und zwar so tief wie möglich, und daher die denkbar intensivste Verflechtung erleben, würde man dennoch nicht für die Auflösung der beiden Individuen in einen Menschen plädieren.

Eine Möglichkeit, dieses Problem zu überwinden und dennoch Technologien zu ethischer Subjektivität und moralischem Handeln zu forcieren, besteht darin, das Verständnis von Moral zu ändern. „Moral ist weder in den Objekten selbst, noch in autonomen Subjekten zu finden. Sie kommt nur in den Beziehungen zwischen Subjekten und Objekten vor, wo die Objekte moralische Bedeutung haben und die Subjekte in vermittelte Beziehungen mit der Welt treten." (Verbeek, 2014, S. 87) Das würde z. B. bedeuten, das Wetter für die Stimmung der Menschen verantwortlich machen zu können, obwohl die Stimmung unabhängig vom Wetter sein kann, wie sie ist. Mit anderen Worten, und das ist ein erstes Gegenargument gegen diese Anpassung des Moralverständnisses, gibt es auch eine Moral ohne Technologien. Zweitens: Auch wenn Technologien als Objekte ethisch bedeutsam sein können, so gehört die Fähigkeit, das ethisch Legitime zu erkennen, sich entsprechend zu entscheiden und danach zu handeln, nicht ihnen, sondern dem Menschen als ethischem Subjekt und moralischem Agenten, und zwar aus dem oben erwähnten Mangel an Verletzbarkeit, Gewissen, Freiheit, Verantwortung und Autonomie. *Drittens* können Technologien als Objekte zwar „unabhängig von den Menschen, die sie geschaffen haben, moralisch relevante Handlungen ausführen und ‚künstlich Gutes' und ‚künstlich Böses' bewirken" (Floridi, 2014, S. 187), doch ist dies kein Grund, das Konzept der moralischen Handlungsfähigkeit so weit auszudehnen, dass Technologien in dieses Konzept passen (vgl. Floridi, 2014; vgl. Torrance, 2008; Torrance, 2011). Technologien können Gutes und Böses bewirken, aber sie tun dies, ohne die ethische Qualität dieser Handlungen zu erkennen, zu kennen oder sich ihrer bewusst zu sein. Es stimmt, dass „ein

Computer Emotionen darstellen kann, ohne selbst Emotionen zu haben, und dass Computersysteme in der Lage sein können, so zu tun, als ob sie die Bedeutung von Symbolen verstehen, ohne tatsächlich über das zu verfügen, was man als menschliches Verständnis bezeichnen würde." (Wallach & Allen, 2009, S. 9) In beiden Fällen mangelt es der Darstellung und dem Funktionieren an Authentizität, die als wesentlich für Emotionen und moralische Fähigkeiten angesehen wird. Mit anderen Worten: Die Repräsentation von Emotionen hängt für die Erfüllung ihrer Aufgabe davon ab, dass die Repräsentation emotional ist, und das Funktionieren hängt für die Erfüllung seiner Aufgabe davon ab, dass es Moralfähigkeit als Grundlage für dieses Funktionieren besitzt. In beiden Fällen würden Emotionalität und Moralfähigkeit für Maschinen verneint.

Viertens besitzt nur der Mensch Verletzbarkeit, Gewissen, Freiheit, Verantwortung, Autonomie und Moralfähigkeit. Deshalb sollte man vermeiden, „alles Seiende – sich selbst eingeschlossen – aus dem Blickwinkel des technisch Machbaren zu sehen. Beispielsweise sind viele bereit, sich selbst als hochperfektionierte Roboter zu sehen – oder aber, gemäß der anfänglich gewählten wissenschaftlichen Sichtweise, als Ergebnis von biologisch vererbten Merkmalen. Eine solche Auffassung des Selbst hat einen tiefen Einfluss auf das ‚Ich'. Diejenigen, die sich selbst so sehen, tendieren dazu, das ‚Ich' auf eine Summe von ‚Wirkungen' zu reduzieren, deren ‚Ursachen' analysiert werden können, damit der Anspruch auf Freiheit und auf ihre Unbeugsamkeit in der Verantwortung an der Wurzel zersetzt werden kann." (Hersch, 1992, S. 60)

Fünftens ist es auch Inhalt ethischer Entscheidung von Menschen und ausschließlich Sache des Menschen, Technologien ethische Werte, Prinzipien und Normen einzuprogrammieren und/oder ihnen diese anzutrainieren, die sie zu respektieren haben – auch wenn die Technologien deren ethische Qualität nicht erkennen. Dies führt zu der Frage, welche ethischen Werte, Prinzipien und Normen den Technologien beigebracht werden sollten (vgl. Bhargava & Kim, 2017) – ein Thema, das an anderer Stelle erläutert worden ist (vgl. Kirchschläger, 2021a).

Sechstens umfasst die ausschließliche Fähigkeit des Menschen, das ethisch Legitime zu erkennen, sich entsprechend zu entscheiden und danach zu handeln, auch die Möglichkeit, dass ein ethischer Entscheidungsfindungsprozess dazu führt, Technologien gar nicht erst zu schaffen, zu entwerfen, zu produzieren, zu verbreiten oder als Objekte zu nutzen, oder die Möglichkeit, sich zu entscheiden, Technologien abzuschaffen oder zu zerstören.

Diese Unterscheidung von Menschen und Technologien macht deutlich, wem ethische Entscheidungsfindung anvertraut ist bzw. wer dafür die alleinige Verantwortung trägt: Menschen.

Weiterführende Literatur

Kirchschläger, P. G. (2021). *Digital Transformation and Ethics. Ethical Considerations on the Robotization and Automation of Society and the Economy and the Use of Artificial Intelligence*. Nomos.

Zuboff, S. (2019): *The Age of Surveillance Capitalism. The Fight for a Human Future at the New Frontier of Power*. PublicAffairs.

5 Die regelüberragende Einzigartigkeit des Konkreten

Zusammenfassung

Dieses Kapitel ist den Charakteristika ethischer Entscheidungsfindung gewidmet, dass sie sich zum einen zu ihrer Begründung nicht auf demokratische Meinungsbildungs- und Entscheidungsfindungsprozesse stützen kann. Zum anderen zeichnet sie eine Sensibilität für die *regelüberragende Einzigartigkeit des Konkreten* aus. Damit ist gemeint, dass ethisches Entscheiden über das blinde Befolgen von ethischen Prinzipien und Normen hinausgeht, indem es jeweils in der konkreten Situation in der konkreten Begegnung mit konkreten Menschen nach dem ethisch Richtigen zu streben hat.

5.1 Ethik ist keine Demokratie

Menschen müssen in ihren ethischen Entscheidungsfindungsprozessen etwas beachten, was z. B. auch für Ethikkommissionen (vgl. Bobbert & Scherzinger, 2019; Düwell & Neumann, 2005, S. 225-274; Huriet, 2009) eine grundlegende konzeptionelle Herausforderung bleibt: Ethik als Wissenschaft ist nicht demokratisch. Ein demokratischer Prozess garantiert nicht *per se* Legitimität. Es ist denkbar, dass ein demokratischer Meinungsbildungs- und Entscheidungsprozess auch zu Ergebnissen führen kann, die ethisch schlecht oder falsch sind. Ethik muss auf rationale und kritische Weise dem Prinzip der Verallgemeinerbarkeit genügen, indem sie rationale und plausible Argumente – „gute Gründe" – vorbringt. „Gute Gründe" bedeutet, dass es denkbar sein muss, dass alle Menschen in ihrer tatsächlichen Freiheit und Autonomie sowie in ihrer vollen Gleichheit diesen Gründen – innerhalb eines Denkmodells und nicht innerhalb eines realen weltweiten Referendums – aus ethischen Gründen zustimmen würden (vgl. Kirchschläger, 2021a).

5.2 Ethik jenseits von Prinzipien und Normen

Menschen haben darüber hinaus zu meistern, dass Ethik über Prinzipien, Normen und Regeln hinausgeht. Um der Komplexität der Ethik gerecht zu werden, muss deren Sensibilität für die *regelüberragende Einzigartigkeit des Konkreten* (vgl. Kirchschläger 2021a) berücksichtigt werden. Das ist unter anderem der Grund, warum Ethik keine Kasuistik ist. Folgendes Denkbeispiel kann die Komplexität der Ethik veranschaulichen: Stellen wir uns eine Situation in der Nazi-Zeit vor, in der wir bei uns Zuhause eine jüdische Familie vor den Nazis verstecken. Plötzlich klopfen die Nazis an die Tür und fragen uns, ob wir einer jüdischen Familie bei uns Unterschlupf gewähren. Wenn wir dem Wahrheitsgebot folgen, schicken wir die jüdische Familie in den sicheren Tod. Streben wir nach der Rettung der Leben der jüdischen Familienmitglieder, müssen wir die Nazis anlügen. Was ist nun das ethisch Richtige in dieser konkreten Situation, in dieser konkreten Begegnung, mit konkreten Menschen? In diesem Fall wäre die Rettung der Leben der jüdischen Familienmitglieder höher zu gewichten als das Wahrheitsgebot und demzufolge das ethisch Richtige, die Nazis anzulügen. Ethik und ethische Entscheidungen zeichnen sich durch ihre Sensibilität für *die regelüberragende Einzigartigkeit des Konkreten* aus.

Die Tugend der *Epikie* und das Gewissen spielen hier eine wesentliche Rolle. Epikie umfasst die „Berichtigung des Gesetzes da, wo es infolge seiner allgemeinen Fassung lückenhaft ist" (Aristoteles, 1983, S. V, 14, 1137b, 26). Epikie ist „eigenständige praktische Urteilskraft, die den sittlichen Anspruch einer konkreten Situation im Licht moralischer Prinzipien und sittlicher Normen erfasst." (Schockenhoff, 2014a, S. 601). *Epikie* besteht in der „Suche nach der größeren Gerechtigkeit" (Schlögl-Flierl, 2016, S. 29), sie hat „die Suche nach der Sinngerechtigkeit zu stimulieren und aufrechtzuerhalten" (Schlögl-Flierl, 2016, S. 29-30). *Epikie* trägt der Tatsache Rechnung, dass in der konkreten Begegnung mit konkreten Menschen in einer konkreten Situation Regeln an ihre Grenzen stoßen, weil das Konkrete in seiner Einzigartigkeit die Regel überragt. „Die generell geltenden konkreten ethischen, die positivrechlichen und die vielen anderen Normen sind zwar unerlässliche Voraussetzung, reichen aber nicht aus, um jenen tragfähigen Grundbestand an Humanität zu gewährleisten, der diese Gesellschaft angesichts der Vielfalt vor dem Zerreißen und den schlimmen Folgen, die sich daraus ergeben, bewahrt. Unweigerlich müssen wir in der konkreten Situation bisweilen auch Normen übertreten, um menschlich zu handeln, ohne dass wir deswegen die Notwendigkeit von Normen bestreiten oder leugnen, dass diese im Allgemeinen gelten." (Virt, 2007, S. 42-43) Entscheidend ist dabei *erstens*, dass dies nicht geschieht, um sich selbst zu bereichern oder ein Eigeninteresse, eine Präferenz, einen Wunsch oder eine Lust zu verfolgen, sondern um ein in dieser konkreten Situation, in dieser konkreten Begegnung, mit konkreten Menschen höheres ethisches Gut zu erreichen. *Zweitens* werden ethische und rechtliche Normen sowie ihre Gültigkeit von *Epikie* natürlich nicht in Frage gestellt. *Epikie* „leitet nicht nur zur Anwendung von Normen an, sondern auch dazu, die dringlichsten zu erkennen." (Keenan, 2010, S. 155) Sie werden *drittens* durch diese nach Gerechtigkeit strebende Tugend bekräftigt. *Viertens* sorgt *Epikie* zugleich dafür, dass die ethischen und rechtlichen Normen dem Menschen dienen und nicht umgekehrt (vgl. Schlögl-Flierl, 2016, S. 39). „Mit Hilfe der Epikie gelingt es, situationsadäquat und dem Menschen dienlich zu agieren." (Schlögl-Flierl, 2016, S. 39) *Fünftens* ist damit auch keine Infragestellung der Sinnhaftigkeit und Existenzberechtigung von ethischen Normen im Sinne eines Aufrufs zur Anarchie verbunden.

Epikie erfordert jedoch eine ethisch kritische und konstruktive Mitwirkung (vgl. Demmer, 2010, S. 110-113), „was den Menschen als verantwortliche Person voraussetzt, die in der Lage ist, Normen und Gesetze kreativ zu bedenken und zu interpretieren." (Schlögl-Flierl, 2016, S. 39)

Durch die zunehmende Komplexität der Alltagswirklichkeit ist der Mensch gefordert, Einsichten in realitätsadäquate Normen zu finden und differenzierter und besser zu berücksichtigen. In diesem Zusammenhang wird vom Menschen erwartet, dass er die Verantwortung für die Gestaltung von Normen übernimmt. Diese Verantwortung für die Gestaltung von Normen zielt darauf ab, dass diese Regeln immer wieder kritisch hinterfragt werden müssen und im Dienste einer perspektivischen, ethischen Verbesserung von Menschen angepasst werden.

Diese prospektive, schöpferische Ebene beinhaltet auch eine menschliche Verantwortung, Normen zu schaffen. „Die Wahrnehmung des sittlichen Anspruches bedeutet ja keineswegs bloss ein Ablesen von normativ festgelegten Sach- und Sinnverhalten, sondern ist immer schon ein schöpferisches Sehen und Entdecken. Schöpferisch ist dieses Sehen und Entdecken dadurch, dass der Mensch aufgefordert ist, in seiner Phantasie neue sinnvolle Momente der Lebensgestaltung zu riskieren, die im bisherigen Regelsystem nicht vorkamen. Die sittliche Gutheit der Person drängt ihn dazu, das menschlich Richtige in Form von Modellen weiterzuentwickeln." (Virt, 2007, S. 43)

Weiterführende Literatur

Kirchschläger, P. G. (2021). *Digital Transformation and Ethics. Ethical Considerations on the Robotization and Automation of Society and the Economy and the Use of Artificial Intelligence*. Nomos.

Virt, G. (2007). *Damit Menschsein Zukunft hat: Theologische Ethik im Einsatz für eine humane Gesellschaft* (G. Marschütz & G. M. Prüller-Jagenteufel, Hrsg.). Echter.

6 SAMBA

> **Zusammenfassung**
>
> Dieses Kapitel ist dem Ethik-SAMBA gewidmet: Ethisches Entscheiden fordert uns tagtäglich heraus – sei dies im privaten oder beruflichen Alltag, sei dies auf organisationaler oder institutioneller Ebene, sei dies im politischen oder wirtschaftlichen Kontext. SAMBA ermutigt zu ethischem Entscheiden mit Leichtigkeit und argumentativer Eleganz – in den folgenden vier Schritten:
>
> 1. See and Understand the Reality
> 2. Analyze the Reality from a
>   **Moral** Standpoint
> 3. Be the Ethical Judge!
> 4. Act Accordingly!

Einem solchen Modell soll nun in der Folge auf der Basis des bisher Erarbeiteten und innerhalb der bereits gezogenen Linien die Aufmerksamkeit gehören. Das Modell SAMBA verfolgt das Ziel, eine konkrete Anleitung zur ethischen Entscheidungsfindung mit Leichtigkeit und argumentativer Eleganz in vier Schritten wirksam werden zu lassen. Dieses Modell soll Ethik-Student:innen, Student:innen aller wissenschaftlichen Disziplinen, Menschen in ihren beruflichen als auch privaten ethischen Entscheidungsfindungsprozessen sowie Entscheidungsträger:innen in Politik, Wirtschaft und Gesellschaft konkret und praxisbezogen einen praktisch anwendbaren Rahmen zur Strukturierung von ethischen Argumenten, ethischen Diskussionen sowie ethischer Entscheidungsfindung bieten. SAMBA soll klar ersichtlich werden lassen, warum man wie entscheidet, und dazu befähigen, konkrete ethische Entscheidungen auch wirklich zu fällen und entsprechend ethisch fundiert effektiv ins Handeln zu kommen.

SAMBA setzt sich aus den folgenden vier Schritten zusammen:

1. See and Understand the Reality
2. Analyze the Reality from a
   Moral Standpoint
3. Be the Ethical Judge!
4. Act Accordingly!

Zu allen vier Schritten stiften jeweils fassbare und erreichbare Ziele Orientierung. Darüber hinaus stehen jeweils einige Leitfragen zur Verfügung, die den konkreten praxis- und zielorientierten Vollzug der vier Schritte erleichtern sollen.

6.1 See and Understand the Reality

LEITFRAGE:

A. What is your own horizon of knowledge, understanding, thought, language and belief?

ZIEL:

Ziel ist es, sich selbst den eigenen Wissens-, Verstehens-, Denk-, Sprach- und Glaubens-/Weltanschauungs-Horizont sowie darauf basierende bzw. damit verbundene Annahmen zu vergegenwärtigen.

Im Zuge eines ethischen Entscheidungsprozesses gilt es, wie oben eingeführt, nach einer kritischen Distanz zu streben – sei es zur Realität, sei es zur Moral –, um möglichst objektiv eine ethische Entscheidung zu fällen. Der erste diesbezügliche Schritt in die richtige Richtung umfasst, sich den eigenen Wissens-, Verstehens-, Denk-, Sprach- und Glaubens-/Weltanschauungs-Horizont sowie darauf basierende bzw. damit verbundene Annahmen vor Augen zu führen und sich damit selbstkritisch zu befassen. Diesen Wissens-, Verstehens-, Denk-, Sprach- und Glaubens-/Weltanschauungs-Horizont kann u. a. der heutige Stand der Forschung (Wissenshorizont), aktuelle Hermeneutik (Verstehenshorizont), gegenwärtige Grenzen menschlicher Vernunft (Denkhorizont), gegenwärtige Sprache mit ihren Wortschöpfungen, Formulierungen, Satzkonstruktionen, Ausdrucksformen, Bildern (Sprachhorizont) und eine Verbundenheit mit und/oder Verankerung in einer Religions-, Glaubens- oder Weltanschauungsgemeinschaft (Glaubens-/Weltanschauungs-Horizont) oder dem bewusst gewählten Gegenteil, nämlich einer bewusst gewählten Distanzierung von einer oder jeglicher Religions-, Glaubens- oder Weltanschauungsgemeinschaft, bilden. „Although good ethical decision-making requires us carefully to take into account as much relevant information as is available to us, we have good reason to think that we commonly fall well short of this standard – either by overlooking relevant facts completely or by underestimating their significance. The mental models we employ can contribute to this problem. As we have explained, mental models frame our experiences in ways that both aid and hinder our perceptions. They enable us to focus selectively on ethically relevant matters. By their very nature, they provide incomplete perspectives, resulting in bounded awareness and bounded ethicality. Insofar as our mental modeling practices result in unwarranted partiality, or even ethical blindness, the desired reflective process is distorted. This distortion is aggravated by the fact that our mental models can have this distorting effect without our consciously realizing it. Thus, although we cannot do without mental models, they leave us all vulnerable to blindness and, insofar as we are unaware of this, self-deception" (Pritchard et al., 2013, S. 125).

6.1 See and Understand the Reality

LEITFRAGE:

B. *What is the current reality?*

ZIEL:

Ziel ist es, die Wirklichkeit möglichst objektiv und neutral zu beschreiben. Dabei können auch Studien von anderen thematisch passenden und adäquaten wissenschaftlichen Disziplinen herbeigezogen werden. Teil dieser Bestimmung und Absteckung der Realität bilden auch die geltenden rechtlichen Regelungen und Normen, die ebenfalls die Wirklichkeit ausmachen.

Die Basis dieser Wirklichkeitsbeschreibung sollten nicht subjektive und persönliche Eindrücke bilden, sondern (empirische) Studien von anderen Wissenschaften, die kompetent etwas dazu beitragen können, zu einer möglichst objektiven und neutralen Wahrnehmung der Realität zu gelangen. So wären z. B. rechtswissenschaftliche Darlegungen über die rechtliche Situation, soziologische Analysen zu gesellschaftlichen Aspekten oder psychologische Untersuchungen hinsichtlich des menschlichen Verhaltens, Erlebens und Erfahrens herbeizuziehen. Selbstverständlich ist keineswegs die damit verbundene Erwartung, selbst „Expert:in" dieser Wissenschaftszweige zu werden, sondern sich auf der Basis der Kernaussagen aus den entsprechend relevanten Wissenschaften ein adäquates Bild der Realität zu machen.

Der eigene Wissens-, Verstehens-, Denk-, Sprach- und Glaubens-/Weltanschauungs-Horizont prägt die Wahrnehmung der Wirklichkeit, sodass ein Dialog mit der Realität beginnt. Es handelt sich um einen *Dialog*, weil einerseits der eigene Wissens-, Verstehens-, Denk-, Sprach- und Glaubens-/Weltanschauungs-Horizont die Wahrnehmung der Realität beeinflusst, andererseits die Wirklichkeitsperzeption den Wissens-, Verstehens-, Denk-, Sprach- und Glaubens-/Weltanschauungs-Horizont zu verändern vermag.

6.2 Analyze the Reality from a Moral Standpoint

LEITFRAGE:
A. *Where do you suspect an ethical question/challenge/problem?*

ZIEL:
Ziel ist es, die vermutete ethische Frage/die vermutete ethische Herausforderung/das vermutete ethische Problem zu umfassen.

Es handelt sich vorerst nur um eine Vermutung, da sich die präzise Identifizierung einer ethischen Frage/einer ethischen Herausforderung/eines ethischen Problems bereits selbst an einem ethischen Referenzpunkt orientiert und auf diesen abstützt. (Z. B. erkennt man globale Armut in ihrer ethischen Relevanz als globale Ungerechtigkeit mit Hilfe des Prinzips der Gerechtigkeit, was aber (bitte vgl. unten in diesem Abschnitt) eingeführt und (bitte vgl. unten in diesem Abschnitt) – rational begründet und plausibilisiert werden muss.) Dieser ethische Referenzpunkt bzw. diese ethischen Referenzpunkte muss bzw. müssen aber zunächst identifiziert und anschließend ethisch begründet werden, um dann – und erst dann – die ethische Frage/die ethische Herausforderung/das ethische Problem präzise bestimmen zu können.

Auch dieser Schritt ist als Dialoggeschehen im obigen Sinn einzuordnen, weil das eine ethische Entscheidung zu fällende Subjekt von der Wirklichkeit beeinflusst wird, sowie die ethische Durchdringung der Realität vom Subjekt und seinem bzw. ihrem Wissens-, Verstehens-, Denk-, Sprach- und Glaubens-/Weltanschauungs-Horizont im Zuge einer wechselseitigen Interaktion geprägt wird.

LEITFRAGE:
B. *Is there really an ethical question/challenge/problem?*

ZIEL:
Ziel ist es, nochmals zu überprüfen und sich zu vergewissern, ob es sich wirklich um ein/e *ethische* Frage/*ethische* Herausforderung/*ethisches* Problem, oder um ein/e anderweitig gelagerte/s Frage/Herausforderung/Problem (z. B. praktisch, pragmatisch, wirtschaftlich) handelt.

Während ein praktisches Problem eine praktische Lösung erfordert, sucht ein pragmatisches Problem eine pragmatische Lösung „für etwas", die „jemand" dient, und eine wirtschaftliche Lösung eine wirtschaftliche Antwort verlangt, die eine rationale und kluge Eigeninteressenverfolgung charakterisiert, erweist sich die ethische Frage ausgerichtet auf eine Antwort, die „an sich" richtig oder gut bzw. falsch oder schlecht bzw. „in sich" richtig oder gut bzw. falsch oder schlecht ist, d. h. bedingungslos und voraussetzungslos ethisch überzeugt. Es ist zu überprüfen, ob es sich wirklich um eine *ethische* Frage/eine *ethische* Herausforderung/um ein *ethisches* Problem handelt.

Darüber hinaus ist insbesondere angesichts des oben beschriebenen Dialoggeschehens als wechselseitige Interaktion zwischen dem die ethische Entscheidung fällenden Subjekt sowie seinem bzw. ihrem Wissens-, Verstehens-, Denk-, Sprach- und Glaubens-/Weltanschauungs-Horizont und der ethischen Durchdringung der Realität im Zuge einer ethischen Entscheidungsfindung nochmals zu überprüfen und sicherzustellen, ob bzw. dass sich die ethische Frage/die ethische Herausforderung/das ethische Problem in der Realität auch stellt. Damit soll das Risiko adressiert werden, dass man möglicherweise etwas in die Wirklichkeit hineinliest, das man dort nicht so vorfindet. Im Zuge einer erneuten Überprüfung der ethischen Qualität der Frage/der Herausforderung/des Problems sowie ihres bzw. seines Realitätsbezugs soll sichergestellt werden, dass *real* eine *ethische* Frage/eine *ethische* Herausforderung/ein *ethisches* Problem besteht, die bzw. das zu adressieren ist.

> **LEITFRAGE:**
>
> C. *Which ethical principles/norms/theories/approaches could provide orientation?*

> **ZIEL:**
>
> Ziel ist es, sich in der Pluralität von Ethiken einen Überblick zu verschaffen, welche ethischen Prinzipien (z. B. Menschenwürde)/Normen (z. B. Menschenrechte)/Theorien (z. B. Tugendethik, Pflichtenethik, Konsequenzialismus (u. a. Utilitarismus), Diskursethik)/Ansätze (z. B. Verantwortungsprinzip mit seinen acht Dimensionen; omni-dynamische soziale Gerechtigkeit) bei dieser ethischen Frage/dieser ethischen Herausforderung/diesem ethischen Problem ethische Orientierung stiften können.

Auf der Suche nach ethischen Orientierungspunkten für ethische Entscheidungsfindung kann zunächst ein Rückbezug auf das Ziel der Ethik weiterhelfen. Das Ziel der Ethik besteht darin, „Freiheit als das Unbedingte im menschlichen Wollen und Handeln zu erweisen." (Pieper, 2017, S. 153) Dies löst die Anforderung aus, „jede ausgeführte oder geplante Handlung grundsätzlich kritisch daraufhin zu prüfen, ob sie dem Anspruch der Moralität genügt, d. h. Freiheit als unbedingtes Prinzip realisiert, oder ob sie Unfreiheit als das Gesollte bejaht. Einübung in moralische Freiheit heißt demnach Einübung in die kritische Unterscheidung zwischen Gut und Böse, Erwerb der Fähigkeit von moralischer Urteilskraft, die sich nur im alltäglichen Bewältigen der jeweils bestehenden Situation einstellt, von der Ethik aber in ihrer Bedeutung und Funktion für die menschliche Praxis durchsichtig gemacht wird. […] *Moralische Kompetenz* dokumentiert sich in der Fähigkeit, in allen Situationen, die ein Handeln erforderlich machen, im Hinblick auf das Prinzip der Freiheit verbindlich, d. h. mit guten Gründen zu entscheiden, was zu tun ist. Moralische Kompetenz – sozusagen als der moderne Begriff von Tugend – impliziert soziale Verantwortung, insofern die jedem abverlangte Fähigkeit, moralisch zu handeln und zu urteilen, die Bereitschaft einschließt, in jedem menschlichen Gegenüber die Freiheit zu achten und vor dieser Freiheit jederzeit

Rechenschaft über das eigene Handeln abzulegen." (Pieper, 2017, S. 154, Hervorhebung im Original)

Diese Überlegungen halten auch davon ab, vorschnell im Glück ein vermeintliches Kriterium bei der Auswahl des Bewertungsmaßstabs zu sehen. „Glück ist kein normativer, sondern ein deskriptiver Begriff der Ethik. Der Mensch soll nicht nach Glück streben, strebt er doch von Natur aus immer schon danach. Vielmehr soll er danach streben, immer und überall nach besten Kräften gut zu handeln, darin besteht letztlich unter moralischem Gesichtspunkt sein Glück" (Pieper, 2017, S. 141). Ethische Orientierung hinsichtlich der Auswahl der ethischen Prinzipien, Normen, Theorien und Ansätze stiften vielmehr das Gute bzw. das Richtige. „Gut und Böse sind in ursprünglicher (moralischer) Bedeutung Qualitäten eines sich selbst (zur Freiheit bzw. zur Unfreiheit) bestimmenden Willens. [...] Eine Handlung ist *richtig*, wenn sie ihr Ziel erreicht; sie ist *falsch*, wenn ihr dies nicht gelingt. Eine moralisch gute Handlung ist nicht notwendig auch richtig (*Eine Hilfeleistung kommt zu spät oder ist völlig unzureichend*), so wie eine moralisch schlechte Handlung nicht notwendig falsch ist (*Um jemanden, der herzkrank ist, erfolgreich umzubringen, ist eine Überdosis Digitalis das richtige Mittel*). Oder umgekehrt ausgedrückt: Nicht jede richtige Handlung ist notwendig auch gut (*Jemand rettet ein Kind, das ins Wasser gefallen ist, aber nicht um des Kindes willen, sondern weil er weiß, dass es das einzige Kind eines Millionärs ist, von dem er sich eine hohe Belohnung erhofft*), und nicht jede falsche Handlung ist notwendig auch schlecht (*Jemand geht zum Fundbüro, um einen gefundenen Wertgegenstand abzuliefern; da das Büro bereits geschlossen ist, behält er ihn zunächst und vergisst schließlich die Rückgabe*). Eine Handlung ist ethisch gesehen vollkommen, wenn sie sowohl (moralisch) gut als auch (pragmatisch) richtig ist. Doch ob eine Handlung tatsächlich vollkommen ist, ist empirisch außerordentlich schwer entscheidbar, da der gute Wille sich nicht unmittelbar äußert, sondern nur über die Handlung erschlossen werden kann. Und dabei kann man sich nicht nur in Bezug auf fremde Handlungen, sondern auch bezüglich des eigenen Tuns irren" (Pieper, 2017, S. 150f, Hervorhebung im Original).

Die Auswahl der ethischen Prinzipien, Normen, Theorien und Ansätze erhält ihre fundamentale Prägung durch das höchste Gut. „Im Begriff des höchsten Guts vereinigen sich somit die drei großen Themen der Ethik: Glückseligkeit, Freiheit, das Gute. Das höchste Gut ist der Sinnhorizont, innerhalb dessen menschliche Freiheit ihre Erfüllung findet, indem sie zum tätigen Vollzug einer im Ganzen geglückten Lebenspraxis wird" (Pieper, 2017, S. 152).

Bevor wir uns nun auf den Weg machen, um mögliche ethische Referenzpunkte zu entdecken, gilt es an dieser Stelle als Vorbemerkungen festzuhalten, dass die nun folgenden kurzen Überlegungen zu Optionen ethischer Referenzpunkte holzschnittartig bleiben müssen und daher die kritische Betrachtung dieser Optionen aufgrund der Kürze der jeweiligen Ausführungen dem je individuellen Ansatz nie ganz gerecht werden kann. Das Vorhaben, wesentliche Aspekte herauszuschälen und in diesem Sinne systematisierend diese Ansätze zu reduzieren, um sie so kritisch würdigen zu können, kommt diesbezüglich zusätzlich erschwerend dazu. Schließlich können nur einige Möglichkeiten aus einer beeindruckenden Fülle und

Vielfalt von Ansätzen herausgegriffen werden, was zu keinem abschließenden Urteil führen kann. An dieser Stelle ist zugleich festzuhalten, dass diese Fülle und Vielfalt von Vorhaben natürlich der Sache der Ethik dienen. Denn sie streben erstens grundsätzlich die Stärkung der Ethik an, was trotz möglicher Schwächen oder Lücken eines Ansatzes in einem bestimmten Kontext oder in einer bestimmten Situation trotzdem gelingen kann. Zweitens legen sie unabhängig von ihrer Überzeugungskraft jeweils spezifische Aspekte der Ethik frei.

Im Folgenden werden ethische Prinzipien, die der ethischen Entscheidungsfindung dienen könnten, diskutiert und begründet. „Prinzip, lat. principium, ist eine Übersetzung des griechischen arche und bedeutet ‚Ursprung' und ‚Anfang', aber auch ‚Herrschaft' (vgl. lateinisch princeps, Herrscher). Philosophisch ist v.a. die Bedeutung von Prinzip als Ursprung wesentlich […]. Alternativ findet man auch ‚erste Ursache' oder ‚erster Anfang', um den Unterschied zu einem rein zeitlichen Anfang, zufälligen Beginn (lat. initium) zu verdeutlichen. […] Allen Verwendungen von ‚Prinzip' ist gemein, dass Prinzipien Begründungen liefern, aber als Prinzipien nicht in derselben Weise begründet werden können, wie das, was sie zu begründen vermögen. Ihre Geltung ist unbedingt, sie können auf nichts anderes zurückgeführt werden" (Herrmann-Sinar, 2010, S. 2143-2144). Wegen ihres Universalitätsanspruchs als Teil der Ethik müssen sie das Prinzip der Verallgemeinerbarkeit erfüllen, indem sie rationale und plausible Argumente – „gute Gründe" – vorlegen. „Gute Gründe" bedeutet, dass es denkbar sein muss, dass alle Menschen in ihrer effektiven Freiheit und Autonomie sowie in ihrer vollen Gleichheit diesen Gründen – innerhalb eines Denkmodells und nicht innerhalb eines realen globalen Referendums – aus ethischen Gründen zustimmen würden (vgl. Kirchschläger, 2021a).

Ethisches Entscheiden im Sinne *normativer Ethik*, dies bedeutet im Rahmen einer Ethik, die im Unterschied zur *Metaethik* (kritische Theorie der Ethik, welche die Struktur ethischer Reflexion analysiert) und im Unterschied zur *deskriptiven Ethik* (empirische Beschreibung moralischer Vorstellungen und Überzeugungen, die also nicht normativ urteilt) nach allgemein gültigen, argumentativen Begründungen für das moralisch Gute und Richtige sowie für moralische Verbindlichkeiten strebt und ethische Bewertungen vornimmt, kann *tugendethisch* oder *normethisch* erfolgen:

- Während die *Tugendethik* Charaktereigenschaften und Haltungen aus einer Erste-Person-Perspektive – und somit einer Teilnehmenden-Sicht als menschlich gut oder schlecht bewertet (vgl. Marschütz, 2014, S. 145-156),
- beurteilt die *Normethik* aus einer Dritte-Person-Perspektive – und dementsprechend aus einer Beobachtenden-Perspektive konkrete Handlungen als menschlich richtig und falsch (vgl. Marschütz, 2014, S. 175-179).

Beide Entfaltungen der Ethik – Tugendethik und Normethik – werden in der Folge als Orientierungsoptionen für ethisches Entscheiden kurz erläutert.

Tugendethik

„Tugenden erweisen sich als „Haltungen oder [...] Seinsweisen, von denen angenommen wird, dass sie gut sind sowohl für den einzelnen als auch für das Gemeinwesen. [...] Die Tugenden gelten also zugleich für den einzelnen als moralische Empfehlungen und letztlich sein Glück und Wohlsein besorgend wie auch als Ermöglichung des Gemeinwohls" (Fellsches, 2010, S. 2781ff).

Tugendethische Ansätze tragen zum ethischen Entscheiden wesentlich mit der oben unter Kapitel 5 Die regelüberragende Einzigartigkeit des Konkreten eingeführten Tugend der Epikie zur ethischen Entscheidungsfindung bei.

Tugendethische Ansätze kommen beim ethischen Entscheiden an ihre Grenzen, da ethisches Entscheiden ethischer Pluralität gerecht werden muss. „Eine zentrale Schwierigkeit besteht in der Beantwortung der Frage, worin man heute das Glück als jenes oberste Gut, das um seiner selbst willen angestrebt wird, genauer festmachen kann. Wie lässt sich heute noch von einem höchsten Gut, nach dem alle streben, sprechen, und wie ist eine allgemein geteilte inhaltliche Konkretisierung des formalen Prinzips Glück noch möglich? Sofern Anschauungen vom Glück immer auf ein jeweiliges Selbstverständnis des Menschen verweisen, entsteht daraus die Schwierigkeit, dass solche Selbstverständnisse innerhalb einer Anthropologie nicht mehr konsensfähig formulierbar sind" (Marschütz, 2014, S. 163).

Normethik

Normethische Zugänge, die ethischem Entscheiden offenstehen, umfassen u. a.:

Autoritative Ansätze

Eine Möglichkeit der ethischen Orientierung ist der autoritative Weg. Dabei fungieren Autoritäten wie u. a. Personen, Texte, Traditionen, Wissenschaften durch Expert:innen als Orientierungsgrößen für ethische Entscheidungen. Autoritativem Vorgehen bei ethischen Entscheidungen entspricht das Argumentationsmuster „Person XYZ hat gesagt, dass ...", „im Text ABC heißt es, ..." (vgl. Marschütz, 2014, S. 179-199).

Ein autoritativer Zugang zum ethischen Entscheiden kennt das Risiko des Fehlens einer rationalen Begründung. Selbst im Falle eines Vorhandenseins einer rationalen Begründung – d. h., wenn sich z. B. eine Autoritätsperson selbst um eine rationale Begründung bemüht – kommt diese nicht zum Tragen, wenn nur autoritativ und nicht rational argumentiert wird. „Das Problem ist nur, dass der Mensch in der Regel nur Begründungen akzeptiert, die in ihrem Gültigkeitsanspruch vom Betroffenen selbst erkannt und anerkannt werden können. Er verlangt somit nach rationalen Argumenten, die ihm und anderen nachvollziehbar sind" (Marschütz, 2014, S. 181).

Naturrecht

Der naturrechtliche Ansatz geht von einer dem Menschen vorgegebenen Ordnung aus, die unabhängig vom Menschen existiert und von sich aus da ist. Diese

Ordnung gilt überall gleich und weist in diesem Sinne Universalität auf (vgl. Marschütz, 2014, S. 199-215). „Das Naturrecht hat überall dieselbe Kraft der Geltung und ist unabhängig von Zustimmung oder Nicht-Zustimmung (der Menschen)" (Aristoteles, 1983, S. 1134). Dem Naturrecht liegen vielfältige Verständnisse von „Natur" zugrunde. Das Naturrecht als ethisches Instrument kommt im Zuge des ethischen Entscheidens an seine Grenzen,

- da es einer rationalen Begründung mangelt, weil es das Kriterium der Erfüllung des Prinzips der Verallgemeinerbarkeit nicht garantieren würde;
- die Gefahr eines naturalistischen Fehlschlusses in sich birgt. Dies bedeutet, dass aus empirischen Beobachtungen direkt normative Sollensaussagen abgeleitet werden, ohne danach zu fragen, ob das, was sich empirisch beobachten lässt, auch ethisch gelten soll;
- in einer zirkulären Argumentation gefangen bleibt. Letzteres meint, „dass aus der Natur etwas abgeleitet wird, was *zuvor* in sie hineinprojiziert wurde" (Marschütz, 2014, S. 211, Hervorhebung im Original).

Diskursethik

Die Diskursethik eröffnet den Horizont, dass vor dem Hintergrund einer Pluralität von Ethiken ethische Entscheidungen sich daran orientieren sollten, worauf sich Menschen im Zuge eines intersubjektiven Verständigungsprozesses einigen könnten (vgl. Marschütz, 2014, S. 215-223). So basiert Diskursethik gemäß Jürgen Habermas auf dem Moralprinzip: „Der Diskursethik zufolge darf eine Norm nur dann Geltung beanspruchen, wenn alle von ihr möglicherweise Betroffenen als Teilnehmer eines praktischen Diskurses Einverständnis darüber erzielen [bzw. erzielen würden], dass diese Norm gilt" (Habermas, 1983, S. 76).

Hinzu kommt noch der Universalisierungsgrundsatz, der im Zuge eines diskursethischen Vorgehens zu beachten ist: „So muss jede gültige Norm der Bedingung genügen, – dass die Folgen und Nebenwirkungen, die sich jeweils aus ihrer *allgemeinen* Befolgung für die Befriedigung der Interessen eines *jeden* Einzelnen (voraussichtlich) ergeben, von *allen* Betroffenen akzeptiert (und den Auswirkungen der bekannten alternativen Regelungsmöglichkeiten vorgezogen) werden können" (Habermas, 1983, S. 75ff, Hervorhebung im Original).

Die Diskursethik zeichnet sich einerseits durch ihre hohe Plausibilisierbarkeit und methodische Klarheit aus.

Andererseits stellt sich die pragmatische Frage, ob ein solcher Konsens überhaupt möglich und erreichbar ist.

Darüber hinaus gilt es zu beachten, dass ein Kompromiss nicht zwingend ethisch legitim sein muss.

Schließlich – und dies wiegt wohl am schwersten – ist zu bedenken, dass ein diskursethischer Ansatz das Risiko in sich birgt, Menschen zu diskriminieren, die nicht an einem Diskurs teilnehmen können (z. B. Menschen mit einer schweren geistigen Behinderung usw.).

Teleologie, Konsequenzialismus

Ein teleologischer Ansatz – der Begriff stammt von „telos" (im Griechischen das Ziel, der Zweck) – orientiert sich im ethischen Entscheiden an der Beurteilung (unter Berücksichtigung eines höchsten Zieles/Zweckes) der zu erwartenden Folgen, Wirkungen oder Konsequenzen. Letzteres führt auch zur Bezeichnung dieses Ansatzes als „Konsequenzialismus". Zum Zuge kommt dabei die Berücksichtigung der Verantwortung des Subjekts für die Folgen ihrer bzw. seiner Handlungen (vgl. Marschütz, 2014, S. 223-232).

Ein teleologischer oder konsequenzialistischer Ansatz kennt das Risiko der Relativierung des moralisch Guten, da schließlich eine „schlechte" Handlung zu „guten" Folgen führen kann – ganz im Sinne von: „der Zweck heiligt die Mittel". Damit einher geht auch der Verlust des Zeugnischarakters moralischen Handelns, da eine eigentlich moralisch schlechte Handlung, die moralische gute Folgen verursacht, als ethisch richtig geadelt wird. Schließlich kämpft ein teleologischer oder konsequenzialistischer Ansatz mit der Unmöglichkeit einer adäquaten Folgenabwägung.

Utilitarismus

Ebenfalls mit einem von einer Folgenabwägung dominierten Kern stützt sich der Utilitarismus („utilitas" bedeutet auf Latein Nützlichkeit) in seiner Beurteilung im Dienste ethischer Entscheidungen auf das Prinzip der Nützlichkeit (vgl. Marschütz, 2014, S. 232-238). Es handelt sich beim Utilitarismus um eine empiristische Konzeption, da ausschließlich empirische Erfahrung die Basis der Bestimmung des höchsten Gutes bildet. Unter dem Prinzip der Nützlichkeit ist „jenes Prinzip zu verstehen, das schlechthin jede Handlung in dem Maß billigt oder missbilligt, wie ihr die Tendenz innezuwohnen scheint, das Glück der Gruppe, deren Interesse in Frage steht, zu vermehren oder zu verhindern" (Bentham, 1975, S. 35-58). Es charakterisiert den Utilitarismus, dass ihm ein hedonistisches Verständnis von „Glück" sowie ein hedonistisches Menschenbild zugrunde liegen und dass es keine an sich moralisch richtigen oder falschen Handlungen gibt. Ebenfalls gilt es zu beachten, dass mit der Ausrichtung am Glück der Gruppe ein Sozialprinzip zum Zuge kommt und damit nicht die Rede von einem egoistischen Hedonismus ist.

Aus praktischer und pragmatischer Sicht würde ein utilitaristischer Ansatz, der sich auf das Prinzip des Nutzens konzentriert, gut zu den wirtschaftlichen Überlegungen und dem Streben nach Effizienz passen, welches das gesellschaftliche Subsystem der Wirtschaft gegenwärtig dominiert und von dort aus auch auf andere gesellschaftliche Subsysteme sowie die Gesellschaft als Ganze ausstrahlt. „Unter dem Nützlichkeitsprinzip versteht man den Grundsatz, der jede Handlung nach der Tendenz billigt oder missbilligt, die sie zu haben scheint, um das Glück desjenigen zu vermehren oder zu vermindern, dessen Interesse in Frage steht: oder, was dasselbe ist, mit anderen Worten, um dieses Glück zu fördern oder ihm entgegenzuwirken" (Bentham, 2007, S. 1).

Aus ethischer Sicht stehen dem Nützlichkeitsprinzip folgende Gegenargumente entgegen, die seine Fähigkeit, ethische Orientierung zu geben, schwächen. Es stellt sich die Frage, ob der hedonistische Begriff des „Glücks" der Aufgabe gerecht werden kann, ethische Entscheidungsprozesse zu steuern. (Es muss jedoch eingeräumt werden, dass dieses Problem angepasst werden kann, um „Leiden und seine Abwesenheit" als einen Weg zur Anwendung des Konzepts der „Nützlichkeit" in diesem Bereich zu nutzen, was bei den folgenden Punkten nicht der Fall ist.) Darüber hinaus ist ein utilitaristischer Ansatz nicht in der Lage, als ethischer Bezugspunkt für die Identifizierung ethisch richtiger oder falscher Mittel *an sich zu* dienen, die oben als Teile der Realität diskutiert wurden, die ethisch analysiert werden müssen. Darüber hinaus erweist sich die rein empirisch zugängliche Anthropologie als zu eng, um die Auswirkungen einer Entscheidung auf das Selbstverständnis des Menschen aus ethischer Perspektive zu untersuchen.

Des Weiteren kennt ein utilitaristischer Ansatz die Grenze, dass „Glück" nicht immer quantifizierbar ist, weil die menschliche Existenz eine viel komplexere Realität ist.

Zudem ist ein utilitaristischer Ansatz nicht in der Lage, mit der oben dargelegten Komplexität der Ethik umzugehen: Ein Nutzen ist nicht immer allgemein bestimmbar.

Darüber hinaus ist der Utilitarismus der Aufgabe nicht gewachsen, da er nicht robust und umfassend genug ist, um zu bestimmen, was richtiges Handeln für diese Art von Fällen bedeuten würde. Auch die besondere Betonung der Quantifizierung durch den Utilitarismus ist irreführend, da viele wichtige Faktoren der Antwort auf die Frage, nämlich „Was ist richtiges Handeln unter den Umständen X?" nicht quantifizierbar oder zumindest nicht auf einfache Weise quantifizierbar sind.

Außerdem birgt die Anwendung eines utilitaristischen Ansatzes bei einer ethischen Entscheidung die Gefahr in sich, das „Glück" einer Mehrheit auf Kosten des „Unglücks" einer Minderheit zu fördern.

Schließlich – und das ist wohl das wichtigste Gegenargument – könnte ein utilitaristischer Ansatz für die Irrelevanz des einzelnen Menschen stehen und die Menschenwürde aller Menschen missachten.

Deontologie (Pflichtenethik)

Der Begriff „Deontologie" stammt von „to deon", was im Griechischen für das Gesollte und das Verpflichtende steht. Den Ausgangspunkt eines deontologischen Ansatzes bildet, dass bestimmte Handlungen bzw. Handlungstypen an sich moralisch richtig oder falsch sind und dass also moralische Absoluta existieren. Diese verpflichten die Menschen unter allen Umständen, selbst wenn Folgen oder Konsequenzen der Handlung negativ, weniger nützlich oder unklug sind (vgl. Marschütz, 2014, S. 223-229). Hinsichtlich eines deontologischen Ansatzes gilt es aber zu beachten: Es „werden keineswegs *alle*, sondern nur bestimmte Handlungen als deontologisch begründbar angesehen. Da solche Handlungen unter Absehung ihrer äußeren Folgen und Umstände verpflichten, müssen sie ganz offensichtlich im Dienst des Schutzes höchster moralischer Werte stehen, die durch Folgeüberlegungen oder umständebedingte Ausnahmen in ihrer Bedeutsamkeit relativiert oder missachtet würden. So will etwa das absolute Verbot der Folter den unbedingt zu achtenden Kerngehalt der Menschenwürde schützen. Wäre dieses Verbot, so die deontologische Argumentation, nicht an sich gültig, dann wären Ausnahmen vom Folterverbot (z. B. hinsichtlich bestimmter Folgen, die man durch Folter zu erreichen, oder bestimmter Umstände, mittels derer man sie zu rechtfertigen sucht) jederzeit möglich. Das würde aber eine ethisch unannehmbare Missachtung der Menschenwürde bedeuten" (Marschütz, 2014, S. 225, Hervorhebung im Original).

Ein deontologischer Ansatz kennt die Risiken des Rigorismus, der Kompromisslosigkeit und der Ausklammerung der Folgen. Diese können dahingehend adressiert werden, indem ein deontologischer Ansatz auch den Folgen einer ethischen Entscheidung Rechnung trägt. „Festzuhalten bleibt, dass deontologische Normen trotz ihres unbedingten Geltungsanspruchs immer auch eingegrenzt wurden – und zwar im Blick auf unzumutbare *Folgen*, die mit einer ausnahmslosen Befolgung verbunden wären. Möglich wird eine solche Eingrenzung aber nur auf der Basis *teleologischer* Überlegungen. Mehr noch: Bereits die Beantwortung der Frage, welche Handlungen deontologisch begründet werden sollen und welche nicht, setzt teleologische Gesichtspunkte voraus. Wird doch mit einem deontologisch begründeten Verbot stets das *Ziel* verfolgt, die Folgen, die eine solche Handlung bewirken würde, auszuschließen. Eine deontologische Normenbegründung ist somit nicht jenseits folgenorientierter Überlegungen denkbar. Allerdings geht es in ihr primär um die handlungs*internen* Folgen, also um jene Folgen, die eine bestimmte Handlung von sich aus bewirkt. Sekundär sind freilich auch handlungsexterne Folgen relevant, wenn man bestimmte Folgen dieser Handlung nachträglich durch Ausnahmen eingrenzt. Der oftmals behauptete Gegensatz von deontologischer und teleologischer Normbegründung gerät also ins Wanken" (Marschütz, 2014, S. 228f, Hervorhebung im Original).

Vielmehr sind deontologischer Ansatz und teleologischer Ansatz in einem Zusammenspiel zu denken, auch wenn sie unterschiedliche Ansätze bleiben. „Grundsätzlich ist zu beachten, dass der einer teleologischen Argumentation zugrunde liegende deontologische Maßstab ausschließlich auf der Prinzipienebene angesiedelt ist, nicht jedoch auf der Ebene konkreter Normen. Deshalb verpflichtet ein folgenorientiertes Handlungsurteil auch nur im Allgemeinen (bzw. prima facie) und nicht an sich. Es vermag daher die im Gewissen erfahrbare Unbedingtheit des moralischen Anspruchs nur bedingt zu vermitteln. Das ist freilich nicht in jedem Fall als Nachteil zu begreifen. In unzähligen Handlungsbereichen stellt die teleologische Normenbegründung ein alternativloses Vorgehen zur ethischen Beurteilung von Handlungen dar [...]. Zu denken ist hier speziell an Handlungsfelder, die ohne entsprechendes Sachwissen gar nicht angemessen einer moralischen Beurteilung zugänglich sind. [...] Deontologische Begründungen für unbedingt verpflichtende Handlungsverbote sind demnach dort angezeigt, wo bereits auf den ersten Blick von der Sache her erkennbar und auch allgemein nachvollziehbar ist, dass das moralisch Gute fundamental missachtet wird" (Marschütz, 2014, S. 238f). Demnach „zeigen deontologische Normbegründungen dort ihre unverzichtbare Stärke, wo es um den Schutz der Menschenwürde in ihrem Kernbereich" (Schockenhoff, 2014, S. 421) geht.

Das angedachte Zusammenspiel zwischen Pflichten und Folgen sowie einer individuellen als auch sozialen Perspektive konkretisieren die ethischen Prinzipien „Gerechtigkeit", da es dabei auch um eine Balance zwischen individuellen und kollektiven Interessen geht, „Verantwortung" – hier kommt das handelnde Subjekt in seiner bzw. ihrer Freiheit als *eines der Prinzipien aller Prinzipien der Ethik* in Bezug auf die Folgen ihrer bzw. seiner Entscheidungen in den Fokus, da „Verantwortung" nicht nur retrospektiv, sondern auch prospektiv zu denken ist – und „Menschenrechte", denen der Schutz der Menschenwürde als *eines der Prinzipien aller Prinzipien der Ethik* anvertraut ist.

Die ethischen Prinzipien „Gerechtigkeit", „Verantwortung" und „Menschenrechte", die im Folgenden für die ethische Bewertung vorgeschlagen werden, sind natürlich nicht die einzigen ethischen Prinzipien, die bei der Suche nach ethischen Leitlinien für ethische Entscheidungsfindung hilfreich sein könnten. Sie stellen keine erschöpfende Liste dar. Diese drei ethischen Prinzipien wurden ausgewählt,

1. da ihre normative Gültigkeit ethisch begründet werden kann (vgl. Kirchschläger, 2013b, 2014c, S. 54, 2016b);
2. weil sie wesentlich relevant für bzw. eng mit den zwei *Prinzipien aller Prinzipien der Ethik Freiheit und Menschenwürde* verbunden sind;
3. da sie fundamental sind.

Das Prinzip der Verantwortung

Was ist „Verantwortung"?

Der Begriff „Verantwortung" wird heute nicht nur in Politik und Wirtschaft häufig verwendet, sondern ist auch im normativen Diskurs zentral (vgl. Kirchschläger, 2014c). Auffällig ist, dass Verantwortung im politischen und wirtschaftlichen Diskurs im Sinne von „Zuständigkeit" verwendet wird. *Erstens* beinhaltet „Zuständigkeit" eine Träger:in von Zuständigkeit. *Zweitens* beinhaltet der Begriff eine genaue Definition des Objekts oder der Situation, für die jemand zuständig ist. *Drittens* ist der zeitliche Rahmen der Zuständigkeit klar definiert und begrenzt. Betrachtet man die Verwendung des Begriffs „Zuständigkeit", so drängt sich der Verdacht auf, dass ihm mindestens drei relevante Elemente des Begriffs Verantwortung fehlen: das Merkmal der Fürsorge, die zeitliche Definition der Fürsorge als *ständige* Pflege und die ethische Verpflichtung, die zur Verantwortung gehört.

Der Begriff „Verantwortung" wird ideengeschichtlich ursprünglich verwendet (Grimm & Grimm, 1956, Sp. 79-82), wenn jemand eine Entscheidung oder eine Handlung vor einem/einer Richter:in erklärt oder rechtfertigt. Dieses Gericht kann irdisch oder himmlisch sein. Von diesem ursprünglichen Sitz im Leben, der einen juristischen Charakter hat, wird auch deutlich, wie die Grundlage, von der sich „Verantwortung" ableitet, nämlich „eine Antwort geben", einzuordnen ist und zum Begriff der Verantwortung führt. Menschen verantworten sich vor Gott und/ oder dem Gericht für ihre Entscheidungen und Handlungen. Der Begriff der Verantwortung bezieht sich auf die Notwendigkeit, diesen Instanzen hinsichtlich des eigenen Entscheidens und Handelns zu antworten. Der Begriff der Verantwortung erweist sich also von vornherein als Beziehungsbegriff, weil er nur in Beziehungen gedacht werden kann – in diesem Fall in der Beziehung zwischen einer Person, die vor einem Gericht oder vor Gott normativ Verantwortung übernimmt, und dem Gericht oder Gott, dem gegenüber sie normativ antwortet (d. h. Verantwortung im Sinne von Rechenschaft übernimmt).

Im 18. Jahrhundert beginnt der Siegeszug der Emanzipation, die auch mit Verantwortung zu tun hat (Schönherr-Mann, 2010, S. 7f). Rückblickend lässt sich auch feststellen, dass die Verwendung dieses Begriffs im 19. Jahrhundert an Intensität gewinnt (vgl. Heidbrink, 2003). Ein Grund dafür ist, dass der Begriff „Verantwortung" den Begriff „Pflicht" ablöst. Dies ist darauf zurückzuführen, dass „„Pflicht" – wenn sie in einem konkreten, ethisch-materiellen Sinn und nicht als moralische Bindung an die Sittlichkeit (Kant) verstanden wird – [...] [mit] der Vorstellung eines klar umrissenen Aufgaben- und Funktionsbereichs, von verbindlichen und eindeutigen Aufgaben (Pflichten) verbunden [ist], die für die eigene Person (und deren letzten Grund) bestehen oder einem aufgrund einer bestimmten Stellung einer Person innerhalb einer Gruppe oder Gesellschaft gegeben sind. Dies setzt eine mehr oder weniger klare Definition der Situation voraus, auf die sich diese Pflichten leicht anwenden lassen. Aber die Dynamisierung der Bereiche und die sehr oft vielschichtigen Problemfelder lassen sich selten durch die Festlegung eindeutiger, klar definierter Pflichten erfassen und im Sinne eines klaren Verantwortungsbereichs beschreiben" (Holderegger, 2006, S. 396). Verantwortung ist ein offener und weniger greifbarer Begriff, der dem „weitaus schwierigeren gesellschaftlichen Grad an Komplexität" (Korff & Wilhelms, 2001, Sp. 598) gerecht werden soll. Diese Komplexität setzt sich zusammen aus der unübersichtlichen Verursachung menschlicher Entscheidungen oder Handlungen und ihrer Folgen in industriellen und postindustriellen Kontexten, der Anonymisierung von Subjekten und Objekten von Entscheidungen und Handlungen sowie der menschlichen Anerkennung und generellen Infragestellung von Institutionen, die auf dem begrenzten Selbstbewusstsein der Menschen beruhen. „Im Zeichen der Technik hat es die Ethik jedoch mit Handlungen zu tun [...], die eine nie dagewesene kausale Reichweite in die Zukunft haben, begleitet von einem Vorwissen, das ebenfalls über alles Einmalige hinausgeht, wie üblich unvollständig [...]. All dies rückt die Verantwortung in den Mittelpunkt der Ethik" (Jonas, 1985, S. 8f). Das oben erwähnte Selbstbewusstsein führt einerseits dazu, dass der Mensch es auf sich nimmt, das Geschehen zu lenken, trotz der komplexen und unübersichtlichen Ausgangslage. Dies wird durch den Begriff der Verantwortung ausgedrückt. „Bei einer Diskussion über die Zukunft der Menschheit geht es darum, wie sich die wichtigen Grundzüge der conditio humana auf Dauer verändern oder konstant bleiben können" (Bostrom, 2009, S. 186).

Zum anderen soll der Begriff „Verantwortung" darauf hinweisen, dass jemand Verantwortung für die Folgen industrieller und postindustrieller Zusammenhänge übernehmen muss, die sich vor allem in den Spuren massiver Eingriffe des Menschen in die Natur manifestieren und nicht mehr als Ergebnisse natürlicher Prozesse angesehen werden können. Das bedeutet zunächst eine Verengung des Begriffs durch Öffnung und Erweiterung auf „Kompetenz", die die Bewältigung von „Handlungssituationen, die im Voraus immer schwerer zu definieren und abzuwägen sind, aber dennoch unweigerlich in den Kompetenzbereich der Akteure gehören", meint (Holderegger, 2006, S. 396). Auch wenn es anspruchsvoll ist und eine Herausforderung bleibt, einen kausalen Zusammenhang z. B. zu Welthunger, Armut, Umweltzerstörung, Klimazerstörung usw. herzustellen, ist jemand dafür verantwortlich und muss die Schuld auf sich nehmen.

Das bedeutet aber zweitens auch, dass sich in der Abgrenzung zum Naturgeschehen ein:e Träger:in von Verantwortung herauskristallisiert, der oder die ein entscheidendes und handelndes Subjekt ist, das Freiheit hat. Denn nur mit Freiheit kann das Verantwortungssubjekt die Verantwortung für etwas übernehmen. Dieser Zusammenhang geht auf Aristoteles zurück, der zwischen „freiwillig" und „unfreiwillig" unterscheidet und Freiwilligkeit als Voraussetzung für eine zu kritisierende Handlung nennt (vgl. Aristoteles, 1983, S. 15).

Gleichzeitig bedeutet dies auch, dass das Subjekt der Verantwortung moralfähig sein muss. So wird erst nach 1850 der Verwendungsbereich des Begriffs „Verantwortung" um den Begriff der moralischen Kompetenz erweitert, was Freiheit und moralische Befähigung des Subjekts der Verantwortung impliziert. „Verantwortung ist ein allgemeines Bedürfnis im Leben des Menschen als sittliches Wesen, das aus Einsicht und Freiheit handelt und an die Pflicht gebunden ist" (Der Große Herder, 1935). Die Ideen der Autonomie und der Person trugen zu dieser Entwicklung bei. John Lockes Verständnis der Person als Zurechnungssubjekt (vgl. Locke, 2006, S. 435f; Trotter Cockburn, 1702) und Immanuel Kants Definition der Person als „dasjenige Subjekt, dessen Handlungen der Zurechnung fähig sind" (Kant, 1997, S. 223), legten den Grundstein für ein Verständnis, das den Begriff der Verantwortung mehr und mehr in den Mittelpunkt rückte. Sie verdeutlichen auch den engen Zusammenhang zwischen Autonomie, Person und Verantwortung.

Jean-Paul Sartre schließlich unterstreicht diese enge Verbindung, indem er anerkennt, „dass der Mensch, der dazu verurteilt ist, frei zu sein, die Last der ganzen Welt auf seinen Schultern tragen muss; in seinem Wesen ist er für die Welt und für sich selbst verantwortlich" (Sartre, 1943, S. 696). Für Sartre bedeutet Verantwortung, im Zentrum des „Bewusstseins zu stehen, der unbestreitbare Schöpfer eines Ereignisses oder einer Sache" (Sartre, 1943, S. 696). Nach Sartre muss der Mensch akzeptieren, dass er das Subjekt der Verantwortung ist.

Wenn man sich mit der Entwicklung des Begriffs „Verantwortung" aus heutiger Sicht befasst, wird deutlich, dass bestimmte Elemente der heutigen Verwendung wiederentdeckt werden können. Auf einer formalen Ebene geht es bei Verantwortung um die Beziehung zwischen einem Subjekt und einem Objekt, die auf einem Maßstab vor einer Autorität beruht.

Die oben genannten Gedanken Sartres werden insofern radikalisiert, als der Mensch in dem oben eingeführten, als Kompetenz verstandenen Verantwortungsbegriff häufig Subjekt der Verantwortung ist, ohne zugleich Subjekt des Handelns zu sein. Während aus der Perspektive der Pflicht der Mensch nur dann pflichtgebunden ist, wenn das Pflichtsubjekt mit dem entscheidenden und handelnden Subjekt identisch ist, lässt Verantwortung im Sinne von Kompetenz auch zu, dass jemand Träger:in von Verantwortung ist, unabhängig davon, ob er oder sie auch das entscheidende und handelnde Subjekt ist. So kann sich z. B. ein Finanzminister als Verantwortlicher für eine Finanzkrise erweisen und muss zurücktreten, obwohl er höchstwahrscheinlich nicht das entscheidende und handelnde Subjekt für die gesamte Finanzkrise in ihrer Komplexität war. Vielmehr stellen sich in einer so genannten „Risikogesellschaft", die sich durch eine „Mehrdimensionalität ihrer Wirkungszusammenhänge mit zwangsläufig immer neuen zu bewältigenden Unsicherheiten" (Korff & Wilhelms, 2001, Sp. 599) auszeichnet, tatsächlich strukturelle Fragen, die jedoch individuell als Verantwortlichkeiten zugewiesen werden.

Die moderne Säkularisierung führte schließlich zu folgenden Veränderungen im Verständnis von Verantwortung: „An die Stelle Gottes als Verantwortungsinstanz tritt jetzt und in Zukunft die Gesamtheit aller vernünftigen Wesen und möglicherweise auch die nichtmenschliche Natur. Der Geltungsbereich der Verantwortung wird erweitert, insbesondere dort, wo sich der Mensch einer grundsätzlichen Unvorhersehbarkeit seiner Folgen bewusst ist, was eng mit einer grundsätzlichen Veränderung des Subjekts der Verantwortung zusammenhängt, das offensichtlich seine Beschränkung auf das Individuum aufgeben muss, ebenso wie seine Beschränkung auf jene Handlungen, für die es selbst bewusst verantwortlich war" (Zimmerli, 1993, S. 105).

Acht Dimensionen der Verantwortung

Wenn Verantwortung als Zuständigkeit verstanden wird, besteht die Gefahr, dass Verantwortung nur und ausschließlich individuell und retrospektiv verstanden wird und sich nur auf die Zurechnung von Ergebnissen und Wirkungen an jemanden konzentriert. Diese Gefahr gilt es zu überwinden, zum einen mit einem Verständnis von Verantwortung, das die Perspektive in den Vordergrund stellt und dafür Sorge trägt, dass Entscheidungs- und Handlungskompetenzen so verteilt werden, dass die heutige Welt und die Umwelt heute und in Zukunft nicht unter dem aktuellen Handeln und Nichthandeln leiden müssen (vgl. Jonas, 1985).

Andererseits muss neben der individuellen Verantwortung auch die Verantwortung für strukturelle und institutionelle Fragen in den Mittelpunkt rücken. So muss beispielsweise die lückenhafte soziale Absicherung, die zu Ungerechtigkeiten führt, als strukturelles Problem verantwortungsvoll angegangen werden. Darüber hinaus ist z. B. die Globalisierung nach wie vor der Schlüssel zum Erfolg für einige Länder dieser Welt, aber nicht für alle. Im Rahmen der Globalisierung lag der Schwerpunkt auf Wachstum und der Schaffung von Wohlstand. Doch in der Praxis und überraschenderweise auch in der Theorie wurde die Frage der Verteilung vernachlässigt (Enderle, 2002, S. 21). Einige Länder sind nach wie vor von den positiven Auswirkungen der Globalisierung ausgeschlossen, sei es durch eigenes Verschulden (z. B. mangelnde politische Stabilität, Korruption) oder durch unfaires Verhalten ihrer Globalisierungspartner (z. B. Schutzzölle, Protektionismus). Während einige Länder in den Jahren der zunehmenden Globalisierung große wirtschaftliche Sprünge gemacht haben, stagnieren andere Länder oder fallen zurück, weil sie vom globalen Spielfeld ausgeschlossen sind oder nur unter schlechteren Bedingungen am wirtschaftlichen und politischen Wettbewerb teilnehmen dürfen. Die Folgen sind Armut, Krieg und Terrorismus. Dies deckt sich mit der Forderung von Karl-Otto Apel nach einer „solidarischen Verantwortung der Menschheit" (Apel, 1988, S. 15).

Thomas Pogge beispielsweise fordert die Übernahme von Verantwortung für institutionelle Fragen im Hinblick auf die Durchsetzung der Menschenrechte. Er fordert eine Fokussierung auf Institutionen und *„institutionelle Systeme und unser globales System von Institutionen, [...] im Hinblick auf die Bewertung und Reform ihres relativen Beitrags zur Verwirklichung der Menschenrechte"* (Pogge, 1999, S. 379, Hervorhebung im Original). Ausgangspunkt seiner Überlegungen ist die Charakterisierung der relevanten Fragen als institutionelle Herausforderungen, weil *„die Verwirklichung der Menschenrechte wesentlich von der Struktur nationaler und globaler Grundordnungen abhängt und diese Ordnungen zu diesem Zweck intelligent (um-)strukturiert werden könnten"* (Pogge, 1999, S. 379, Hervorhebung im Original). Natürlich sind auch Personen und Regierungen in Regionen mit Menschenrechtsdefiziten für institutionelle Fragen verantwortlich. Pogge weist aber zu Recht darauf hin, dass die Regierungen und Bürger:innen reicherer Staaten aufgrund ihrer Macht noch mehr Verantwortung dafür tragen, dass die gegenwärtige Weltordnung, in der die Menschenrechte die Rechte einer Minderheit sind, in eine Ordnung umgewandelt wird, in der die Menschenrechte wirklich allen Menschen zugänglich sind. Mit dem Verweis auf Artikel 28 weist Pogge den Standpunkt zurück, dass Menschenrechtsverletzungen, die von Menschen in anderen Staaten begangen werden, keine direkten normativen Auswirkungen auf uns haben (Pogge, 1999, S. 394).

Die Ansätze einer „kollektiven Verantwortung" (vgl. Wolf, 1993) und einer „Verantwortung des Systems" (vgl. Bühl, 1998) gehen in eine ähnliche Richtung.

In einer in ihrer ethischen Tiefe reflektierten Verantwortung und insbesondere im Hinblick auf die kontinuierlichen Entwicklungen des begrifflichen Verständnisses von Verantwortung in Bezug auf Struktur, Institution, Kollektiv und System sind die impliziten Verantwortungsbeziehungen zu klären. Auch bedarf es einer Begründung, wer das Subjekt der Verantwortung ist und warum, wer oder was das Objekt der Verantwortung bedeutet und warum, in welchem Umfang und warum, in welcher Weise und warum, in welcher Intensität und warum, vor welcher Instanz und mit welchem Maßstab diese Verantwortung gemessen wird und warum. Andernfalls besteht die Gefahr, dass die drängenden Herausforderungen und Probleme und die damit verbundenen Verantwortlichkeiten durch einen offenen und nicht greifbaren Verantwortungsbegriff überdeckt werden. Die Begründung, wer das Subjekt der Verantwortung und wer oder was das Objekt der Verantwortung ist, sowie vor welcher Instanz und mit welchem Maßstab diese Verantwortung gemessen wird, ist nicht einfach. Es „erscheint [...] äußerst schwierig, eine intersubjektiv gültige normative Grundlage rational zu begründen, an der sich eine von Autoritäten geforderte verantwortungsvolle Grundhaltung orientieren und legitimieren ließe" (Holderegger, 2006, S. 395).

Bevor man versucht, einen Zweck und eine Rechtfertigung der in der Verantwortung enthaltenen Beziehungen festzulegen, muss man versuchen zu definieren, was „Verantwortung" bedeutet. Verantwortung ist ein moralisches Prinzip für Entscheidungen und Handlungen, das die Beziehung zwischen einem Subjekt einer Entscheidung und einer Handlung in einer bestimmten Form (einstellig, zweistellig, dreistellig) einer betroffenen Person oder die Ergebnisse einer Entscheidung oder Handlung in einem bestimmten Umfang (alleinige oder geteilte Verantwortung; Intensität; Verantwortungsbereich), in einer bestimmten Art und Weise (Zuständigkeit; Verantwortlichkeit; Haftung; rückwirkende Haftung; vorausschauende Verantwortung für Sorgfalt oder Vorbeugung) (vgl. Bayertz, 2010, S. 2862; Holderegger, 2006, S. 398f) beinhaltet, wobei es sich auf einen Maßstab vor einer urteilenden Instanz bezieht.

Auf der Grundlage der in der Verantwortung enthaltenen Beziehungen muss die Verantwortung in eine achtdimensionale Matrix integriert werden: die Dimension des Verantwortungssubjekts, die Dimension der Verantwortungsform, die Dimension des Verantwortungobjekts, die Dimension des Verantwortungsumfangs, die Dimension der Verantwortungsart, die Dimension des Verantwortungsvolumens, die Dimension des Verantwortungsmaßstabs und die Dimension der Verantwortungsinstanz. Die verschiedenen Dimensionen der Verantwortung können unterschiedlich definiert und kombiniert werden, sodass sich je nach dem Beziehungscharakter der Verantwortung verschiedene Merkmale der Verantwortung ergeben.

In der Dimension des *Verantwortungssubjekts* sind Individuen, Kollektive wie Staaten, religiöse, kulturelle, traditionelle oder weltanschauliche Gemeinschaften, Unternehmen, Organisationen, Institutionen (d. h. „ein organisiertes Kollektiv") (vgl. Bayertz, 2010, S. 2861-2862) Subjekte der Verantwortung. Auf den ersten Blick könnten auch „zufällige oder latente Gruppen" (vgl. Bayertz, 2010, S. 2862) als Subjekte der Verantwortung wahrgenommen werden. Die Tatsache, dass sie „keine innere Struktur und keine gemeinsamen Ziele und Normen" (Bayertz, 2010, S. 2862) haben, führt dazu, dass eine Beziehung zu anderen Dimensionen nicht definiert werden kann. Sie können daher nicht als Verantwortungssubjekte dienen, weil sonst die oben erwähnte Verschleierung von dringendem Handlungsbedarf und drängenden Herausforderungen durch unklare Verantwortlichkeiten verursacht wird. Bei „zufälligen oder latenten Gruppen" müssen die Subjekte der Verantwortung innerhalb der Gruppe sorgfältig zurückverfolgt und bestimmt werden, um eine solche Verschleierung zu vermeiden.

Die „Verantwortungsorientierung" (Holderegger, 2006, S. 400) ergibt sich aus dem Subjekt der Verantwortung. Der entscheidende Filter für die Definition der Dimension des *Verantwortungssubjekts* ist die Tatsache, dass Verantwortung, wie oben ausgeführt, Freiheit voraussetzt. Nur Lebewesen, die frei sind, können Subjekte der Verantwortung werden. „Verantwortung und Freiheit sind einander korrespondierende Begriffe. Verantwortung setzt sachlich – nicht zeitlich – Freiheit voraus, wie Freiheit nur in der Verantwortung bestehen kann. Verantwortung ist die in der Bindung an Gott und den Nächsten allein gegebene Freiheit des Menschen." (Bonhoeffer, 1992, S. 283)

Neben der Grundfunktion der Freiheit für die Verantwortung und der daraus resultierenden entscheidenden Wirkung auf die Bestimmung des Subjekts der Verantwortung prägt die Verantwortung auch die Freiheit: „Die Freiheit des Menschen ist eine ‚bezügliche' und hat sich im Blick auf das ihm vorgegebene Geschehen in seinem Tun und Lassen zu vermitteln. Die Verantwortung ist dann gleichsam jene Instanz, welche in der Spannung interveniert, die zwischen persönlicher Freiheit und Vorgegebenem und Aufgetragenem immer vorhanden ist." (Holderegger, 2006, S. 400) Verantwortung, insbesondere ein „umfassender, fürsorglicher Charakterzug der Verantwortung" (Holderegger, 2006, S. 400), ermöglicht es der Freiheit, über den Selbstbezug hinaus in einen gesellschaftlichen Bezug zu wachsen. „Freiheit erhält damit einen ‚vorsorglichen' Charakter, denn man signalisiert die Bereitschaft, mit Aufgaben, Mandaten, Verpflichtungen usw., die einem zugewachsen oder übertragen wurden oder die man sich angeeignet hat, schöpferisch umzugehen, und zwar im Hinblick auf das Leben anderer. Die Verantwortung bricht die individualistische und auf eigene Bedürfnisse konzentrierte Freiheit auf und bindet sie ein in soziale Gefüge, in gemeinsame Aufgaben und Ziele." (Holderegger, 2006, S. 401)

Diese gesellschaftliche Einbettung von Freiheit durch Verantwortung wird dadurch verstärkt, dass nach Julian Nida-Rümelin und in Anlehnung an Immanuel Kant auch die Rationalität die Trias von Freiheit, Rationalität und Verantwortung vervollständigt (vgl. Nida-Rümelin, 2011, S. 14-18). „*Rationalität* äußert sich in einer Lebensform, die die Vielfalt der Gründe in kohärenter Weise integriert. Sofern wir uns von Gründen leiten lassen, ist unsere Lebensform nicht lediglich das Ergebnis naturwissenschaftlich beschreibbarer Prozesse, wir verfügen über ein gewisses Maß an *Freiheit*. Andere halten uns für unsere Lebensform, unser Handeln, Urteilen und Fühlen, in den Grenzen für *verantwortlich*, in denen Gründe wirksam sind. Dort, wo Gründe keine Rolle mehr spielen, dort, wo natürliche Tatsachen und Gesetze unser Verhalten bestimmen, gelten wir nicht mehr als verantwortlich." (Nida-Rümelin, 2011, S. 17, Hervorhebung im Original) Einerseits beschränkt die Rationalität als Voraussetzung der Verantwortung die Verantwortung darauf, dass sie in Fällen, in denen das vermeintliche Subjekt der Verantwortung nicht frei entscheiden und handeln kann und in denen die Vernunft irrelevant ist, nicht in ein Verhältnis zur Verantwortung mit dem vermeintlichen Subjekt der Verantwortung gebracht werden kann. Andererseits fordert das Begründungserfordernis Verantwortung und Freiheit in der Weise heraus, dass Verantwortung nicht nur als individuelle Verantwortung bzw. Freiheit in ihrem reinen Selbstbezug, sondern auch als fürsorgliche Verantwortung bzw. Freiheit in ihrem sozialen Bezug erkannt werden kann.

Was zu Freiheit und Rationalität und der Trias Freiheit, Rationalität und Verantwortung auf individueller Ebene gesagt wurde, lässt sich auch auf die anderen oben genannten möglichen Subjekte in der Dimension des Subjekts der Verantwortung übertragen, wenn z. B. besondere Interessen von Institutionen berücksichtigt werden.

Diese Trias aus Freiheit, Rationalität und Verantwortung hat einen direkten Einfluss auf die Dimension Subjekt der Verantwortung, indem sie die Definition der Dimension Subjekt der Verantwortung prägt. Sie hat aber auch einen Einfluss auf die anderen Dimensionen.

Die Dimension *Verantwortungsform* beinhaltet die Anzahl der Ziffern, mit denen Verantwortung verstanden werden kann, z. B. einstellig („Ich bin verantwortlich"), zweistellig („Ich bin für meine Handlungen verantwortlich"), dreistellig („Ich bin für meine Handlungen dir gegenüber verantwortlich"), usw. In Bezug auf die Möglichkeit einer einstelligen Form der Verantwortung kann man Julian Nida-Rümelin zustimmen, „dass das normative Sollen in dem Sinne unbedingt ist, als es kein Sollen gegenüber einer befehls- oder normgebenden Instanz ist und dass dieses normative Sollen vollkommen verständlich und in unserer lebensweltlichen Praxis tief verankert ist." (Nida-Rümelin, 2011, S. 24)

Die Art und Weise, wie die Dimension *Verantwortungsform* bestimmt wird, hat unmittelbare Auswirkungen auf alle Dimensionen, mit Ausnahme der Dimension „Veranwortungsobjekt", da das Verantwortungsobjekt bestimmt werden muss, um in die logische Struktur der Dimension „Verantwortungsform" zu passen.

Die Dimension *Verantwortungsobjekt* beschreibt, für wen oder wofür die Verantwortung getragen wird. Individuen und die oben genannten Kollektive, „Handlungen" (vgl. Nida-Rümelin, 2011, S. 19-33), „Überzeugungen" (vgl. Nida-Rümelin, 2011, S. 33-47), „Einstellungen" (vgl. Nida-Rümelin, 2011, S. 48-52), Folgen, Wirkungen und Ergebnisse von Entscheidungen und Handlungen sowie Gegenstände sind in der Dimension „Verantwortungsobjekt" zu verorten.

Insbesondere in der Dimension des Verantwortungsobjekts kann die Interdependenz der der Matrix zugrunde liegenden Verantwortungsdimensionen aufgezeigt werden. Will man beispielsweise das Verhältnis zwischen der Dimension des *Verantwortungsobjekts* und der Dimension der *Verantwortungsform* (s. u.) analysieren, so sind im Falle der retrospektiven Folgenverantwortung als Verantwortungsart eher die Folgen, Wirkungen und Ergebnisse von Entscheidungen und Handlungen die Verantwortungsobjekte. Bei der Betrachtung der prospektiven Fürsorge- oder Präventionsverantwortung sollten in erster Linie Individuen, Kollektive und Objekte betrachtet werden. Bei der genaueren Bestimmung z. B. der oben genannten potenziellen Verantwortungsobjekte – Individuen, Kollektive und Objekte – hat die Dimension des *Verantwortungsvolumens* einen entscheidenden Einfluss, weil z. B. die Bestimmung des Verantwortungsobjekts definiert, ob man das Verantwortungsvolumen global, intergenerationell etc. versteht.

Die Dimension des *Verantwortungsumfangs* wurde bereits kurz erwähnt. Sie legt in zweierlei Hinsicht fest, wie weit die Verantwortung reicht: *erstens*, ob das Subjekt der Verantwortung diese Verantwortung mit einem anderen Subjekt der Verantwortung teilt oder sie allein trägt; *zweitens*, ob die Verantwortung, die das Subjekt der Verantwortung trägt, eine ethische, moralische und rechtliche, eine moralische und politische oder eine moralische, rechtliche und politische Verantwortung ist, was die Intensität der Verantwortung bestimmt.

Die Dimension des *Verantwortungsvolumens* wirft die Frage auf, ob der Verantwortungsbereich als lokal, regional, international, global, aktuell oder generationenübergreifend definiert wird.

Die Dimension der *Verantwortungsart* kann im Sinne der Zuständigkeit „für Tun und Lassen ganz allgemein, im Speziellen für Aufgaben, Rollen, Funktionen oder Ämter, die derselben zugerechnet werden können" (Holderegger, 2006, S. 398), gesehen werden. Letzteres kann im Zusammenhang mit „Rechenschaft" verstanden werden, wenn „man vor einer Instanz (seien es Mitmenschen, Gerichte, das eigene Gewissen oder Gott) Rechenschaft abzulegen [hat]" (Holderegger, 2006, S. 399). Eine andere Art könnte die „Haftung" sein, bei der „man für Verfehlungen oder Vernachlässigungen von Zuständigkeiten, Aufgaben, Pflichten usw. Einzustehen [hat]" (Holderegger, 2006, S. 399).

Darüber hinaus ist es möglich, die Art der Verantwortung als retrospektive Verantwortung für Ergebnisse zu definieren. Dies beruht auf der Klärung der Schuldfrage in einer bestimmten Situation.

Schließlich kann die Art der Verantwortung als eine prospektive Verantwortung der Fürsorge oder der Prävention gesehen werden: Der oben erwähnte Gedanke, die kausale Reichweite nicht auf Dinge in der Vergangenheit zu beschränken, sondern auch die Gegenwart und insbesondere die Zukunft einzubeziehen und zu berücksichtigen, wie die Entscheidungs- und Handlungsmacht verteilt ist, führt zu einer Verantwortung der Fürsorge und der Prävention als eine Verantwortungsart, um zu verhindern, dass die gegenwärtige Welt und die Umwelt mit den Ergebnissen des heutigen Handelns, heute oder in der Zukunft, zu kämpfen haben.

Die Dimension des *Verantwortungsmaßstabs* wird zur Bewertung der Folgen, Auswirkungen und Ergebnisse von Entscheidungen und Handlungen, der Bedingungen von Personen und der Bedingungen von Gegenständen verwendet. „Die kausale Zuschreibung als solche ist normativ neutral; sie gewinnt ihre moralische Dimension erst durch einen Akt der Bewertung" (Bayertz, 2010, S. 2862). Diese Bewertung basiert auf dem Maßstab, der durch ein System von Werten und Normen formuliert wird.

Die Dimension der *Verantwortungsinstanz* leitet sich aus dem rechtlichen Hintergrund des Begriffs Verantwortung ab und zeigt, dass man sich vor einer Instanz verantworten muss. Die Dimension Verantwortungsinstanz kann das Gewissen (vgl. Kant, 1997, S. 438), die moralische Gemeinschaft, die betroffenen Menschen oder das Göttliche, Gott oder das Transzendente sein (vgl. Bayertz, 2010, S. 2863).

Nach dem Versuch, den Begriff der „Verantwortung" zu fassen, geht es in einem nächsten Schritt darum, die Dimensionen und Relationen der Verantwortung zu bestimmen und zu begründen. Dabei wird bewusst der Schwerpunkt auf eine prozedurale und nicht auf eine materielle Bestimmung gelegt, da erstere der Fülle möglicher Konkretisierungen der einzelnen Dimensionen und Relationen eher gerecht wird. Zudem ist es angesichts dieser Fülle dennoch notwendig, von einem Verantwortungsbegriff mit identischem Kern auszugehen und nicht von unterschiedlichen Verantwortungsbegriffen (vgl. Nida-Rümelin, 2011, S. 14).

Die Definition und Begründung der in der Verantwortung enthaltenen Dimensionen und Relationen muss den Anforderungen der Ethik gerecht werden, nämlich der Erfüllung des Prinzips der Verallgemeinerbarkeit durch die Vorlage rationaler und plausibler Argumente – „guter Gründe". „Gute Gründe" bedeutet, dass es denkbar sein muss, dass alle Menschen in ihrer effektiven Freiheit und Autonomie sowie in ihrer vollen Gleichheit diesen Gründen – innerhalb eines Denkmodells und nicht innerhalb einer realen weltweiten Volksabstimmung – aus ethischen Gründen zustimmen würden. Das bedeutet, dass die Begründung gegenüber den Subjekten der Verantwortung und gegebenenfalls den Objekten der Verantwortung so erfolgen muss, dass sie für die Subjekte und Objekte der Verantwortung akzeptabel ist, indem die verschiedenen Dimensionen der Verantwortung – insbesondere die Dimension Maßstab und die Dimension Instanz – berücksichtigt werden.

Der Begriff „Meta-Verantwortung" (Bayertz, 1995, S. 60) macht deutlich, dass der Mensch nicht nur für die Folgen seines Handelns, sondern auch für die Folgen seiner Theorien einzustehen hat. Die Hoffnung ist, dass mit diesem Beitrag die Folgen dieser theoretischen Erklärungen nicht theoretisch bleiben.

Verantwortung als Prinzip für ethisches Entscheiden

Das Verantwortungsprinzip dient ethischen Entscheidungsfindungsprozessen. Es unterstreicht zum einen den langen Zeithorizont ethischer Entscheidungen von Menschen: „Wenn die neue Natur unseres Handelns also eine neue Ethik der weitreichenden Verantwortung verlangt, die sich mit der Reichweite unserer Macht deckt, dann verlangt sie im Namen eben dieser Verantwortung auch eine neue Art von Demut – eine Demut nicht wie die frühere Demut, d. h. aufgrund der Kleinheit, sondern aufgrund der übermäßigen Größe unserer Macht, die das Übermaß unserer Macht zu handeln über unsere Macht zu sehen und unsere Macht zu bewerten und zu beurteilen ist" (Sandler, 2014, S. 45). Andererseits verschlägt es einem den Atem wegen „der kritischen Anfälligkeit der Natur gegenüber den technologischen Eingriffen des Menschen, die man nicht ahnen konnte, bevor sie sich in den bereits entstandenen Schäden zeigte. Diese Entdeckung […] verändert das Konzept von uns selbst als kausale Instanz im Gesamtgefüge der Dinge. Sie bringt durch die Auswirkungen ans Licht, dass sich die Natur des menschlichen Handelns de facto verändert *hat* und dass ein Objekt einer völlig neuen Ordnung – nicht weniger als die gesamte Biosphäre des Planeten – zu dem hinzugekommen ist, wofür wir aufgrund unserer Macht über sie verantwortlich sein müssen" (Jonas, 1985, S. 26f, Hervorhebung im Original). Schließlich gelingt dem Verantwortungsprinzip die Herauskristallisierung der Notwendigkeit, ethische Entscheidungen zu fällen und entsprechend Verantwortung zu übernehmen und zu tragen.

Das Gerechtigkeitsprinzip

Was ist „Gerechtigkeit"?

Gerechtigkeit kann auf unterschiedliche Weise definiert werden, z. B. schreibt Platon, „dass jeder das Eigene und Seinige hat und tut." (Platon, 1989, S. 434a) Ulpian meint, Gerechtigkeit sei der starke und beständige Wille, jedem sein Recht zu geben (*„iustitia est constans et perpetua voluntas ius suum cuique tribuendi"*) (Ulpian, 2005, S. 1-10, Hervorhebung im Original). Eine andere Möglichkeit ist die Forderung, „Gleiches grundsätzlich gleich zu behandeln" (Honecker, 1990, S. 188) oder mit anderen Worten: „Gerecht ist eine Handlung, wenn sie jedem das gibt, was ihm zukommt" (Gosepath, 2010, S. 835). Bereits deutlich geworden ist, dass Gerechtigkeit ein „relationaler Begriff" ist (Gosepath, 2010, S. 835).

Eine andere Option geht sogar noch weiter und setzt die Gerechtigkeit in Beziehung zur Moral im Allgemeinen: „Wenn Gerechtigkeit als moralische Tugend betrachtet werden soll, muss sie in einem sehr weiten Sinne verstanden werden, der einen Menschen charakterisiert, der keine der moralischen Regeln ungerechtfertigt verletzt. In diesem Sinne ist die Gerechtigkeit natürlich nicht nur eine moralische Tugend unter vielen, sondern die Kombination aller moralischen Tugenden, die mit den moralischen Regeln verbunden sind." (Geert, 1970, S. 157) Dies schließt ein, dass Gerechtigkeit für das moralisch Gute notwendig, aber nicht hinreichend ist (vgl. Geert, 1970, S. 157). Versteht man Gerechtigkeit im Zusammenhang mit der Moral, so wird deutlich, dass man zwischen Gerechtigkeit als „ein Maßstab der äußeren Beziehungen von Personen und sozialen Strukturen […]" und „[…] eine Tugend bzw. innere Haltung des Menschen" (Veith, 2004, S. 316) unterscheiden muss.

„Innere" und „äußere" Gerechtigkeit bauen auf der Moralfähigkeit als Voraussetzung für menschliches Entscheiden und gerechtes Handeln auf. Gerechte Handlungen und Entscheidungen sind nur möglich, wenn man sie aus freien Stücken treffen kann und damit auch für sie verantwortlich ist. Subjekte der Gerechtigkeit müssen also diese Voraussetzungen erfüllen.

Es kann verschiedene Objekte der Gerechtigkeit geben: u. a. Personen und ihre Handlungen, Entscheidungen, Institutionen im weiteren Sinne, analytische Überlegungen, kreative Gedanken, Ergebnisse menschlicher Interaktionen (z. B. Verträge), Biografien, Güterverteilung, politische Lösungen (vgl. Gosepath, 2010, S. 836).

Darüber hinaus kann Gerechtigkeit nach Peter Koller in vier Gerechtigkeitskonzeptionen unterteilt werden (vgl. Koller, 2005). Diese Differenzierung kann eine Orientierung für Entscheidungs- und Handlungsspielräume geben, die es ermöglichen, in jeder spezifischen und individuellen Situation gerecht und fair zu sein:

1. Tauschgerechtigkeit (z. B. Gleichheit von Leistung und Gegenleistung (z. B. Lohn))
2. Politische Gerechtigkeit (demokratische Mitbestimmungsprozesse, bei denen eine unparteiische Machtausübung dazu dient, jedem/jeder Einzelnen seine/ihre Rechte und soziales Miteinander zu gewähren)

3. Korrektive Gerechtigkeit (Schadensersatzzahlungen zur Wiedergutmachung von Schäden und Bestrafung für die Wiedergutmachung von Unrecht)
4. Verteilungsgerechtigkeit (gleiche Verteilung von Gemeinschaftsgütern (z. B. Bildungsmöglichkeiten, Zugang zum Arbeitsmarkt, Einkommenschancen) und Lasten (z. B. Steuern)).

Gerechtigkeit strebt nach Gleichheit oder Gleichbehandlung. In der erstgenannten Gerechtigkeitskonzeption wird Gleiches gleich und Ungleiches ungleich behandelt (vgl. Aristoteles, 1983, V, 6-7). In der zweiten und dritten Gerechtigkeitskonzeption werden alle Menschen gleich behandelt. In der vierten Gerechtigkeitskonzeption, der Verteilungsgerechtigkeit, kann die Gleichheit oder Gleichbehandlung anhand der folgenden drei Kriterien gemessen werden: Die Gleichbehandlung basiert entweder auf *Leistung*, auf *Bedarf* oder auf *Gleichheit*.

Gleichbehandlung aufgrund von *Leistung* bedeutet, dass gleiche Leistung zu gleicher Gegenleistung führt. Auf diese Weise werden Ungleichheiten (z. B. bei Löhnen, Eigentum usw.), die aufgrund ungleicher Leistung entstehen, gerechtfertigt.

Bedarfsgerechte Gleichbehandlung bedeutet, dass allen Menschen das gleiche Maß an Bedürfnisbefriedigung zusteht. Zur Individualität des Menschen gehören jedoch unter anderem unterschiedliche Bedürfnisse, die spezifische, ungleiche Maßnahmen erfordern, um das gleiche Maß an Bedürfnisbefriedigung zu erreichen (z. B. besondere Fördermaßnahmen, soziale Sicherheit usw.).

Gleichbehandlung auf der Basis von *Gleichheit* bedeutet, dass Güter und Lasten gleichmäßig auf die Menschen verteilt werden (unabhängig von Leistung, Bedürftigkeit etc.), um der Gleichheit aller Menschen möglichst genau zu entsprechen (z. B. Zugang zu Bildung). Unterschiede hinsichtlich von Leistung, Bedürfnis etc. werden vernachlässigt. So haben alle Menschen den gleichen Zugang zu der gleichen Anzahl von Dienstleistungen, ohne dass ihre Unterschiede berücksichtigt werden. Die Gleichheit der Leistungen entspricht den Unterschieden der Individuen: Menschen sind nur dann gleich, wenn alle Menschen ihre unterschiedlichen Bedürfnisse in gleichem Maße befriedigen können.

Mit anderen Worten: Einerseits werden Ungleichheiten oder Ungleichbehandlungen aufgrund von *Leistung*, *Bedürftigkeit* und *Gleichheit* unter bestimmten Umständen akzeptiert. Andererseits wird deutlich, dass je nach Gerechtigkeitsbegriff die moralische Bewertung z. B. einer Entscheidung, einer Handlung oder eines Status unterschiedlich ausfallen kann. Schließlich kann eine Entscheidung oder eine Handlung auch dann ungerecht sein, wenn ihr Entscheidungsprozess auf dem freien Willen der zustimmenden Personen beruht. All dies macht unter anderem die Weite des Begriffs der Gerechtigkeit aus. Gleichzeitig besteht gerade an dieser Stelle Klärungsbedarf.

Auch die Definition des Horizontes der Gerechtigkeit erweist sich als umstritten. Die Pflichten, die sich aus der Gerechtigkeit ergeben, werden mit einer universellen oder partikularen Dimension verstanden.

Mit beiden Problemen verbunden ist die Frage nach der Bezugsebene der Gerechtigkeit, denn diese trägt dazu bei, Klarheit zu schaffen. Worauf bezieht man sich, wenn man entscheidet, welche Gerechtigkeitskonzeption man in welchem Ausmaß verwendet?

Alle vier Gerechtigkeitskonzeptionen können unter dem Gesichtspunkt der „sozialen Gerechtigkeit" (vgl. Kramer, 1992, S. 45) betrachtet werden. Soziale Gerechtigkeit kann als „giustizia fra uomo e uomo" (Taparelli, 1855, S. 354) zusammengefasst werden. „Soziale Gerechtigkeit" ist kein eigenständiger Begriff von Gerechtigkeit, sondern beeinflusst einen oder mehrere Gerechtigkeitsbegriffe (vgl. Giers, 1957; Anzenbacher, 1998, S. 221-224). Soziale Gerechtigkeit muss dynamisch verstanden werden, wobei „Programme und Rollen entsprechend neu zu formulieren [sind], um der veränderten Wirklichkeit gerecht zu werden" (Glatzel, 2000, S. 148). Soziale Gerechtigkeit zielt vor allem auf eine „gerechte Ordnung, in der die unterschiedlichsten Interessen von Gruppen und Einzelnen auszugleichen und ins rechte Verhältnis zueinander gebracht werden müssen" (Glatzel, 2000, S. 148). Die Bedeutung von sozialer Gerechtigkeit kann sogar erweitert werden *„als die sittliche Berücksichtigung solcher prinzipiell gleichen Freiheiten bzw. das fortgesetzte sittlich-praktische Bemühen um die Schaffung der Möglichkeitsbedingungen, unter denen sich Freiheit im sozialen Raum als Partizipation an allen sie betreffenden Vorgängen verwirklichen kann, wobei diese Verwirklichung durch ein Ethos getragen werden muss, das solche Verwirklichungen von Freiheit in Strukturen und Institutionen Form und Stabilität verleiht"* (Nothelle-Wildfeuer, 1999, S. 85, Hervorhebung im Original). Eine ähnliche Sichtweise besteht darin, soziale Gerechtigkeit als Gerechtigkeit für das Gemeinwohl zu verstehen, was „Räume [eröffnet] für die Thematisierung von Gerechtigkeitsproblemen nicht nur im Hinblick auf den Staat, sondern auf eine Vielzahl gesellschaftlicher Akteure. Dies wird zunehmend wichtiger dort, wo aus verschiedenen Gründen jedenfalls die Rolle des Staates, wenn nicht sogar die der Politik im Allgemeinen immer weiter reduziert und die Verantwortung für soziale Zuträglichkeit oder Unzuträglichkeit der obwaltenden Verhältnisse entsprechend stärker auf Institutionen im zivilgesellschaftlichen Bereich bzw. im privatwirtschaftlichen Sektor verlagert wird" (Hoppe, 2002, S. 37).

Abgesehen von den Entscheidungen, die nach dem oben Gesagten einer Begründung bedürfen, muss auch die Verwendung des Begriffs Gerechtigkeit begründet werden. Wenn z. B. Menschen und ihre Handlungen, Entscheidungen, Institutionen im weiteren Sinne, analytische Überlegungen, kreative Gedanken, Ergebnisse menschlicher Interaktionen (z. B. Verträge), Biographien, Güterverteilung, politische Lösungen als gerecht bezeichnet werden, wird eine Begründung gefordert. In dieser Herausforderung ist die Unparteilichkeit richtungsweisend: Wenn man einen unparteiischen Standpunkt einnimmt, wird man jemanden oder etwas als gerecht oder ungerecht beurteilen. Um diesen unparteiischen Standpunkt einnehmen zu können, gibt es im aktuellen Gerechtigkeitsdiskurs vier Denkmodelle (vgl. Gosepath, 2010, S. 837): den zufälligen unabhängigen Beobachter (vgl. Smith, 2004), einen Rollentausch der Beteiligten (vgl. Baier, 1974), die Universalisierbarkeit (vgl. Hase, 1992) oder den „Schleier des Nichtwissens" (vgl. Rawls, 1971).

Darüber hinaus müssen Gründe angegeben werden, wenn ein Anspruch auf Gerechtigkeit formuliert wird oder sich aus einem Anspruch auf Gerechtigkeit moralische Pflichten ergeben. Dies können unter anderem ein Verweis auf das Naturrecht, die Achtung der Menschenwürde, ein Recht auf Begründung, die Gegenseitigkeit der Vorteile für die Beteiligten oder ein ideeller Diskurs sein (vgl. Gosepath, 2010, S. 837).

Das Spannungsverhältnis zwischen Recht und Gerechtigkeit

Gerechtigkeit kann bedeuten, gesellschaftliche Gesetze zu erlassen, um für Ordnung zu sorgen. Wenn es noch keine Ordnung gibt oder der Zustand einer Gesellschaft nicht der Gerechtigkeit entspricht, ist es Aufgabe der Gerechtigkeit, dies zu ändern und eine gerechte Ordnung einzuführen.

Wenn es in einer Gemeinschaft oder Gesellschaft eine Ordnung gibt, müssen die Regeln und Vorschriften, die diese Ordnung umsetzen, im Interesse der *allgemeinen Gerechtigkeit* respektiert werden. Aristoteles lässt sich wie folgt zusammenfassen: Gerecht ist, wer die Gesetze achtet. Da die Gesetze auf einem Gesetzgebungsakt beruhen, erhalten sie dadurch ihre Legitimität (vgl. Aristoteles, 1983, V, 1-3). Das bedeutet, dass z. B. die Exekutive und die Behörden eines Staates die geltenden Gesetze präzise und professionell umsetzen müssen.

Dennoch kann die solidarische Gerechtigkeit die Spannung zwischen Recht und Gerechtigkeit hervorheben. Diese kann sich aus der Tatsache ergeben, dass die bestehende Ordnung einer Gemeinschaft oder Gesellschaft nie so sein kann, wie sie sein sollte. Das Streben nach einem reinen und perfekten Ausdruck der Gerechtigkeit *an sich* erfordert ständige Korrekturen und Anpassungen an eine sich verändernde Realität. Gesetze, die als Ausdruck einer rechtlichen Überlegung formuliert wurden, können ihre Ziele verfehlen, der Gemeinschaft schaden oder in einem neuen, realen Kontext unrechtmäßig sein. In dieser Situation werden diejenigen, die von dieser Situation profitieren, versuchen, diese Ungerechtigkeit als positives Recht aufrechtzuerhalten. Die Benachteiligten werden versuchen, gegen diese ungerechte Behandlung zu kämpfen, um sich aus dieser Situation zu befreien. In diesem Zusammenhang wird Gerechtigkeit nicht als Pflicht verstanden, die auf der Bejahung des Gesetzes beruht, sondern als *soziale Gerechtigkeit*, die unmittelbar auf das Gemeinwohl bezogen ist. Aristoteles versteht Gerechtigkeit in diesem Sinne auch als Gleichheit (vgl. Aristoteles, 1983, V, 1-2): Soziale Gerechtigkeit (vgl. Nothelle-Wildfeuer, 1999, S. 86-343) verlangt z. B. von der Exekutive und den Behörden eines Staates, aber auch von der Zivilgesellschaft und der Bevölkerung in einem Staat, die über die Entscheidungen und Handlungen der Regierung und der Behörden wachen muss, dass diese ihren Entscheidungs- und Handlungsspielraum so nutzen, dass sie in jeder der konkreten und individuellen Situationen gerecht und fair sind. Zu enge und strenge Gesetze, die keinen Spielraum für Interpretationen lassen, würden in bestimmten Fällen zu *ungerechten* Situationen führen. Die Notwendigkeit der Kontextualisierung wird daran deutlich, dass es weder Aufgabe noch Möglichkeit rechtlicher Regelungen ist, alle möglichen Situationen der menschlichen Existenz präzise zu regeln. Der Entscheidungs- und Handlungsspielraum ist eine Herausforderung, weil im Zuge der Kontextualisierung die Gefahr der Beliebigkeit besteht. Die Menschenrechte können als klar definierter ethischer Referenzpunkt gegen Beliebigkeit eingesetzt werden. Der Ethik kommt bei dieser kritischen Bewertung eine besondere Bedeutung zu, denn sie prüft, „ob die real existierenden gesellschaftlichen Systeme, Verhältnisse und Einrichtungen als Voraussetzungen für ein gutes Leben aller Einzelnen den Kriterien der Gerechtigkeit und des Gemeinwohls entsprechen." (Remele, 2009, S. 194) Diese kritische Aufgabe ist möglich aufgrund einer normativen Haltung gegenüber Gesetzen und Institutionen, die offen für Veränderungen ist. Diese Haltung beruht auf der Wahrnehmung einer komplementären Gehorsamsverantwortung gegenüber Normen, Ordnungen und Institutionen sowie einer Gestaltungsverantwortung (vgl. Remele, 2009, S. 194).

Omni-dynamisch soziale Gerechtigkeit

Angesichts der vier oben vorgestellten Gerechtigkeitskonzeptionen, der Tauschgerechtigkeit, der politischen Gerechtigkeit, der korrektiven Gerechtigkeit und der Verteilungsgerechtigkeit und ihrer jeweiligen Schwierigkeiten oder Herausforderungen kann sich die Frage ergeben, wie mit diesen vier Gerechtigkeitskonzeptionen aus einer ethischen Perspektive umzugehen ist und welche der vier Gerechtigkeitskonzeptionen zu bevorzugen ist. Das Konzept der *omni-dynamischen sozialen Gerechtigkeit* adressiert diese Frage. Ausgehend von den obigen Ausführungen geht es nicht darum, eine oder mehrere Gerechtigkeitskonzeptionen auszuschließen, sondern sie aus ethischer Perspektive *zunächst* in Verbindung mit dem Leitprinzip der sozialen Gerechtigkeit zu denken und dieses auf alle vier Gerechtigkeitskonzeptionen prägend einwirken zu lassen.

Zweitens sind diese vier Gerechtigkeitskonzeptionen zusammen zu denken, um eine einseitige Betrachtungsweise der Gerechtigkeit zu vermeiden und zu einem umfassenden Verständnis von Gerechtigkeit zu gelangen. Alle vier Gerechtigkeitskonzeptionen werden in einer *negativen Zusammengehörigkeit* zueinander wahrgenommen. Im Gegensatz zur positiven Zusammengehörigkeit bedeutet dies nicht, dass Gerechtigkeit immer alle vier Gerechtigkeitskonzeptionen umfassen muss. *Negative Zusammengehörigkeit* bedeutet, dass alle vier Gerechtigkeitskonzeptionen integriert oder rationale Gründe angeführt werden müssen, wenn ein oder mehrere Gerechtigkeitskonzeptionen nicht berücksichtigt werden können. Gerechtigkeit wird also als *omni-dynamisch* verstanden (da sie in der Interaktion aller vier Gerechtigkeitskonzeptionen gedacht wird).

Drittens ist es auf der Grundlage des bisher Gesagten aus ethischer Sicht sinnvoll, die Verteilungsgerechtigkeit in den Mittelpunkt zu stellen – zum einen bei der Bestimmung des Verhältnisses zwischen Verteilungsgerechtigkeit und den anderen Gerechtigkeitskonzeptionen, zum anderen bei ihrer praktischen Umsetzung. In beiden Fällen wird die Verteilungsgerechtigkeit zusammen mit dem Leitprinzip der sozialen Gerechtigkeit gedacht. In diesem Sinne ist die Gerechtigkeit als *omni-dynamische soziale Gerechtigkeit* zu verstehen.

Der Vorrang der Verteilungsgerechtigkeit für die Gleichheit aller Menschen lässt sich mit der Menschenwürde aller Menschen und mit den Menschenrechten begründen, die im nachfolgenden Unterkapitel erläutert und ethisch begründet werden.

Die Menschenwürde aller Menschen und die Menschenrechte werden auch bei der materiellen Definition der *omni-dynamischen sozialen Gerechtigkeit* und bei der Formulierung von Kriterien als Referenzbegriffe oder *tertium comparationis* verwendet. Denn *omni-dynamische soziale Gerechtigkeit* muss sich an etwas orientieren. Bei der Verteilungsgerechtigkeit beispielsweise muss zum einen definiert werden, was gerecht verteilt werden soll, und zum anderen, nach welchen Kriterien sichergestellt werden kann, dass die Verteilung des zu Verteilenden auch wirklich gerecht ist. Bei der Entscheidung über die materielle Höhe der Abgaben stellt sich u. a. die folgende Herausforderung: „Gerechtigkeitsvorstellungen sind insofern pluralistisch, als sie sich nicht alle durch ein einziges grundlegendes Verteilungsprinzip erklären lassen; vielmehr berufen sich Menschen, wenn sie die Gerechtigkeit einer Güterverteilung beurteilen sollen, typischerweise auf mehrere Verteilungskriterien und kommen durch Abwägen dieser Kriterien gegeneinander zu einem Gesamturteil." (Miller, 1992, S. 558) In diesem Zusammenhang bietet die Ethik eine Orientierung: „Alle modernen Konzeptionen der Gerechtigkeit akzeptieren eine gemeinsame Grundnorm: Alle Menschen sind als prinzipiell gleichwertig zu achten, d. h. mit gleicher Würde versehen. Deshalb soll jeder Mensch mit gleicher Achtung und gleicher Rücksicht behandelt werden. Je nachdem, wie die verschiedenen Konzeptionen der Gerechtigkeit die Grundnorm gleicher Würde näher verstehen, ergeben sich unterschiedliche Auffassungen über das jeweils Angemessene bzw. Gerechte unter Gleichen." (Gosepath, 2010, S. 837) Es gibt eine Notwendigkeit einer solchen Grundnorm: „Im Blick auf das Gemeinwohl als Zielwert erweist sich folgender Gedanke als zentral: Einerseits herrscht in den zeitgenössischen Überlegungen die weit verbreitete Überzeugung, dass sich unter den Bedingungen neuzeitlich-modernen Denkens und mit Blick auf pluralistische und individualisierte Gesellschaften keine inhaltlich gefüllte, gemeinsame und allgemein verbindlich zu machende Vorstellung des guten oder gelingenden Lebens mehr entfalten lässt, an die sowohl das politische Gemeinwesen als auch das Individuum gebunden wäre. Andererseits artikuliert sich in der Rede vom Gemeinwohl die gegenwärtig höchst aktuelle Erkenntnis, dass menschliches Zusammenleben in der Gesellschaft nur dann gelingen kann, wenn es zumindest einen Minimalkonsens im Blick auf bestimmte unverzichtbare Grundlagen des wertgebundenen Zusammenlebens der Glieder einer Gesellschaft gibt." (Nothelle-Wildfeuer, 2008, S. 148)

Die Menschenwürde verlangt z. B., dass die Verteilungsgerechtigkeit die Menschenwürde unabhängig von oder sogar gegen menschliches Verhalten bei der Herstellung von Gerechtigkeit und Gleichheit achtet (vgl. Wolbert, 2003, S. 167), dass die Menschenwürde nicht in etwas Verwirklichbares umgewandelt wird (vgl. Wetz, 1998, S. 181) und dass Menschen die Menschenwürde nicht aufgrund von ihnen begangener besonders schwerer Menschenrechtsverletzungen abgesprochen wird.

Darüber hinaus dominiert die Menschenwürde die materielle Bestimmung der Verteilungsgerechtigkeit insofern, als sie die moralische Dimension des Menschen zu beachten hat, „die Fähigkeit des Menschen zur Moralität. Als Person hat der Mensch einen Selbststand, da er sich in ein Verhältnis zu sich selbst und seinen Handlungen setzen, über sich selbst reflektieren und seine Lebensformen und Grundhaltungen frei selbst bestimmen kann." (Witschen, 2002, S. 14) Andererseits darf sie die wesentlichen, nicht-moralischen Elemente der menschlichen Existenz (wie Nahrung, Unterkunft, medizinische Grundversorgung usw.) nicht außer Acht lassen (vgl. Witschen, 2002, S. 15).

Eine Antwort auf die Frage, welchen Horizont die Verteilungsgerechtigkeit zu umfassen hat, lässt sich aus der Menschenwürde ableiten. Durch die Berücksichtigung der Menschenwürde wird deutlich, dass der Mensch im Zentrum der materiellen Bestimmung von Verteilungsgerechtigkeit stehen muss. Wenn Verteilungsgerechtigkeit um den Menschen kreist (und nicht etwa um besondere Beziehungsnähe, die Zugehörigkeit zu einem bestimmten Kollektiv, die Herkunft aus einem bestimmten Territorium usw.), muss sie universell gedacht werden und sich auf den globalen Horizont beziehen. Vor dem Hintergrund der Menschenwürde müsste eine Begründung für einen lokalen Horizont gute (d. h. rational begründete) Gründe vorbringen, warum zwischen Menschen Unterscheidungen getroffen werden können, die einen lokalen Horizont der Verteilungsgerechtigkeit rechtfertigen. Beispielsweise könnte sie *u. a.* die Unterschiede in den Gerechtigkeitshorizonten aufführen, die sich aus dem Vergleich von John Rawls' „A Theory of Justice" (vgl. Rawls, 1971) und John Rawls' „Law of Peoples" (vgl. Rawls, 1999) ergeben (vgl. Singer, 2004, S. 176-180): Während Rawls in „A Theory of Justice" ein Gerechtigkeitssystem mit einem Ausgleich zwischen den Wohlhabenden und den Benachteiligten einer Gesellschaft mit einem lokalen Horizont für das Gemeinwohl entwirft, lehnt er in „Law of Peoples" einen solchen Ausgleich ab. Letzteres beinhaltet implizit eine Unterscheidung zwischen Menschen, die nicht legitimiert werden kann, weil sie nicht rational begründbar ist. Diese Unterscheidung kann also rational nicht überzeugend sein, weil sie mit der Menschenwürde brechen würde, da diese die Gleichheit aller Menschen als Menschen manifestiert. „1. Jede Form von Solidarisierung, die sich auf gleichzeitige Missachtung des Allgemeingültigkeitsanspruchs der Menschenwürde gründet, ist ethisch verwerflich. […] 2. Jede Form von Solidarisierung, die dem Anspruch der Menschenwürde faktisch nur im Blick auf die eigene Gruppe und deren Zielsetzung Rechnung trägt, bleibt ethisch defizitär." (Korff, 1989, S. 45)

Nach diesen Überlegungen besteht Gerechtigkeit nicht nur aus verantwortungsvollen Beziehungen zwischen dem/der Einzelnen und seinen Mitmenschen, zwischen dem/der Einzelnen und der Gesellschaft, sondern auch zwischen der Gesellschaft und den Gesellschaften – mit einem universellen Horizont.

Wenn aber *omni-dynamische soziale Gerechtigkeit* mit einem globalen Horizont gedacht werden muss, so folgt daraus zum einen, dass auch die entsprechenden Pflichten mit einem *universellen Maßstab* gedacht werden müssen. Zum anderen ist hinsichtlich der materiellen Reichweite der Verpflichtung zu bedenken, dass nicht „nur" alle Menschen Adressat:innen dieser Verpflichtung sind, sondern alle Menschen *als Menschen* (d. h. Menschen, denen die Möglichkeit gegeben wird, als Menschen mit Menschenwürde zu leben).

Schließlich sind alle drei Beziehungen – zwischen dem/der Einzelnen und seinen/ihren Mitmenschen, zwischen dem/der Einzelnen und der Gesellschaft, aber auch zwischen der Gesellschaft und den Gesellschaften – nicht vertretbar zeitlich zu begrenzen. Das bedeutet, dass Verteilungsgerechtigkeit generationenübergreifend und mit einem universellen Horizont gedacht werden muss. Die intergenerationelle Gerechtigkeit besteht im Wesentlichen aus vier Postulaten: bei allen Handlungen die kommenden Generationen zu berücksichtigen; nicht mehr Ressourcen zu verbrauchen als nachwachsen; die Ressourcen global gerecht zu verteilen; die natürlichen Rhythmen zu respektieren (vgl. Vogt, 2005, S. 141-159).

Omni-dynamische soziale Gerechtigkeit und Gerechtigkeit zwischen den Generationen

Als ethisches Instrument für ethisches Entscheiden sollte das Prinzip der Gerechtigkeit, verstanden als *omni-dynamische soziale Gerechtigkeit,* die Zukunftsperspektive stärker gewichten, indem künftige Generationen als Subjekte und Objekte der Gerechtigkeit sowie die Zukunft als Horizont der Gerechtigkeit einbezogen werden. „Intergenerationelle Gerechtigkeit" kann wie folgt definiert werden: „Eine Gesellschaft ist intergenerationell gerecht, wenn jede Generation ihren fairen Anteil dazu beiträgt, dass die Mitglieder der nachfolgenden Generationen innerhalb und außerhalb ihrer Grenzen ihre Bedürfnisse befriedigen, ernsthaften Schaden vermeiden und die Möglichkeit haben, Dinge von Wert zu genießen." (Thompson, 2010, S. 6; vgl. auch Vogt, 2005, S. 141-159) „Generationenübergreifende Gerechtigkeit" rahmt den Horizont der Gerechtigkeit nicht nur als global ein – wobei alle Menschen als potenzielle Subjekte und Objekte der Gerechtigkeit betrachtet werden –, sondern auch als ein „generationenübergreifendes Kontinuum, das sich unbegrenzt in die Zukunft erstreckt" (Thompson, 2010, S. 6) und das sich zur Vergangenheit hin öffnet – in Anerkennung dessen, was frühere Generationen beigetragen und geopfert haben (vgl. Thompson, 2010, S. 6) und welche Ungerechtigkeiten sie ebenfalls erlitten haben. Die Grenzen dieses generationsübergreifenden Kontinuums bleiben offen. Das macht es schwieriger, sich eine genaue Vorstellung davon zu machen, was Generationengerechtigkeit bedeutet, weil man vor allem im Falle der Zukunft nicht genau weiß, was zu erwarten ist (vgl. Wolf, 2003). „In unserem Bemühen, künftigen Generationen gerecht zu werden, bewegen wir uns in einem Nebel der Unsicherheit. Ungewissheit bedeutet nicht, dass Gerechtigkeit zwischen den Generationen unmöglich ist oder dass es egal ist, was wir tun. Die Antwort auf die Ungewissheit besteht darin, so rational wie möglich zu sein – die verfügbaren Beweise zu prüfen und entsprechend zu handeln – und das Beste zu tun, was wir können, um bekannte Risiken zu mindern." (Thompson, 2010, S. 9)

Das Konzept der „intergenerationellen Gerechtigkeit" scheint ein adäquates Prinzip zu bilden, um die Bedürfnisse und Interessen nicht nur der gegenwärtigen Menschen, sondern auch vergangener und zukünftiger Generationen in fairer Weise auszugleichen. Die „intergenerationelle Gerechtigkeit" steht vor der Herausforderung, dass die Herausforderungen und Probleme der Gegenwart dringlicher sind als die der Zukunft, und dass die unbestimmte zeitliche Offenheit von „intergenerationell" einen Klärungsbedarf und eine Distanz zwischen den gegenwärtigen Subjekten und Objekten der Gerechtigkeit und den zukünftigen Subjekten und Objekten der Gerechtigkeit provoziert. Darüber hinaus muss die praktische Relevanz der „intergenerationellen Gerechtigkeit" angesichts der hochkomplexen und schwer überschaubaren Welt der Gegenwart bewiesen werden. Die Vorstellung, zukünftige Entwicklungen mit der notwendigen Präzision abschätzen zu können, um gerechtigkeitsrelevante Verantwortlichkeiten, Pflichten, Rechte und Ansprüche definieren zu können, scheint für den Menschen unerreichbar.

Darüber hinaus muss die Legitimität der „intergenerationellen Gerechtigkeit" ethisch begründet werden, u. a., weil sie unendlich ist und vermutlich einen Ansatzpunkt für jeden Wunsch darstellt. Im folgenden Unterkapitel wird dies bei der Begründung der Menschenrechte auf der Grundlage des Prinzips der Verletzbarkeit angesprochen.

Die Beantwortung der Frage, wie wir intergenerationelle Gerechtigkeit begründen können, verschärft die Beweislast, weil eine Bewertung der Gerechtigkeit in der Gegenwart durch die Konstruktion der Unparteilichkeit (oder eines unparteiischen Standpunkts) innerhalb des Diskurses der gegenwärtigen moralischen Gemeinschaft (z. B. mit dem „Schleier des Nichtwissens") (vgl. Rawls, 1971, S. 136-142; Dierksmeier, 2006) gerechtfertigt werden kann, während die intergenerationelle Gerechtigkeit auch begründen muss, warum zu den potenziellen Subjekten und Objekten der intergenerationellen Gerechtigkeit auch zukünftige Generationen von Menschen gehören (vgl. Gosseries, 2008). Bei dieser Frage spielen die Menschenrechte als ethischer Referenzpunkt eine wesentliche Rolle, denn man kann die Herausforderung der Begründung intergenerationeller Gerechtigkeit mit dem Hinweis angehen, dass, wenn sich begründen lässt, dass alle Menschen (auch künftige) Träger:innen von Menschenrechten sind, ihre Menschenrechte in der Gegenwart und in der Zukunft geachtet werden müssen und es daher eine ethische Notwendigkeit intergenerationeller Gerechtigkeit gibt.

Darüber hinaus ist die Idee der intergenerationellen Gerechtigkeit mit Zweifeln und Skepsis behaftet, ob sie überhaupt realistisch ist. „Diese Argumentation beruht auf zwei Annahmen: dass die Menschen überwiegend eigennützig sind und dass ihre Interessen ihnen keinen Anlass geben, sich um das Schicksal künftiger Generationen oder von Menschen in anderen Ländern zu kümmern." (Thompson, 2010, S. 18) Diese Annahmen können in Frage gestellt werden, indem „die Unsicherheit darüber, was zu tun ist und wie es zu tun ist, und die Angst derjenigen, die glauben, dass sie ernsthaft benachteiligt werden" (Thompson, 2010, S. 19), als Hauptherausforderungen für die Verwirklichung der intergenerationellen Gerechtigkeit hervorgehoben werden, die „eher aus dem Versagen der Institutionen als aus Mängeln der menschlichen Natur" (Thompson, 2010, S. 19) resultiert. Kombiniert man diese Beobachtung mit den Menschenrechten als ethischem Referenzpunkt, kommt man mit diesem institutionellen Ansatz einem institutionellen Verständnis von Menschenrechten nahe: „Nach dem interaktionellen Verständnis der Menschenrechte haben Regierungen und Individuen die Verantwortung, die Menschenrechte nicht zu verletzen. Nach meinem institutionellen Verständnis hingegen besteht ihre Verantwortung darin, sich für eine institutionelle Ordnung und eine öffentliche Kultur einzusetzen, die allen Mitgliedern der Gesellschaft einen sicheren Zugang zu den Objekten ihrer Menschenrechte gewährleisten." (Pogge, 2002, S. 65) Während das institutionelle Verständnis der Menschenrechte eine wichtige Kraft für deren Verwirklichung – und als Konsequenz der intergenerationellen Gerechtigkeit – in Betracht zieht, scheint es schwierig, zu zeigen, warum Institutionen oder Institutionen-Systeme oder das globale Institutionen-System (die Gesamtheit aller Institutionen weltweit) auf einer anderen Ebene als staatliche und nichtstaatliche Akteure stehen sollten und warum auf diese Weise menschenrechtsrelevante Bedrohungen (oder Anliegen der intergenerationellen Gerechtigkeit) nur offizielle Bedrohungen sind, weil dies der Rolle staatlicher und nichtstaatlicher Akteure für die Umsetzung und Verwirklichung der Menschenrechte (vgl. Kirchschläger et al., 2005) oder der intergenerationellen Gerechtigkeit nicht angemessen ist. Die mangelnde Angemessenheit wird aus der Perspektive eines Menschenrechtsträgers, eines Opfers einer Menschenrechtsverletzung oder eines Objekts der intergenerationellen Gerechtigkeit deutlich. Für einen Träger von Menschenrechten, für ein Opfer einer Menschenrechtsverletzung oder für ein Objekt von intergenerationeller Gerechtigkeit kann die Erfüllung von Menschenrechten, die Beendigung einer Menschenrechtsverletzung oder die Verwirklichung von intergenerationeller Gerechtigkeit auch ohne die Beteiligung oder den Einfluss einer Institution, eines Institutionensystems oder des globalen Institutionensystems erfolgen. Wer das Subjekt ist, ändert nichts an der Bedeutung und dem Gewicht der Verwirklichung der Menschenrechte oder der intergenerationellen Gerechtigkeit oder einer Menschenrechtsverletzung aufgrund des fundamentalen Charakters der wesentlichen Elemente und Bereiche der menschlichen Existenz, die von den Menschenrechten geschützt werden. Aus der Perspektive eines Rechtsträgers, eines Opfers einer Menschenrechtsverletzung oder eines Objekts der intergenerationellen Gerechtigkeit versteht man die jeweilige Handlung als Verwirklichung von Menschenrechten oder intergenerationeller Gerechtigkeit oder als Verletzung von Menschenrechten als Teil der Frage, ob die jeweilige Handlung offiziell ist oder nicht.

Das praktische Potenzial des institutionellen Verständnisses von Menschenrechten und Generationengerechtigkeit macht einen Unterschied für Theorie und Praxis, aber seine ausschließliche Priorität ist nicht nachweisbar, was auch im Folgenden festgehalten wird: Während Thomas Pogge die individuelle Verantwortung von institutionellen Entscheidungsträgern einbezieht, kann die gleiche Partizipationsmöglichkeit und der gleiche Einflussbereich für Individuen außerhalb einer Institution beansprucht werden – sei es als politischer Bürger, sei es als politischer Konsument (als „Konsum-Actor") (vgl. Kirchschläger, 2016c), ... Eine Ausweitung einer Art „interaktionalen Menschenrechtsverständnisses", das Thomas Pogge den Entscheidungsträger:innen im Innenleben einer Institution und den Individuen in der Welt außerhalb einer Institution aufgrund ihrer Macht und ihres Einflusses zuschreibt, ist möglich und notwendig, um den Beitrag staatlicher und nichtstaatlicher Akteure nicht zu unterschätzen. Nach Thomas Pogge ist der/die Einzelne in einer solchen Situation dazu verpflichtet, entweder seine Verstrickung in die Institution zu beenden oder zu einer entsprechenden Reform der Institution beizutragen (vgl. Pogge, 2002, S. 48). Es besteht eine Verpflichtung, die Menschenrechtssituation zu verändern, wenn man die Macht und den Einfluss dazu besitzt. Es erscheint schwierig, diese Einschätzung nur auf das Innenleben von Institutionen zu beschränken, da Individuen als politische Bürger:innen, als politische Konsument:innen (als „Konsum-Actors") (vgl. Kirchschläger, 2016c) Macht und Einfluss auf die Verwirklichung der Menschenrechte bzw. auf die intergenerationelle Gerechtigkeit haben.

Ein möglicher Einwand gegen diese Ausweitung auf staatliche und nichtstaatliche Akteure außerhalb von Institutionen könnte lauten, dass die offiziellen Akteure so intervenieren müssen, dass sie private Menschenrechtsverletzungen vermeiden oder Beiträge zur Verwirklichung von Menschenrechten und intergenerationeller Gerechtigkeit vorschreiben. Die diesem Einwand zugrunde liegende Annahme würde vermutlich von einem recht weitgehenden Verständnis des Einflusshorizonts von Institutionen auf eine individuelle Einflusssphäre ausgehen, das zu weit ginge, da es in Widerspruch zu Elementen des Kerns der Menschenrechte selbst geraten würde, nämlich der Autonomie des Individuums.

Auch hier kann das institutionelle Verständnis der Menschenrechte bzw. intergenerationeller Gerechtigkeit einen weiteren zentralen Akteur für die Umsetzung und Verwirklichung der Menschenrechte und intergenerationeller Gerechtigkeit – Institutionen, Institutionensysteme und das globale Institutionensystem – präsentieren, der bisher noch nicht im Fokus des Diskurses stand. Anstatt diesem Akteur die primäre oder alleinige Verantwortung zuzuschreiben, erscheint es angemessener, die primäre Verantwortung für die Umsetzung und Verwirklichung der Menschenrechte und der intergenerationellen Gerechtigkeit wegen der Durchsetzbarkeit bei den Staaten zu belassen und zu den Akteuren, die mit den Staaten die Verantwortung für die Umsetzung und Verwirklichung der Menschenrechte und der intergenerationellen Gerechtigkeit teilen – nichtstaatliche Akteure wie z. B. die Privatwirtschaft, die Zivilgesellschaft, Individuen usw. – Institutionen, Institutionensysteme und das globale Institutionensystem hinzuzufügen. Die Verwirklichung intergenerationeller Gerechtigkeit hängt weder nur von adäquaten Reformen der Institutionen, des Institutionensystems und des globalen Institutionensystems ab, noch liegt sie allein in den Händen der Institutionen, des Institutionensystems und des globalen Institutionensystems, sondern sie ist vielmehr von den Staaten (vgl. Tremmel, 2006; Bourg, 2006; Shoham & Lamay, 2006; Jávor, 2006; van Opstal & Timmerhuis, 2006) und nichtstaatlichen Akteuren wie z. B. dem Privatsektor, der Zivilgesellschaft und Individuen abhängig. Angedacht ist eine Überwachung der Einhaltung der intergenerationellen Gerechtigkeit durch einen globalen Gerichtshof (vgl. Brown, 1989, S. 121) oder „auch eine der UN-Menschenrechtskommission vergleichbare Kommission ohne Sanktionsbefugnis wäre hilfreich, die lediglich in der Lage wäre, Verletzungen von Interessen zukünftiger Generationen wie die Abholzung von Regenwäldern, Wüstenbildung und den Ausstoß von Treibhausgasen öffentlich zu machen und anzuprangern" (Birnbacher, 2006, S. 37).

Schließlich steht die intergenerationelle Gerechtigkeit vor folgender Herausforderung: „Eine Tatsache, die die Praxis der Übernahme von Zukunftsverantwortung erschwert, ist die Anonymität künftiger Generationen, die Ungewissheit des prognostischen Wissens. Beide Tatsachen erleichtern es uns, erkannte Zukunftsgefahren psychologisch zu verdrängen und im Vergleich zu gegenwärtigen Gefahren zu unterschätzen. Die Tendenz, sich für rein statistische Opfer verantwortlich zu fühlen, ist viel weniger ausgeprägt als die Tendenz, sich für bekannte Opfer verantwortlich zu fühlen. Die Tendenz, bestimmte zukünftige Schäden zu vermeiden oder bestimmte zukünftige Vorteile zu nutzen, ist viel ausgeprägter als die Tendenz, Risiken zu vermeiden oder auf Chancen zu verzichten." (Birnbacher, 2006, S. 37) Auch der Einwand, dass man durch heutige Entscheidungen und Handlungen nicht auf künftige Generationen einwirkt, weil nur durch das eigene Handeln bestimmt wird, wer später lebt, und dies in der Gegenwart nicht bekannt ist (vgl. Parfit, 1984, S. 367), unterstützt diese Herausforderung weiter. Die folgende Begründung der Menschenrechte liefert eine ethische Grundlage, auf deren Basis die intergenerationelle Gerechtigkeit zur Überwindung dieser Herausforderung beitragen kann, indem sie „gute Gründe" (d. h., es muss denkbar sein, dass alle Menschen in ihrer effektiven Freiheit und Autonomie sowie ihrer vollen Gleichheit diesen Gründen – innerhalb eines Denkmodells und nicht innerhalb eines realen weltweiten Referendums – aus ethischen Gründen zustimmen würden) für die ethische Legitimität der intergenerationellen Gerechtigkeit skizziert und die ethische Notwendigkeit nachweist, die intergenerationelle Gerechtigkeit zu respektieren sowie für ihre Verwirklichung zu entscheiden und zu handeln. Letzteres beinhaltet auch die Aufforderung an alle gesellschaftlichen Akteure – staatliche und nichtstaatliche –, ihre Rolle entsprechend ihrer Macht und ihres Einflusses bei der Verwirklichung der intergenerationellen Gerechtigkeit zu spielen.

Gerechtigkeit als Prinzip für ethisches Entscheiden

Ethische Entscheidungen am Prinzip der intergenerationellen, omni-dynamischen sozialen Gerechtigkeit auszurichten, eröffnet den Horizont, einen Beitrag zu einer Welt zu leisten, die von Leistung, Fairness, Versöhnung, Bedarf, Gleichheit und Nachhaltigkeit sowie insbesondere von einer an der Menschenwürde aller Menschen orientierten und ethisch begründeten *Balance* zwischen Leistung, Fairness, Versöhnung, Bedarf und Gleichheit geprägt ist.

Menschenrechte als Prinzip ethischen Entscheidens

Menschenrechte – ein Minimalstandard

Die Menschenrechte (vgl. Kirchschläger, 2018, 2019) bilden einen Mindeststandard, der jedem Menschen das physische Überleben und ein Leben mit Menschenwürde ermöglicht (vgl. Kirchschläger, 2013e, S. 194f). Es erstaunt, dass dieser Minimalstandard manchmal als Ideal oder gar als Utopie (vgl. Moyn, 2010) bezeichnet wird, denn die Menschenrechte bilden einen eher minimalistischen Ansatz. Sie schützen nur das physische Überleben und die Menschenwürde aller Menschen. Menschenrechte sind weder maximale moralische Ansprüche noch ein höheres Ethos. Das bedeutet, dass sie ethische Entscheidungen nicht mit ethischen Ansprüchen überfrachten. Vielmehr erweisen sie sich als realisierbar. Die Menschenrechte haben einen präzisen Fokus, der eine klare Prioritätensetzung auf der Basis von

Minimalstandards, die zuerst eingehalten werden müssen, fördern kann. Daher können sie beim Agenda-Setting, bei der Festlegung der richtigen Prioritäten sowie bei der angemessenen Definition der Einfluss- und Verantwortungsbereiche helfen (vgl. Kirchschläger, 2013e).

Charakteristika von Menschenrechten

„Alle Menschen sind frei und gleich an Würde und Rechten geboren. Sie sind mit Vernunft und Gewissen begabt und sollen einander im Geiste der Brüderlichkeit begegnen." Artikel 1 der Allgemeinen Erklärung der Menschenrechte von 1948 (United Nations, 1948) bringt eines der acht wesentlichen Charakteristika der Menschenrechte zum Ausdruck: ihre *Universalität* (vgl. Kirchschläger, 2011). Die Menschenrechte sind universell, was bedeutet, dass alle Menschen Träger:innen von Menschenrechten sind – immer, überall und ohne Ausnahme (vgl. Kirchschläger, 2023). Ohne ihre Universalität würden die Menschenrechte nicht allen Menschen in allen wesentlichen Bereichen und Elementen, die von den spezifischen Menschenrechten geschützt werden, den notwendigen Schutz bieten.

Obwohl eine allgemein erkennbare positive Tendenz der Akzeptanz der Menschenrechte durch Staaten und nichtstaatliche Akteure, eine zunehmende internationale Institutionalisierung des Menschenrechtsschutzes, Fortschritte bei den Mechanismen zur Überwachung ihrer Einhaltung durch die Staaten und einige Beiträge der Wirtschaft in diesem Bereich zu verzeichnen sind, muss gleichzeitig festgestellt werden, dass ihre Umsetzung noch nicht dort ist, wo sie sein sollte. Die überwiegende Mehrheit der Menschen leidet immer noch unter Menschenrechtsverletzungen. Menschenrechte sind immer noch ein Minderheitenphänomen: Nur eine Minderheit der Menschen genießt die Menschenrechte ganz oder teilweise. Die Schwierigkeiten bei ihrer Umsetzung werfen die Frage auf, ob die Menschenrechte überhaupt erreichbar sind, ob sie nicht nur abstrakte Ideale sind und ob einige von ihnen aufgegeben werden sollten. Wie bereits zu Beginn dieses Kapitels erwähnt, werden sie von manchen sogar als „letzte Utopie" (Moyn, 2010) bezeichnet. Der *Status quo* der Umsetzung der Menschenrechte wird der Universalität derselben nicht gerecht. Das bedeutet natürlich nicht, dass die Menschenrechte nicht universell sind, denn ihre Universalität lässt sich in ihrer moralischen Dimension begründen (vgl. Kirchschläger, 2013a) und ist daher weiterhin gültig. Aber es zeigt, dass es dringend notwendig ist, die Umsetzung der Menschenrechte als Recht zu verbessern, das nicht vollständig umgesetzt und respektiert wird sowie in der Realität seine konkrete Bedeutung sowie letztlich seine rechtliche Wirkung verlieren kann – beides führt zu seiner Auflösung. Dies ist bei den Menschenrechten schwer vorstellbar, denn sie sind ein „Monument", das nicht übersehen und übergangen werden kann, ohne es zur Kenntnis zu nehmen (vgl. Joas, 2011, S. 280).

Darüber hinaus gibt es im Menschenrechtsdiskurs Kritik, die die Universalität der Menschenrechte in Frage stellen und in drei Gruppen eingeteilt werden kann (vgl. Lohmann, 2008a): Die dritte Anfechtung der Universalität der Menschenrechte ist ein kritischer Relativismus, der auf der Skepsis gegenüber dem geringen Verwirklichungspotenzial der Menschenrechte und den Unterschieden innerhalb dieses

Potenzials zwischen den drei Kategorien von Menschenrechten beruht. Diese Kritik führt das Scheitern der Umsetzung bestimmter Menschenrechte als Grund für ihre Streichung aus dem Menschenrechtskatalog auf. Auch hier lässt sich natürlich begründen, warum diese Streichung nicht weiterverfolgt werden kann, aber der Gedanke selbst sollte schon als ernstes Warnzeichen und als Problemhinweis verstanden werden. Eine positive Veränderung zugunsten der Menschenrechte liegt vor allem in den Händen derjenigen, die – seien es staatliche oder nichtstaatliche Akteure – über mehr Macht und Einfluss verfügen.

Das Konzept der Universalität der Menschenrechte wird auch durch sieben ihrer weiteren wesentlichen Charakteristika beeinflusst: Aufgrund ihres *kategorialen Charakters* machen sie alle Menschen bedingungslos zu Träger:innen von Menschenrechten. Mit anderen Worten: Niemand muss irgendwelche Bedingungen oder Pflichten erfüllen, um in den Genuss der Menschenrechte zu kommen (Menschsein genügt).

Aber ist es überhaupt legitim, dass Menschenrechte mit entsprechenden Pflichten verbunden sind? Ist es gerechtfertigt, dass alle Menschen Träger:innen von Menschenrechten sind, die z. B. die persönliche Freiheit einschränken können, weil jede:r Rechtsträger:in auch die Menschenrechte aller anderen Menschen zu achten hat? Haben die spezifischen Menschenrechte, die das Handeln des/der Einzelnen konkret einschränken, überhaupt eine Legitimation? Auch hier zeigt sich die Notwendigkeit einer Begründung der Menschenrechte.

Menschenrechte bedürfen einer moralischen Begründung, um ihre Legitimität zu beweisen und um mit ihrem eigenen Kernkonzept der Autonomie des Individuums kohärent zu bleiben, denn Autonomie umfasst den Anspruch, den Grund zu kennen, warum die eigene Freiheit durch Menschenrechte eingeschränkt werden soll. Diese Herausforderungen führen zu der Frage, wie die Menschenrechte gerechtfertigt werden können. Jeder Mensch verdient eine Begründung, warum er Rechtsträger und auch Pflichtenträger von Menschenrechten ist, denn die mit diesen korrespondierende Verantwortung, die Menschenrechte aller anderen Menschen zu achten, schränkt seine Freiheit ein (vgl. Kirchschläger, 2007a). Robert Alexy knüpft die Existenz von Menschenrechten ausschließlich an die Möglichkeit ihrer Begründung (vgl. Alexy, 1998). Die Betonung des *Status quo* der Menschenrechte als historischer, politischer und rechtlicher Konsens, der sich globaler Akzeptanz erfreut, genügt als Begründung aufgrund ihres deskriptiven und nicht-normativen Charakters und aufgrund des besonderen Ursprungs des historischen, politischen und rechtlichen Konsenses im Allgemeinen nicht.

Die *Gleichheit der Menschenrechte* besagt, dass alle Menschen gleichberechtigte Träger:innen dieser Rechte sind.

Darüber hinaus sind sie als *individuelle Rechte* konstituiert und dienen dem Schutz des Menschen als Individuum. Das bedeutet, dass die Menschen als Individuen durch die Menschenrechte geschützt werden, ohne dass sie Teil eines bestimmten Kollektivs sein müssen.

Den Menschen als Träger:innen von Menschenrechten zu sehen, bedeutet jedoch nicht, dass diese individualistisch sind. Die Menschenrechte werden zunächst allen Menschen aufgrund ihrer Menschenwürde, d. h. ihres Status als Mensch, zugestanden. Das heißt, sie sind keine exklusiven Rechte, sondern solche, die jeder Mensch mit allen anderen Menschen teilt. Mit anderen Worten: Menschenrechte sind keine „Peter-Kirchschläger-Rechte", sondern Menschenrechte.

Dies führt uns zweitens zu den Pflichten, die den Menschenrechten eines jeden Menschen entsprechen. Der/die Einzelne hat zur Verwirklichung der Menschenrechte aller anderen Menschen beizutragen. Das bedeutet auch, dass die Pflichten, die den eigenen Menschenrechten oder den Menschenrechten aller anderen Menschen entsprechen, den/die Einzelne:n einschränken. Die mit den Menschenrechten verbundenen Pflichten sind als dynamisch zu verstehen, denn je nach Kontext werden von den Pflichtenträger:innen unterschiedliche Verhaltensweisen verlangt, um die Menschenrechte aller anderen Menschen zu achten, zu schützen, umzusetzen und zu realisieren (vgl. Raz, 1986, S. 170-171).

Hier ist jedoch zu erwähnen, dass es sich um ein „asymmetrisches Verhältnis" (Wolbert, 2003, S. 176) zwischen Rechten und Pflichten handelt. Der Mensch ist und bleibt immer Träger von Menschenrechten, unabhängig davon, ob er die den Menschenrechten entsprechenden Pflichten erfüllt. „Diese Rechte werden durch Fehlverhalten nicht verwirkt. Der Mensch muss sich nicht als würdig für die Gewährung von Menschenrechten erweisen." (Wolbert, 2003, S. 176)

James W. Nickel formuliert in diesem Zusammenhang die Einschränkung, dass es nur fair sei, wenn man sich zwischen zwei Träger:innen von Menschenrechten entscheiden müsse, dem- oder derjenigen den Vorzug zu geben, der/die sich moralisch überlegen verhält (vgl. Nickel, 2015). Der oben erwähnte kategorische Charakter der Menschenrechte spricht gegen eine solche Einschränkung: Alle Menschen haben ein bedingungsloses Recht auf Menschenrechte.

Als drittes Argument gegen den Verdacht, dass Menschenrechte individualistisch sind, kann man anführen, dass Rechte immer einen sozialen Charakter haben, da sie Beziehungen zwischen mindestens zwei Parteien regeln. Das zeigt zum Beispiel die Tatsache, dass „Rechte Pflichten bei anderen begründen" (Raz, 1986, S. 167).

Viertens heißt es in Artikel 29 der Allgemeinen Erklärung der Menschenrechte von 1948: „Jeder hat Pflichten gegenüber der Gemeinschaft, in der allein die freie und volle Entfaltung seiner Persönlichkeit möglich ist." (United Nations, 1948, Art. 29) (vgl. Kirchschläger, 2014b) In Artikel 29 wird festgehalten, dass sich der/die Einzelne nur in einem Kollektiv entfalten kann und dass er diesem gegenüber Pflichten hat.

Fünftens erfordern die individuellen Rechte und Freiheiten eine bestimmte Form von Beziehungen und einen bestimmten sozialen Kontext, damit eine solche universelle Zusammenarbeit zwischen den einzelnen Träger:innen von Menschenrechten, die ihre Rechte achten, überhaupt denkbar ist (vgl. auch Gould, 2015).

Sechstens haben Rechte immer eine soziale und nicht eine „individualistische" Komponente, da sie Teil eines sozialen Systems sein müssen, denn ohne mindestens einen zweiten Menschen gäbe es keinen Bedarf an Gesetzen.

Darüber hinaus weist die *Fundamentalität* als Charakteristikum der Menschenrechte darauf hin, dass die Menschenrechte Mindeststandards schützen – die wesentlichen Elemente und Bereiche der menschlichen Existenz, die für das Überleben und für ein Leben als Mensch, ein Leben in Menschenwürde, notwendig sind – und keinen Luxus darstellen.

Die *Justizierbarkeit* als Charakteristikum der Menschenrechte bedeutet, dass die Menschenrechte in einem Rechtssystem einklagbar sind.

Und die Menschenrechte sind *unveräußerliche Rechte*, das heißt, sie können weder erworben noch verloren werden, und jeder Mensch hat Anspruch auf sie (vgl. Willoweit, 1992).

Schließlich müssen die Menschenrechte, wie oben erläutert, in ihrer *Multidimensionalität* gedacht werden (vgl. Kirchschläger, 2013d): Die Menschenrechte enthalten eine rechtliche, eine politische, eine moralische und eine historische Dimension. Die Universalität der Menschenrechte lässt sich jedoch insbesondere in ihrer moralischen Dimension aufzeigen.

Angesichts des aktuellen Diskurses über die Universalität der Menschenrechte könnte man den Eindruck gewinnen, dass der Begriff „Universalität" das Gegenteil von „Relativismus" ist. In Wirklichkeit wäre jedoch das direkte Gegenteil des ersten Wortes „Partikularismus" und „Absolutismus" das des zweiten (vgl. Lohmann, 2008a). „Die gängige Auffassung [...folgert...], dass ein Universalismus *nur* absolut begründet werden kann, und, wenn dies nicht möglich ist, eine nur relative Begründung zum Aufgeben des Universalismus führt und damit zu einer nur *partikularen* Geltung." (Lohmann, 2008a, S. 219, Hervorhebung im Original) Diese Beobachtung hat Einfluss auf die Begründung der Menschenrechte, die nach dieser Beobachtung durchaus relativ sein könnte (vgl. Lohmann, 2008a), kann aber auch zeigen, wie man mit der Kritik an der Universalität der Menschenrechte umzugehen hat, die in den meisten Fällen auf individuellen Positionen und Sonderinteressen beruht.

Die Notwendigkeit einer ethischen Begründung der Universalität der Menschenrechte

Die Universalität der Menschenrechte bedeutet also, dass alle Menschen Träger:innen von Menschenrechten sind, unabhängig davon, was sie tun oder nicht tun, woher sie kommen, wo sie leben, welche Nationalität sie haben und welcher Gesellschaft und Gemeinschaft sie angehören.

Die Universalität der Menschenrechte unterstreicht die Notwendigkeit einer ethischen Begründung der Menschenrechte und ihrer Universalität (vgl. auch Perry, 2005; Tasioulas, 2015), denn Menschen, Gesellschaften und Gemeinschaften verlangen Gründe dafür, warum die Menschenrechte auch für ihre Gesellschaften, Gemeinschaften, Institutionen und Mitglieder gelten. „Die Begründungen sind daher zwischen Rechtsinhaber und den Adressaten der aus den Rechten resultierenden Pflichten anhängig. Beide Seiten werden eine Begründung nur dann akzeptieren können, wenn diese Relationierung auch gewahrt ist, und eine Begründung scheint nur dann eine angemessene zu sein, wenn sie für alle Betroffenen und insofern allgemein gilt." (Lohmann, 2000, S. 10)

Wenn die Menschenrechte allgemein vertretbare Rechte sind, dann ist jede Menschenrechtsverletzung keine allgemein vertretbare Einschränkung der Selbstbestimmung des oder der Einzelnen mehr (vgl. Lohmann, 2000, S. 11).

Außerdem schützen die Menschenrechte indirekt die Vielfalt. Sie können diesen Schutz aber nur dann gewähren, wenn sie selbst und ihre universelle Gültigkeit auch ethisch begründet sind. Angesichts der Vielfalt wird die Notwendigkeit einer ethischen Begründung der Menschenrechte und ihrer Universalität offensichtlich.

Gegen die Notwendigkeit einer Begründung der Menschenrechte im Allgemeinen kann eingewandt werden, dass das Phänomen der Menschenrechte bereits dafür gesorgt hat, dass die Menschenrechte „un hecho-del-mundo" (Rabossi, 1990, S. 161) – eine Tatsache der Welt – sind. Daher ist die Idee einer ethischen Basis oder einer moralischen Begründung der Menschenrechte heutzutage überholt und nicht mehr relevant (vgl. Rabossi, 1990).

Ein Gegenargument zu dieser Position besteht in der oben erwähnten Multidimensionalität und dem Verhältnis zwischen den menschenrechtlichen Dimensionen, die eine Begründung der Menschenrechte verlangen, denn ein rein rechtliches Verständnis der Menschenrechte wäre reduktionistisch. Eine juristische, politische oder historische Begründung der Menschenrechte allein würde ebenfalls ihren Charakter verfehlen, was dem oben beschriebenen Argument widersprechen würde. Keine dieser Begründungen würde für sich genommen dem Universalitätsanspruch der Menschenrechte genügen.

Darüber hinaus könnten zwei weitere Argumente für die Notwendigkeit einer Begründung der Menschenrechte angeführt werden, die beide für sich genommen eher schwach sind: Zum einen zeigt die kulturelle, religiöse und weltanschauliche Vielfalt als Herausforderung für die Universalität der Menschenrechte die Notwendigkeit ihrer ethischen Begründung. Ohne eine ethische Begründung wären sie in kulturellen, religiösen und weltanschaulichen Gemeinschaften nichtig und können weder die kulturelle, religiöse und weltanschauliche Differenz schützen, noch die kulturellen, religiösen und weltanschaulichen Gemeinschaften im Dienste der Achtung der Menschenrechte beeinflussen – denn ohne eine ethische Begründung wären die Grenzen der kulturellen, religiösen und weltanschaulichen Gemeinschaften auch die Grenzen der Gültigkeit der Menschenrechte (vgl. Kirchschläger, 2013a, S. 213-222).

Andererseits zeigt die Praxis, dass die Menschenrechte keineswegs als selbstverständlich angesehen werden können. Sie stehen nach wie vor vor großen Herausforderungen und bedürfen dringend einer Begründung, denn in der Praxis sind sie in Gefahr, wenn

- Menschen ihre Rechte nicht kennen, und die Menschenrechte daher eine leere Hülle bleiben. „Was nützt es, Menschenrechte zu haben und sie nicht zu kennen und was wiederum nützt es, sie zu kennen, sie aber nicht zu verstehen!? Und letztendlich: wem wäre geholfen, wenn man die Menschenrechte nur verstünde, aber nicht bereit wäre, sie zu achten und sich für sie einzusetzen?" (Fritzsche, 2016, S. 181)
- Menschenrechtsverletzungen keine Sanktionen nach sich ziehen und damit das Gewicht, die Bedeutung und die Glaubwürdigkeit der Menschenrechte mindern, was zu ihrer Degeneration von Rechten zu bloßen Ideen im Sinne eines wechselseitigen „Gewohnheitsrechts" führen würde. Die Verwirklichung der Menschenrechtsidee durch internationale Verträge (vgl. Klein, 1997), die als „stille Revolution" des Völkerrechts bezeichnet worden ist, droht zu stagnieren. „Wenn wir dem Schutz der Rechte einen hohen Stellenwert beimessen, sollten wir dafür sorgen, dass die Institutionen, die auf diesen Schutz abzielen, effektiv sind; andernfalls bleibt ein Element aufsichtsrechtlicher Irrationalität, denn wir hätten ein klares Ziel mit einem Mittel, das nicht in der Lage ist, dieses Ziel zu erreichen." (Jones, 1999, S. 228)
- Skeptiker:innen keine überzeugende Begründung gegeben werden kann. „Die zentrale Idee der Menschenrechte als etwas, das die Menschen haben, und zwar auch ohne spezifische Gesetzgebung, wird von vielen als grundsätzlich fragwürdig und wenig überzeugend angesehen. Eine immer wiederkehrende Frage lautet: Woher kommen diese Rechte? [...] die Bedenken beziehen sich auf die vermeintliche ‚Weichheit' [...] der begrifflichen Grundlage der Menschenrechte." (Sen, 2004, S. 315)

Ein weiteres Argument gegen die Notwendigkeit einer Begründung der Menschenrechte besteht in dem Standpunkt, dass der Versuch, eine Begründung für sie zu finden, überholt sei. In einer metaethischen Reflexion wird argumentiert, dass die Philosophie die Aufgabe habe, eine Kultur der Menschenrechte zu stärken, anstatt anderen Kulturen ihre Überlegenheit und Universalität aufzuzeigen. Rationalität ist der Akt des Strebens nach einer kohärenten und verständlichen Struktur unserer Überzeugungen. Die Philosophie kann nur hoffen, kulturabhängige Intuitionen zu bündeln, indem sie sie verallgemeinert, um daraus unanfechtbare Intuitionen abzuleiten. Diese Verallgemeinerungen rechtfertigen diese Intuitionen nicht, sondern fassen sie zusammen und erhöhen damit ihre Vorhersagbarkeit, Kraft und Effizienz sowie das Gefühl einer gemeinsamen moralischen Identität einer moralischen Gesellschaft. Die Abkehr von der Begründbarkeit wäre effizienter, „weil sie uns die Möglichkeit gäbe, unsere Energie auf die Kultivierung oder Erziehung der Gefühle zu konzentrieren." (Rorty, 1996, S. 155)

Diese von Richard Rorty vorgeschlagene Betonung der Intuition wirft die Frage auf, ob damit nicht der Willkür und Irrationalität Tür und Tor geöffnet werden. Denn sowohl die Bejahung als auch die Verneinung von Menschenrechten könnte theoretisch auf eine Intuition zurückgeführt werden, auch wenn man zugeben muss, dass Letzteres schwer vorstellbar ist. Dennoch müsste man auch im ersten Fall die damit verbundenen Risiken anerkennen, die gravierende Auswirkungen auf das Verständnis der Menschenrechte und die Menschenrechte selbst haben können. Wenn man sie einfach als gegeben hinnimmt, werden sie zu absoluten und für immer unveränderlichen Rechten, die keiner Begründung bedürfen. Infolgedessen hätten sie eine absolute und alternativlose Gültigkeit, was sie immun gegen religiöse und weltanschauliche Unterschiede machen würde und zu Indoktrination führen könnte. Man könnte einwenden, dass die Menschenrechte, in ihrer oben beschriebenen Multidimensionalität verstanden, keine absolute Wahrheit darstellen. Sie sind auch keine natürlichen Eigenschaften des Menschen. Sie sind ein menschliches Konstrukt. Die Menschenrechte haben sich historisch entwickelt. Sie sind das Ergebnis eines Einigungsprozesses zwischen Menschen. Dieser Konsens stützt sich auf Gründe, die zusammen eine Begründung ergeben. Wenn die Menschenrechtstradition nicht über ihre Begründung diskutiert, läuft sie Gefahr, den autonomen Menschen aus dem Blick zu verlieren, der ein Recht hat, die Frage der Begründung zu diskutieren, denn die Notwendigkeit einer Begründung beruht auch auf dem engen Zusammenhang zwischen der Idee der Menschenrechte und der Idee einer Begründung. „Wir hätten gar keine Menschenrechte, würden wir Menschen als Träger von Rechten nicht so verstehen, dass sie für alles, was ihre subjektiven Freiheiten legitimerweise einschränkt, Begründungen verlangen können." (Lohmann, 2000, S. 9-10) Jeder Mensch hat als Träger von Menschenrechten ein Recht zu wissen, warum seine Autonomie durch Menschenrechte und entsprechende Pflichten eingeschränkt wird. Denn man hat Ansprüche oder Rechte, die den Pflichten der anderen entsprechen. Man hat nicht nur Pflichten oder Verpflichtungen gegenüber anderen, und in diesem Sinne hat man einen Anspruch auf sie, sondern man hat auch die normative Fähigkeit, Ansprüche an sie zu stellen. Man kann dem/der Unterdrücker:in sagen, dass er/sie die eigenen Rechte verletzt hat. Wenn man kein:e kompetente:r Akteur:in ist, können andere in ihrem/seinem Namen Ansprüche geltend machen (vgl. Reeder, 2015, S. 100) Dieser Punkt lässt sich wie folgt zusammenfassen: „Begründe, was du mir antust!" (Lohmann, 2000, S. 10) Menschenrechte brauchen eine moralische Begründung, um ihre Legitimität zu beweisen und um mit ihrem eigenen Kernkonzept der Autonomie des Individuums kohärent zu bleiben, denn Autonomie umfasst den Anspruch, den Grund zu kennen, warum die eigene Freiheit durch Menschenrechte eingeschränkt werden sollte.

Außerdem ist es reduktionistisch, den Menschen auf seine Intuition reduzieren zu wollen. Der starke Fokus, den Richard Rorty auf die Intuition legt, erweist sich als sehr relevant im Bereich der Menschenrechtsbildung bzw. des Einsatzes für die Förderung der Menschenrechte. An dieser Stelle verwechselt oder vertauscht Rorty jedoch zwei Ebenen. Denn die Feststellung, dass Intuition und Gefühle in der Menschenrechtsbildung und im Engagement für die Förderung der Menschenrechte von großer Relevanz sind, darf nicht mit einer grundsätzlichen Kritik am Bemühen um die Begründung der Menschenrechte verbunden werden, weil diese auf einer anderen Ebene stattfindet als die Ebene der Menschenrechtsbildung oder des Menschenrechtsengagements.

Schließlich wird die Frage nach der Begründung der Menschenrechte noch relevanter, wenn beispielsweise versucht wird, eine bestimmte Gruppe von Menschen von den Menschenrechten im Allgemeinen oder von einigen Rechten auszuschließen, wenn die Menschenrechte im Allgemeinen vernachlässigt oder einige Rechte verweigert werden, oder wenn staatliche Eingriffe bestimmte Menschenrechte verletzen oder sie im Allgemeinen missachten könnten. Angesichts dieser Realitäten sind Gründe notwendig, die die Menschenrechte begründen. Ein ethisches Modell ihrer Begründung, das auf dem Prinzip der Verletzbarkeit beruht, trägt dazu bei, dieser Herausforderung zu begegnen, und zeigt, dass Menschenrechte ethisch begründet werden können (vgl. Kirchschläger, 2013a; Kirchschläger, 2016e; Kirchschläger, 2015a).

Ethische Begründung der Menschenrechte auf der Basis des Prinzips der Verletzbarkeit

Menschenrechte können als ethisches Prinzip dienen, das ethischem Entscheiden Orientierung gibt, weil sie ethisch begründbar sind – z. B. durch das Prinzip der Verletzbarkeit (vgl. Kirchschläger, 2013e, 2015b, 2016b). Als Einstieg in die ethische Begründung von Menschenrechten ist es nun sinnvoll, die Metafrage zu untersuchen, welche Anforderungen eine ethische Begründung von Menschenrechten erfüllen muss. Ein Versuch, Menschenrechte zu begründen, muss *zunächst die* folgenden beiden Fragen beantworten: Warum sind alle Menschen Träger:innen von Menschenrechten? Warum sind alle Menschen Träger:innen dieser spezifischen Menschenrechte? (Z. B.: Warum können Menschenrechte nicht für andere Elemente und Bereiche der menschlichen Existenz beansprucht werden?)

Zweitens müssen die Antworten auf diese beiden Fragen einen hermeneutischen Kreis bilden, in dem die Antwort auf die Frage, wie die spezifischen Menschenrechte zu rechtfertigen sind, auf der Frage aufbaut, wie diese im Allgemeinen zu rechtfertigen sind.

Drittens muss der Versuch, die Menschenrechte durch diese beiden sich ergänzenden Begründungsschritte zu rechtfertigen, für eine kritisch-rationale Ethik, wie sie in der obigen Einleitung definiert wurde, geeignet sein. Bei der Begründung der Menschenrechte und ihrer Universalität ist es auch notwendig, „das Verständnis der Menschenrechte vom metaphysischen Ballast der Annahme eines vor aller Vergesellschaftung gegebenen Individuums, das mit angeborenen Rechten gleichsam auf die Welt kommt" (Habermas, 1999b, S. 399), befreit wird.

Viertens: Ein Begründungsversuch muss nicht nur in einem ersten Schritt die „Menschenrechte" rechtfertigen, sondern die folgenden Aussagen tatsächlich belegen:

> „Alle Menschen haben die gleichen Menschenrechte".
>
> „Wenn jemand ein Mensch ist, sprechen wir ihm oder ihr Menschenrechte zu."
>
> „Alle Menschen sind Träger:innen von Menschenrechten."
>
> „Alle Menschen sind Träger:innen dieser spezifischen Menschenrechte."

Fünftens: Ein Begründungsversuch muss so angelegt sein, dass er in einem zweiten Begründungsschritt ethisch begründen kann, dass alle Menschen Träger:innen spezifischer Menschenrechte sind. Die Begründung muss also für jedes einzelne Menschenrecht funktionieren.

Die Frage, wie sich die vier obigen Aussagen begründen lassen, kann mit dem Begründungsansatz auf der Basis des Prinzips der Verletzbarkeit beantwortet werden. Zunächst muss zwischen dem Begriff „Verletzbarkeit" und dem Prinzip der Verletzbarkeit unterschieden werden. Wenn der Mensch sich seiner Verletzbarkeit bewusst wird, hat er die Möglichkeit, sich der „Erste-Person-Perspektive" und des „Selbstverhältnisses" bewusst zu werden. Das Prinzip der Verletzbarkeit umfasst das moralische Bestreben, die „Erste-Person-Perspektive" und das „Selbstverhältnis" aller Menschen zu schützen, um die Möglichkeit eines Lebens als Mensch zu wahren.

Die verschiedenen Überlegungen zu diesem Begründungsansatz für die Menschenrechte, die auf dem Prinzip der Verletzbarkeit beruhen, beinhalten einen ersten, zweiten und dritten Filterungsschritt, der zu einer ethischen Begründung der Menschenrechte im Allgemeinen und für die spezifischen Menschenrechte führen wird.

Erster Filterungsschritt

Der Begründungsweg auf der Basis des Prinzips der Verletzbarkeit geht von der Beobachtung aus, dass der Mensch seine eigene Verletzbarkeit erkennt – ein *erstes* Element dieses Prinzips (vgl. Kirchschläger, 2013a, S. 231-267). Der Mensch, der heute gesund ist, weiß beispielsweise, dass er morgen krank werden könnte. Oder – während er in der Gegenwart glücklich lebt – dass er morgen von anderen getötet werden könnte. In diesem Denkprozess durchläuft die Person einen Prozess der Unsicherheit. Denn sie wird sich ihrer eigenen Verletzbarkeit und in letzter Konsequenz auch ihrer Vergänglichkeit bewusst (vgl. Hoffmaster, 2006, S. 42). Diese Möglichkeit der Selbstwahrnehmung gilt für alle Menschen.

Zweitens ist ein wesentlicher Bestandteil des Prinzips der Verletzbarkeit die „Erste-Person-Perspektive" (vgl. Runggaldier, 2003). Die Bewusstwerdung der eigenen Verletzbarkeit ist ein Selbstwahrnehmungsprozess des Menschen, dessen empirische Richtigkeit nicht relevant ist. Entscheidend ist, dass der Mensch bereit ist, aus diesem Bewusstsein seiner Verletzbarkeit heraus etwas zu tun, nämlich sich vor ihr zu schützen oder einen vernünftigen Umgang mit ihr zu finden. Das betrifft ebenfalls alle Menschen.

Während dieses Bewusstwerdungsprozesses erkennt der Mensch ex negativo die „Erste-Person-Perspektive" und das „Selbstverhältnis". Die „Erste-Person-Perspektive" umfasst das Bewusstsein eines Menschen darüber, dass er Subjekt der eigenen Lebenserfahrung ist, durch die er Zugang zu seiner eigenen Verletzbarkeit hat (d. h. in der ersten Person Singular). Die Handlungen, Entscheidungen, Leiden und das Leben eines Menschen gehen von ihm als Subjekt aus. Darüber hinaus interpretiert der Mensch diese anthropologische Grundsituation der Verletzbarkeit als Subjekt: „Denn handelnd und erleidend erfährt er sich als das Lebewesen, das nicht einfach lebt wie alle anderen Lebewesen, sondern das nur lebt, indem es *sein Leben* führt. Sich zu sich zu verhalten, weder naturnotwendig noch beliebig zu handeln, sondern sich an Gründen zu orientieren und frei gewählte Zwecke zu verfolgen, macht die Lebensform aus, die ihn mit allen Menschen als *seinesgleichen* verbindet. Sie macht ihn zugleich verletzbar, ist doch das zu seiner Lebensform gehörende Selbstverhältnis auf fundamentale Realisierungsbedingungen angewiesen." (Honnefelder, 2012, S. 171-172, Hervorhebung im Original) (Letzteres (vgl. Höffe, 1991; Nussbaum, 1993) gehört zu den beiden oben vorgestellten Arten von Verletzbarkeit – der grundlegenden Verletzbarkeit und der selektiven und variablen Verletzbarkeit – sowie zu den inneren und äußeren Sphären und Aspekten der Verletzbarkeit und kann in einer inneren und einer äußeren Form auftreten). In diesem Prozess nimmt der Mensch das „Selbstverhältnis" wahr; er setzt sich in Beziehung zu sich selbst.

Drittens wird die Verletzbarkeit von den Menschen aus ihrer „Erste-Person-Perspektive" sowie für die „Erste-Person-Perspektive" selbst und das „Selbstverhältnis" wahrgenommen.

Dieser Bewusstwerdungsprozess der eigenen Verletzbarkeit, der „Erste-Person-Perspektive" und des „Selbstverhältnisses" führt *viertens* dazu, dass der Mensch sich zu allen anderen Menschen in Beziehung setzt. In diesem Prozess erkennt er, dass er sich durch seine Verletzbarkeit nicht von anderen Menschen unterscheidet, sondern dass er diese Verletzbarkeit mit allen Menschen teilt.

Fünftens: Der Prozess der Bewusstwerdung der eigenen Verletzbarkeit und der Verletzbarkeit aller anderen Menschen ermöglicht es den Menschen wahrzunehmen, dass sie nicht nur die Verletzbarkeit mit allen anderen Menschen teilen, sondern auch die individuelle „Erste-Person-Perspektive" auf die individuelle Verletzbarkeit und die Verletzbarkeit aller anderen Menschen sowie das individuelle „Selbstverhältnis": Jeder Mensch ist Subjekt seines eigenen Lebens. Der Mensch erkennt daher, dass die „Erste-Person-Perspektive" und das „Selbstverhältnis" eine Bedingung für die Möglichkeit eines Lebens als Mensch sind.

Ausgehend von der Wahrnehmung der Verletzbarkeit ihrer eigenen „Erste-Person-Perspektive" und ihres eigenen „Selbstverhältnisses" werden Menschen sich der gleichen Verletzbarkeit aller anderen Menschen bewusst. Menschen, die in erster Linie überleben und als Menschen – mit Menschenwürde – leben wollen, werden sich bewusst, dass die Verletzbarkeit sowohl ihr eigenes Überleben als auch das Überleben aller anderen Menschen und auch ihr eigenes Leben als Menschen und das Leben aller anderen als Menschen betrifft, denn die Verletzbarkeit betrifft auch die „Erste-Person-Perspektive" und das „Selbstverhältnis" als Bedingungen der Möglichkeit eines Lebens als Mensch. Angesichts der eigenen Verletzbarkeit will der Mensch in erster Linie physisch überleben und ein menschenwürdiges Leben führen. Das physische Überleben und ein menschenwürdiges Leben dürfen dem Menschen nicht genommen werden. Sie müssen rechtlich einklagbar sein, um einen wirklichen Schutz zu bieten, und sie müssen auf die verschiedenen Dimensionen anwendbar sein, denn Verletzbarkeit kann die rechtliche, politische, historische und moralische Dimension umfassen. Aufgrund der oben erwähnten hohen Priorität, die sie besitzen, und aufgrund der Unvorhersehbarkeit der Gefährdung sollten das physische Überleben und ein Leben mit Menschenwürde nicht an Bedingungen geknüpft sein. Den Wunsch, physisch zu überleben und ein Leben in Menschenwürde zu führen, teilen die Menschen mit allen anderen Menschen gleichermaßen. Dieser Wunsch ist nicht individualistisch, auch wenn es sich um ein Anliegen jedes Menschen als Individuum handelt, das jede:r Einzelne durch seine/ihre „Erste-Person-Perspektive" und sein/ihr „Selbstverhältnis" entdeckt.

Weil sich die Menschen *sechstens* ihrer Verletzbarkeit bewusst sind, aber gleichzeitig nicht wissen, ob und wann sich diese Verletzbarkeit manifestiert und in eine konkrete Verletzung oder Übertretung umschlägt, sind sie bereit, allen Menschen die „Erste-Person-Perspektive" und das „Selbstverhältnis" auf der Grundlage der Gleichheit aller Menschen zuzugestehen, weil dies für sie die rationalste, klügste und vorteilhafteste Lösung darstellt. Das heißt, allen Menschen Rechte – also Menschenrechte – zuzugestehen, um sich selbst und alle anderen zu schützen, weil die Verletzbarkeit auch die „Erste-Person-Perspektive" und das „Selbstverhältnis" beinhaltet. Dieser Schutz durch die Menschenrechte zielt einerseits darauf ab, die Transformation der Verletzbarkeit in eine konkrete Verletzung zu vermeiden und andererseits – im Falle einer solchen Transformation – eine aktive Kompensation zu erhalten. Die Menschen sind sich dabei bewusst, dass der Schutz der Menschenrechte auch die mit den Menschenrechten korrespondierenden Pflichten umfasst, denn es handelt sich nicht um exklusive Rechte, sondern um Rechte, die allen Menschen zustehen.

Hinsichtlich dieses sechsten Punkts stellt sich die Frage, ob es wirklich rational, klug und vorteilhaft ist, sich auf Menschenrechte zu einigen. Denn es ist denkbar, dass ein Mensch z. B. aufgrund seines religiösen oder weltanschaulichen Hintergrunds Verletzbarkeit oder Verletzungen nicht scheut, sondern sucht, oder dass Verletzbarkeit für ihn (auf der Suche nach Erlösung) irrelevant ist. Ein Argument gegen diesen Einwand wäre, dass auch die Gedanken-, Gewissens-, und Religionsfreiheit anfällig für Verletzungen wäre. Das bedeutet, dass es auch in diesem Fall rational, klug und vorteilhaft wäre, für den Schutz der Menschenrechte zu plädieren.

Ein Einwand, der zu weiteren Fragen führen würde, wäre jedoch, dass gerade diese Gedanken-, Gewissens- und Religionsfreiheit einem Menschen, der sich als religiös versteht, ein Dorn im Auge sein könnte. In seinen Augen wäre diese Freiheit überflüssig, denn es ginge nicht darum, die richtige Religion zu suchen und zu finden, sondern die richtige Religion wäre bereits definiert. Auch hier könnte man argumentieren, dass, auch wenn die richtige Religion bereits definiert ist, die Gedanken-, Gewissens- und Religionsfreiheit dem Leben, der Pflege und der Ausübung dieser Religion dient und dafür notwendig ist.

Ein weiteres Argument gegen den sechsten Punkt des ersten Filterschritts wäre, dass man, wenn man sich die derzeitige Umsetzung der Menschenrechte anschaut, zu dem Schluss kommen könnte, dass es für die/den Einzelne:n nachteilig ist, sich einseitig auf die Menschenrechte zu einigen und sie einzuhalten. Dagegen ließe sich jedoch einwenden, dass die derzeitige Situation ohne die Menschenrechte noch schlimmer wäre. Außerdem sind sie bereits ein globaler Konsens, zu dem keine ähnlich global akzeptierten Alternativen bekannt sind und der als Institution bereits existiert. Daher scheint es keine bessere Alternative als die Menschenrechte zu geben. Darüber hinaus lassen die Unvorhersehbarkeit der Verletzbarkeit oder einer möglichen Transformation derselben in eine Verletzung es als irrational und nachteilig erscheinen, die Menschenrechte einseitig zu missachten.

Zudem lässt sich einwenden, dass es nicht mehr sinnvoll ist, sich selbst und allen anderen die Menschenrechte zuzugestehen und die vereinbarten Pflichten einzuhalten, wenn die Menschenrechte nicht durchgesetzt werden oder bei Verletzung keine Sanktionen nach sich ziehen. Hier würde auch die Unvorhersehbarkeit der Verletzbarkeit oder einer möglichen Transformation derselben in eine Verletzung als Gegenargument dienen. Denn angesichts der Unsicherheit in Bezug auf die eigene individuelle Situation und die individuelle Perspektive erweisen sich die Menschenrechte mit ihrer inhärenten Gerechtigkeit und Gleichbehandlung aller Menschen als die beste Lösung.

Darüber hinaus stellt sich angesichts des oben beschriebenen Bewusstseinsbildungsprozesses für die Menschenrechte die Frage, warum der Mensch nicht eine andere Form der Selbstbeschränkung oder einen anderen Umgang mit dieser Situation (z. B. Gewalt, Unterordnung etc.) wählen sollte. Wie oben erläutert, geht es dem Menschen in erster Linie darum, zu überleben und ein Leben mit Menschenwürde zu führen. Für die Menschenrechte spricht, dass sie diesen Wunsch am besten unterstützen können. Außerdem können Gewalt oder Unterordnung – d. h. alternative Formen des Schutzes vor Verletzbarkeit und Verletzung, die auf Ungleichheit und Ungerechtigkeit unter den Menschen (z. B. Mächtige und Ohnmächtige, Tyrann:innen und Untergebene, Unterdrücker:innen und Unterdrückte) beruhen – angesichts der Unvorhersehbarkeit einer möglichen Transformation von Verletzbarkeit in Verletzung als rationale, kluge und vorteilhafte Alternativen ausgeschlossen werden, weil man aufgrund dieser Unvorhersehbarkeit nicht weiß, auf welcher Seite man steht oder stehen wird.

Schließlich ist an dieser Stelle zu erläutern, warum es vorstellbar oder denkbar ist, dass z. B. auch Führungspersonen oder Entscheidungsträger:innen bereit sind, sich selbst und, ausgehend von der Gleichheit aller Menschen, allen Menschen die „Erste-Person-Perspektive" und das „Selbstverhältnis" zuzugestehen sowie sich und alle anderen durch Menschenrechte zu schützen. Bei beiden ist davon auszugehen, dass sie ebenfalls mit der oben beschriebenen Verletzbarkeit konfrontiert sind und sich derer auf der Grundlage des Prinzips der Verletzbarkeit bewusst werden. Es gibt keine „guten Gründe", warum eine Führungsperson oder ein:e Entscheidungsträger:in in dieser Hinsicht anders sein sollte als andere Menschen.

Natürlich kann man davon ausgehen, dass im Falle von Führungspersönlichkeiten oder Entscheidungsträger:innen ihre Macht und ihr Einfluss ihre Sorge um die Verletzbarkeit mindern könnten, sie aber dennoch in bestimmten Elementen und Bereichen der menschlichen Existenz Verletzbarkeit erfahren würden – und sei es nur die Angst vor Machtverlust, die sie an ihre eigene Verletzbarkeit erinnern sollte. Es gibt also in beiden Fällen genügend Situationen, in denen sie ihre eigene Verletzbarkeit erleben könnten, was ihre Zustimmung zur Schaffung von Menschenrechten basierend auf der Wahrnehmung und dem Bewusstsein des Prinzips der Verletzbarkeit sowie der oben eingeführten Unvorhersehbarkeit von Verletzbarkeit oder einer möglichen Transformation von Verletzbarkeit in Verletzung plausibel macht.

Diese sechs Punkte zum Prinzip der Verletzbarkeit erklären, dass *siebtens* die Verletzbarkeit an sich keine moralische Qualität hat, sondern das Prinzip der Verletzbarkeit mit der Verletzbarkeit, der „Erste-Person-Perspektive" und dem „Selbstverhältnis" als moralischer Anspruch normativ aufgeladen ist. Das Prinzip der Verletzbarkeit betrifft alle Menschen und unterscheidet sie von allen anderen Lebewesen, weshalb sich die Menschen gegenseitig Menschenrechte zugestehen. Denn sie sind sich einig, dass mit diesen für sich und alle anderen Menschen eine Transformation von Verletzbarkeit in eine konkrete Verletzung verhindert werden kann oder im Falle einer möglichen Transformation von Verletzbarkeit in eine konkrete Verletzung eine aktive Kompensation für alle Menschen vorgesehen wäre. Es wäre eine Entscheidung der moralischen Gesellschaft, dass Menschen sich gegenseitig Menschenrechte nach dem Prinzip der Verletzbarkeit zuweisen und alle Menschen zu Menschenrechtsträger:innen machen.

Menschen sind also nicht aufgrund ihrer Verletzbarkeit Menschenrechtsträger:innen, sondern, weil sie sich mit ihrer eigenen Verletzbarkeit und deren Relevanz auseinandersetzen. Sie werden sich der „Erste-Person-Perspektive" und des „Selbstverhältnisses" ihrer selbst und aller Menschen bewusst und lernen diese als Bedingung der Möglichkeit eines Lebens als Mensch kennen. Sie nehmen sogar die Verletzbarkeit der „Erste-Person-Perspektive" und des „Selbstverhältnisses" aller Menschen wahr – aufgrund des Prinzips der Verletzbarkeit. Die Menschen differenzieren die Verletzbarkeit aufgrund von Unrechts- und Verletzungserfahrungen und begründen aufgrund des Prinzips der Verletzbarkeit einen Schutz von Elementen und Bereichen menschlicher Existenz mit spezifischen Menschenrechten. Das Prinzip der Verletzbarkeit ist daher ein Ausgangspunkt für die Begründung von Menschenrechten an sich und von spezifischen Menschenrechten.

Achtens: Es ist durchaus möglich, dass das Prinzip der Verletzbarkeit die Grundlage für die Anerkennung neuer Leiden und Unrechtserfahrungen sein kann, die aufgrund ihres bedrohlichen Charakters den Schutz der Menschenrechte erforderlich machen werden. Diese Notwendigkeit erfordert die Formulierung von Rechten, die über die heute bestehenden Menschenrechte hinausgehen. Damit bleiben die Menschenrechte offen für neue Herausforderungen, die auftreten können. Das Prinzip der Verletzbarkeit enthält eine „Entdeckungsfunktion" (Habermas, 2011a, S. 18) und führt zu neuen Aktualisierungen und Differenzierungen des Menschenrechtsschutzsystems.

Diese acht Punkte bilden den ersten Filterungsschritt des Begründungsmodells auf der Basis des Prinzips der Verletzbarkeit. Nicht alle Elemente und Bereiche der menschlichen Existenz kommen für den Schutz durch die Menschenrechte in Frage, sondern nur diejenigen, die aufgrund des Prinzips der Verletzbarkeit notwendig sind und mit denen die Menschen sich und andere schützen wollen.

Zweiter Filterungsschritt

Der zweite Filterungsschritt baut auf den obigen Überlegungen auf und vertieft die Schutzbereiche, die allen Menschen als Träger:innen von Menschenrechten zustehen, denn der Konsens über den Schutz vor Verletzbarkeit umfasst nicht alle Elemente und Bereiche der menschlichen Existenz. Doch welche Elemente und Bereiche der menschlichen Existenz sollen unter den Schutz der Menschenrechte gestellt werden? Nach welchen Kriterien sollte die Auswahl dieser Elemente und Bereiche der menschlichen Existenz erfolgen?

Ausgangspunkt sind historische Leidens- und Unrechtserfahrungen, denen Menschen aufgrund des Prinzips der Verletzbarkeit ausgesetzt sind oder sein können. Angesichts dieser historisch schwerwiegenden Unrechts- und Gewalterfahrungen und aufgrund des Prinzips der Verletzbarkeit vereinbaren Menschen, für sich und alle anderen Menschen die Transformation von Verletzbarkeit zu konkreter Verletzung zu verhindern und für den Fall einer solchen Transformation eine aktive Kompensation vorzusehen.

Der Menschenrechtsschutz gilt nicht für alle historischen Unrechtserfahrungen. Es ist notwendig, eine Auswahl derselben zu treffen, die einen Menschenrechtsschutz erfordern, was wiederum Kriterien für diesen Auswahlprozess erfordert. Diese lassen sich aus den obigen Beschreibungen von Menschen und der oben beschriebenen Gewichtung ableiten, denn sie zeigt, wovor sich Menschen schützen wollen. Sie gibt Aufschluss darüber, welche Kriterien erfüllt sein müssen, damit eine historische Unrechtserfahrung den Schutz durch die Menschenrechte begründet. Zunächst einmal wollen Menschen überleben und als Menschen leben – mit Menschenwürde (Fundamentalität). Menschen werden sich bewusst, dass Verletzbarkeit ihr eigenes Überleben und das Überleben aller Menschen sowie ihr eigenes Leben als Menschen mit Menschenwürde und das Leben aller anderen als Menschen mit Menschenwürde betrifft (Universalität), denn Verletzbarkeit macht nicht halt vor der „Erste-Person-Perspektive" und dem „Selbstverhältnis" als Bedingung der Möglichkeit eines Lebens als Mensch. Das Überleben und ein menschenwürdiges Leben dürfen den Menschen nicht genommen werden (Unveräußerlichkeit). Sie müssen rechtlich einklagbar (Justizierbarkeit) und auf die verschiedenen Dimensionen anwendbar sein (Multidimensionalität), denn Verletzbarkeit kann die rechtliche, politische, historische und moralische Dimension umfassen. Aufgrund der oben erwähnten hohen Priorität, die sie besitzen, und aufgrund der Unvorhersehbarkeit der Verletzbarkeit oder einer möglichen Transformation von Verletzbarkeit in Verletzung sollten das Überleben und ein menschenwürdiges Leben nicht an Bedingungen geknüpft sein (kategorischer Charakter). Die Menschen teilen diesen Wunsch, zu überleben und ein menschenwürdiges Leben zu führen, mit allen anderen Menschen gleichermaßen (Gleichheit). Er ist nicht individualistisch, auch wenn jede:r Einzelne ihn durch seine eigene „Erste-Person-Perspektive" und das „Selbstverhältnis" entdeckt (individuelle Geltung). Daher bestimmen die folgenden acht Kriterien die Auswahl derjenigen historischen Unrechtserfahrungen und Verletzbarkeiten, vor denen alle Menschen durch spezifische Menschenrechte geschützt werden sollten: Fundamentalität, Universalität,

Unveräußerlichkeit, Justizierbarkeit, Multidimensionalität, kategorischer Charakter, Gleichheit und individuelle Geltung.

Der zweite Schritt bei der Filterung des Begründungsmodells auf der Grundlage des Prinzips der Verletzbarkeit kennzeichnet eine inhärente Offenheit für neue Bedrohungen, Risiken und Unrechtserfahrungen, die derzeit noch nicht im Bewusstsein oder in der Vorstellung vorhanden sind oder noch nicht stattgefunden haben, sowie eine Offenheit für Unrechtserfahrungen, die in verschiedenen Religionen, Kulturen, Traditionen, Zivilisationen und Weltanschauungen auftreten.

Gleichzeitig stellt sich der zweite Filterungsschritt den Herausforderungen bei der Anwendung dieser acht Kriterien auf historische Unrechtserfahrungen, z. B. den Herausforderungen der historischen Kontingenz und der Universalisierung bestimmter Unrechtserfahrungen.

Dritter Filterungsschritt

Dieser Schritt umfasst die Anwendung der oben erwähnten acht Kriterien, um die Elemente und Bereiche der menschlichen Existenz zu ermitteln, die durch die Menschenrechte geschützt werden müssen.

Das Kriterium der „Fundamentalität" ist erfüllt, wenn eine historische Unrechtserfahrung ein Element oder einen Bereich der menschlichen Existenz berührt, der für das physische Überleben oder das Leben als Mensch notwendig ist.

Damit das Kriterium „Universalität" und die oben erwähnte Herausforderung der historischen Kontingenz und Universalisierung partikularer Unrechtserfahrungen erfüllt werden können, bedarf es rationaler Gründe, warum eine Unrechtserfahrung menschenrechtsrelevant ist und ein Element oder einen Bereich der menschlichen Existenz berührt, die für alle, überall und immer geschützt werden muss. Rationale Gründe sind notwendig, um den Übergang von einer subjektiven Erfahrung von Ungerechtigkeit oder Verletzung zu einer universellen Erfahrung von Ungerechtigkeit oder Verletzung zu ermöglichen (vgl. Hörnle, 2011, S. 67).

Das Kriterium der „Unveräußerlichkeit" setzt voraus, dass das Recht, das einem bestimmten Element oder Bereich der menschlichen Existenz entspricht, weder erworben noch verloren werden kann, und dass jeder Mensch Anspruch auf dieses Recht hat.

Das Kriterium „Justizierbarkeit" ist erfüllt, wenn das entsprechende Recht in einer Rechtsordnung durchgesetzt werden kann.

Das Kriterium „Multidimensionalität" ist erfüllt, wenn es in der rechtlichen, politischen, moralischen und historischen Dimension gedacht werden kann.

Was das Kriterium „kategorischer Charakter" betrifft, so muss gezeigt werden, dass der Mensch nichts tun muss, um diese Verletzbarkeit oder Verletzung oder das entsprechende Recht, das vor dieser Verletzbarkeit oder Verletzung schützt, zu haben.

Damit das Kriterium „Gleichheit" erfüllt ist, muss jeder Mensch ohne Unterschied in den Genuss des entsprechenden Rechts kommen können.

Das Kriterium „individuelle Geltung" ist erfüllt, wenn ein:e Einzelne:r das entsprechende Recht unabhängig von einem Kollektiv haben kann.

Eine Begründung für die Menschenrechte und ihre universelle Gültigkeit muss so formuliert sein, dass sie nicht nur die Menschenrechte an sich begründet, sondern an jedem einzelnen Menschenrecht überprüft werden kann. Die Begründung der Menschenrechte auf der Basis des Prinzips der Verletzbarkeit lässt sich auf jedes einzelne Menschenrecht anwenden, wie bereits an einigen Beispielen gezeigt werden konnte (vgl. Kirchschläger, 2013e, S. 290-335, 2015b).

Universelle Menschenrechte schützen vor Ausgrenzung

Auf dieser ethischen Grundlage stellen die Menschenrechte einen universellen Konsens dar. Letzteres bedeutet, dass kein anderer Normenkatalog weltweit in gleichem Maße akzeptiert wird. Sie weisen Glaubwürdigkeit auf und bilden einen global respektierten ethischen Standard.

Außerdem beruhen die Menschenrechte nicht auf einer bestimmten Tradition, Kultur, Religion, Weltanschauung oder einem Wertesystem (vgl. Gut, 2008; Joas, 2015; Kirchschläger, 2016d). Die Menschenrechte bieten „eine gemeinsame Grundlage für eine humane Existenz jenseits ideologischer Unterschiede" (vgl. Habermas, 1999a, 2001, S. 125).

Aus Partikularperspektiven wird aus Eigeninteressen versucht, die Menschenrechte im Allgemeinen, einige Menschenrechte, die Menschenrechte einiger Menschen im Allgemeinen oder einige Menschenrechte einiger Menschen zu untergraben. Die Menschenrechte in ihrer Universalität schützen vor dieser Ausgrenzung.

Universelle Menschenrechte fördern die Pluralität

Menschenrechte sind nicht einfach „vom Himmel gefallen", sondern historisch gewachsen – aus bestimmten Kontexten heraus und meist als Reaktion auf Ungerechtigkeit mit universeller Gültigkeit. Ein selektiver Blick auf ihre historische Entwicklung, der nur „westliche" Quellen berücksichtigt, wurde aufgebrochen und in eine Anerkennung der Beiträge zur Menschheitsgeschichte aus unterschiedlichen Traditionen, Kulturen, Religionen, Weltanschauungen, Philosophien, Zivilisationen und Wertesystemen, aus verschiedenen Staaten sowie der internationalen Gemeinschaft insgesamt umgewandelt (vgl. Kirchschläger, 2016d). Die Menschenrechte sind auf dem Vormarsch und ein Konsens, der sich im Laufe der Geschichte herausgebildet hat und der offen ist für eine weitere Entwicklung, die von der Geschichte abhängt. Die Menschenrechtstradition und ihre Fortschreibung machen Geschichte. Die Menschheit sieht sich mit neuen Herausforderungen konfrontiert. Bislang unbekannte Gefahren bedrohen Grundelemente der menschlichen Existenz (vgl. Kirchschläger, 2016e). Es ist unausweichlich, dass wir reagieren, um die Menschenwürde jedes und jeder Einzelnen zu schützen.

Eine historische Einordnung der Menschenrechte muss in ihrem Beitrag zu den Menschenrechten angemessen kategorisiert werden. Sie nimmt ihre Genese in den Blick, während der Begründungsdiskurs die Geltung der Menschenrechte in den Mittelpunkt stellt. Ausgehend von diesen Überlegungen stoßen Ansätze, die bestimmte historische Ereignisse als Anknüpfungspunkte für die Begründung von Menschenrechten heranziehen, an ihre argumentativen Grenzen, weil dieses Argument ihrer Universalität zuwiderläuft. Zugleich trägt die historische Kontingenz der Menschenrechte in hohem Maße zu deren Verständnis bei. Ausgehend von historischen Unrechtserfahrungen haben sich die Menschen gegenseitig mit Menschenrechten ausgestattet. Dies prägt sie bis in die Gegenwart in dem Sinne, dass sie darauf abzielen, Unrecht zu beenden, und dass sie immer wieder erkämpft werden müssen. Weder die zeitliche noch die geografische Einbettung der Entstehung der Menschenrechte ist jedoch entscheidend für ihre heutige normative Geltung. Vielmehr sind es rationale Gründe, die ausschlaggebend sind. Ähnlich wie bei anderen Theorien kommt es in erster Linie darauf an, ob die Menschenrechte rational überzeugen und plausibel gemacht werden können, d. h., ob „gute Gründe" für sie sprechen. Spielt es bei der Betrachtung der Relativitätstheorie von Albert Einstein eine Rolle, wann und wo sie entwickelt wurde? Wahrscheinlich nicht. Entscheidend ist vielmehr, ob die Relativitätstheorie widerlegt werden kann oder nicht. Macht die Tatsache, dass Immanuel Kant vor mehr als 200 Jahren in Königsberg den kategorischen Imperativ entwickelt hat, seine Theorie mehr oder weniger überzeugend?

Im Hinblick auf die Universalität der Menschenrechte ist auch ihre historisch kontingente Entstehung kein Argument für oder gegen sie. Denn auch in diesem Fall ist auf die rationalen Gründe für die menschenrechtliche Begründung (z. B. auf der Basis des Prinzips der Verletzbarkeit) und die daraus resultierende ethische Irrelevanz der historisch kontingenten Entstehung der Menschenrechte für ihren Universalitätsanspruch hinzuweisen. Gleichzeitig verhindert der kontingente zeitliche und geografische Ursprung der Menschenrechte nicht ihre Universalität.

Schließlich gewährleistet die Universalität der Menschenrechte, dass jeder Mensch frei und autonom ist. Dank der Freiheit und Autonomie jedes Individuums kann Vielfalt entstehen, weil jede:r frei ist, sich so zu verstehen, wie sie bzw. er will und ihren bzw. seinen Lebensentwurf so gestalten, wie es ihrer bzw. seiner Freiheit und Autonomie entspricht. Auf diese Weise schützen und fördern die universellen Menschenrechte die Pluralität (vgl. Kirchschläger, 2020a, 2020b).

Menschenrechte als Prinzip für ethisches Entscheiden

Die Menschenrechte schützen Überlebensnotwendiges und für ein menschenwürdiges Leben – ein Leben als Mensch – Notwendiges. Sie bilden also einen ethischen Minimalstandard, der ethisches Entscheiden nicht überfordert, sondern ethischer Entscheidungsfindung einen klaren Fokus, eine eindeutige Priorisierung und eine fundamentale Ausrichtung verleiht.

Gleichzeitig weisen sie daher als ethischer Referenzpunkt für ethisches Entscheiden eine hohe Realitätsnähe und Praxisorientierung auf. Sie sind in hohem Maße auf die reale Welt anwendbar und bieten konkrete ethische Leitlinien für ethisches Entscheiden. Im Vergleich zu anderen ethischen Prinzipien umfassen die Menschenrechte nicht nur die ethische, sondern auch die rechtliche Dimension: Sie sind rechtlich definiert, haben einen rechtlichen Rahmen und sind durchsetzbar. Institutionen wie der UN-Menschenrechtsrat und das UN-Hochkommissariat für Menschenrechte in Genf sowie die regionalen Mechanismen zum Schutz der Menschenrechte auf den verschiedenen Kontinenten sind Elemente der Verwirklichung ihrer Idee und können ihre Kultur fördern (vgl. Kirchschläger, 2022b). Sie zeigen, dass sie *real* sind und keine Illusion. Die Menschenrechte sind in allen Teilen der Welt eine rechtliche Realität.

Es liegt auf der Hand, dass ihre Durchsetzung überall auf Herausforderungen stößt. Die Rechtsmechanismen, Instrumente und Menschenrechtsinstitutionen geben der Idee der Menschenrechte als Inbegriff des Schutzes der Menschenwürde jedoch ein klares Gesicht. Eine Herangehensweise an diese rechtliche Dimension, die auf lokaler Ebene ansetzt, ermöglicht es, im Kontext der Adressat:innen zu beginnen und sie in die Lage zu versetzen, sich den Menschenrechten aus ihrer realen Erfahrung und aus ihrem Verständnis von Gerechtigkeit, Freiheit und Gleichheit heraus zu nähern – immer unter Berücksichtigung der universellen Dimension der Menschenrechte.

Zudem haben die Menschenrechte als Prinzip für ethisches Entscheiden den Vorteil, dass sie von Natur aus mit ihrer rechtlichen Dimension verknüpft sind, die als Grundlage für die Einhaltung rechtlicher Standards dient. Dieser Aspekt sollte nicht als Vernachlässigung des Unterschieds zwischen rechtlicher Compliance und Ethik missverstanden werden.

Des Weiteren setzt sich eine globale Gesellschaft aus verschiedenen Traditionen, Kulturen, Religionen, Weltanschauungen und Wertesystemen zusammen. Diese Heterogenität wird von den Menschenrechten geschützt. Zugleich geben sie dieser Heterogenität klare Grenzen, die es zu respektieren gilt: Auch innerhalb von Traditionen, Kulturen, Religionen, Weltanschauungen und Wertesystemen schützen die Menschenrechte die für das physische Überleben wesentlichen Elemente und Bereiche der menschlichen Existenz sowie die Menschenwürde. Daher können sie als Prinzip ethisches Entscheiden unterstützen, wenn es sich den Chancen und Herausforderungen von Tradition, Kultur, Religion, Weltanschauung und Wertesystem stellt (vgl. Kirchschläger, 2013c).

Die Menschenrechte sind ein universeller Konsens, was diesem ethischen Prinzip für ethisches Entscheiden ein größeres Gewicht verleiht, da es nicht auf einer bestimmten Tradition, Kultur, Religion, Weltanschauung oder einem Wertesystem beruht, was bei der Betrachtung der Diskussion z. B. über den Entstehungsprozess der Allgemeinen Erklärung der Menschenrechte von 1948 deutlich wird. Jacques Maritain berichtet, dass es die Verfasser:innen ablehnten, die Menschenrechte auf eine bestimmte Tradition, Kultur, Religion, Weltanschauung oder ein Wertesystem zu gründen – aus Respekt vor der Universalität der Menschenrechte und vor der kulturellen, religiösen und weltanschaulichen Vielfalt und Pluralität: „Ja, wir sind uns über die Rechte einig, aber nur unter der Bedingung, dass uns niemand fragt, warum" (Maritain, 1948; vgl. Kirchschläger, 2015a, 2016d) .

Die Menschenrechte als ethisches Instrument befreien das ethische Entscheidungen fällende Subjekt vom Verdacht der Willkür in seiner ethischen Selbstverpflichtung, denn sie sind ein weithin anerkannter ethischer Standard.

Ein weiterer pragmatischer Grund für ihre Gültigkeit stammt aus dem Entstehungsprozess der juristischen Menschenrechtsverträge auf der Grundlage der Allgemeinen Erklärung der Menschenrechte von 1948. Er besteht in folgendem Gedanken, der schon damals im Bewusstsein der Menschen war und der die Abfassung der Menschenrechtsdokumente beeinflusste: „Die Mitglieder der Kommission müssen der Tatsache Rechnung tragen, dass ihre Arbeit die Zukunft und nicht die Vergangenheit betrifft" (United Nations, 1950). Menschenrechte erweisen sich als zukunftsorientiert und zukunftsfähig.

Außerdem muss an dieser Stelle der dynamische Charakter der Menschenrechte hervorgehoben werden. Diese waren schon immer offen für Anpassungen, um neue Risiken, Gefahren und Verletzungen der Menschenwürde zu stoppen und zu verhindern. Daher sind sie bereit, sich an künftige Herausforderungen anzupassen (vgl. Kirchschläger & Kirchschläger, 2010).

Darüber hinaus sind die ethischen Entscheidungen fällenden Menschen durch die Menschenrechte in wesentlichen Bereichen und Elementen der menschlichen Existenz geschützt, die der Mensch zum Überleben und für ein Leben als Mensch benötigt. Einige von ihnen sind von besonderer Bedeutung für ethische Entscheidungsprozesse, z. B, das Recht auf Freiheit (Art. 2); das Recht auf Gedanken-, Gewissens- und Religionsfreiheit (Art. 18); das Recht auf Meinungsfreiheit und freie Meinungsäußerung (Art. 19); das Recht, frei am kulturellen Leben der Gemeinschaft teilzunehmen, sich an den Künsten zu erfreuen und am wissenschaftlichen Fortschritt und seinen Vorteilen teilzuhaben (Artikel 27 Absatz 1), wie es in der Allgemeinen Erklärung der Menschenrechte von 1948 (United Nations, 1948) festgehalten ist.

Grenzen der eigenen Menschenrechte sind erstens – im Falle eines spezifischen Menschenrechts – *die anderen spezifischen Menschenrechte* gemäß dem Prinzip der Unteilbarkeit. Dieses Prinzip besagt, dass alle Menschenrechte Hand in Hand gehen müssen. Das bedeutet, dass der gesamte Katalog der Menschenrechte beachtet werden muss. Deshalb muss jedes Menschenrecht optimal und in Übereinstimmung mit allen anderen Menschenrechten, die gleichzeitig optimal umgesetzt werden, realisiert werden. Die eigenen Menschenrechte werden zweitens durch die *Menschenrechte aller anderen Menschen* begrenzt. So gilt beispielsweise das eigene Recht auf Freiheit nur insoweit, als es mit dem Recht auf Freiheit aller anderen Menschen vereinbar ist. Aus beiden Grenzen ergeben sich auch entsprechende Pflichten für eine:n Rechtsträger:in, weshalb jede:r Rechtsträger:in auch ein:e Pflichtenträger:in ist (vgl. Corillon, 1989; Kirchschläger, 2014a).

Diese Pflichten können negativ (etwas *nicht tun,* um zur Verwirklichung der Menschenrechte beizutragen) oder positiv (*etwas tun,* um zur Verwirklichung der Menschenrechte beizutragen) sein.

> **LEITFRAGE**
>
> D. *How can you ethically justify the ethical points of reference you have chosen?*

> **ZIEL**
>
> Ziel ist es, aus Achtung und Respekt vor der Pluralität von Ethiken rational und ethisch zu begründen, warum man diese/n ethischen Referenzpunkt/e ausgewählt hat und warum man andere ethischen Prinzipien/Normen/Theorie/Ansätze nicht berücksichtigt.

Die Auswahl des/der ethischen Referenzpunkte/s sollte sich Willkür, Beliebigkeit, Sympathien, Emotionen sowie dem Bauchgefühl entziehen, sondern rational begründbar und plausibilisierbar erfolgen. „Auch Entscheidungen zwischen ethischen Theorien und Methoden sind vernünftig in dem Maße, in dem dafür gute Gründe aufgeführt werden können – etwas, das sich argumentativ für das jeweils Verteidigte ins Spiel bringen lässt. Soweit bestimmte Gründe ihrerseits nur innerhalb eines bestimmten Rahmens überzeugen können (aufgrund bestimmter Prämissen, auf Basis bestimmter Methoden oder innerhalb bestimmter theoretischer Vorannahmen), kann für diesen Rahmen erneut nach Gründen gefragt werden. Die Rede von der Theorie- und Methodenwahl muss in Bezug auf ethische Ansätze nicht im Sinne einer vernünftig nicht mehr einholbaren (‚dezisionistischen') Letztentscheidung verstanden werden, solange nicht schon gezeigt ist, dass einerseits keine weiteren Gründe mehr angeführt werden können (z. B. weil wir bei letzten Axiomen angekommen sind) und dass andererseits überhaupt sinnvolle, ernsthaft vertretbare Alternativen zu der zu verteidigenden Theorie oder Methode zur Verfügung stehen" (Werner, 2021, S. 239f). Diese rationale Begründung mit „guten Gründen" ist umso mehr erforderlich, als nach universeller Geltung gestrebt wird. „Moralische Maßstäbe sollten universell gelten und Vorrang vor anderen praktischen Standards (Sitten, sozialen Konventionen, kulturellen Praktiken und Gepflogenheiten) haben. Die grundlegenden moralischen Standards sollten auch die Leitlinien gesetzlicher Rahmenbedingungen bilden" (Pauder-Studer, 2020, S. 14).

Bei der Begründung der Auswahl des/der ethischen Referenzpunkte/s ist grundsätzlich das Prinzip der Verallgemeinerbarkeit zu erfüllen, indem rationale und plausible Argumente – „gute Gründe" – dafür aufgeführt werden. „Gute Gründe" bedeutet, dass es denkbar sein muss, dass alle Menschen in ihrer effektiven Freiheit und Autonomie sowie ihrer vollen Gleichheit diesen Gründen – innerhalb eines Denkmodells und nicht innerhalb eines realen weltweiten Referendums – aus ethischen Gründen zustimmen würden (vgl. Kirchschläger, 2021a).

Ethische Begründungen sind darüber hinaus von moralischen Begründungen zu differenzieren, die eine Bezugnahme auf ein Faktum, auf Gefühle, auf mögliche Folgen, auf einen Moralkodex, auf moralische Kompetenz sowie auf das Gewissen umfassen können (vgl. Pieper, 2017, S. 149-171). Ethische Begründungen hingegen umfassen zum einen die „logische Methode. Alle Methoden der Ethik, sofern sie zu wissenschaftlichen Ergebnissen führen sollen, müssen den Kriterien der formalen Logik genügen, und in diesem weiten Sinn ist jede ethische Methode zugleich eine logische Methode. In einem engeren Sinn kann von einer logischen Methode der Ethik dort die Rede sein, wo sie eine der Aussagenlogik entsprechende ‚deontische Logik' (von griech. to deon – das Gesollte, die Pflicht) entwickelt, um konsistente und widerspruchsfreie Zusammenhänge zwischen beliebigen normativen Sätzen aufzuweisen" (Pieper, 2017, S. 172).

Des Weiteren zählt die „diskursive Methode" dazu. „Solche in handlungsbezogenen Urteilen immer unausdrücklich erhobenen Geltungsansprüche werden in einem praktischen Diskurs einer Kritik unterzogen. Diskursive Verständigung heißt also: fraglos anerkannte Normen und Werte hinsichtlich ihrer allgemeinen Verbindlichkeit in Frage stellen. Auf der *ersten* Argumentationsebene des praktischen Diskurses werden von den Diskursteilnehmern die Geltungsansprüche problematisiert, d. h. bezüglich ihrer Geltung in Frage gestellt. In Rede und Gegenrede werden die Positionen der Kontrahenten geklärt und die Gründe für die jeweilige Beurteilung des fraglichen Verhaltens angeführt. [...] Auf der *zweiten* Argumentationsebene des praktischen Diskurses geht es darum, dass die am Diskurs Beteiligten zu einem Konsens gelangen, der kein bloßes Zufallsergebnis ist und somit nur für sie verbindlich ist, sondern dem auch jeder andere Mensch, sofern er vernünftig und guten Willens ist, muss zustimmen können" (Pieper, 2017, S. 179, Hervorhebung im Original).

Zudem kommt die „dialektische Methode" in Frage. „In der Form von Rede und Gegenrede wird versucht, zu einer Verständigung darüber zu kommen, was zu tun ist bzw. welche Normen zu Recht Anspruch auf allgemeine Gültigkeit erheben können. Der Dialog hat also eine vermittelnde Funktion, er vermittelt zwischen normativen und faktischen Ansprüchen durch ständiges argumentierendes Hin- und Hergehen zwischen beiden. Dabei soll das Faktische so verändert werden, dass es dem Anspruch der Norm genügt, und die Norm soll so konkretisiert werden, dass sie als Handlungsregulativ im Faktischen wirksam wird" (Pieper, 2017, S. 182).

Darüber hinaus kann die „analogische Methode" weiterhelfen, „derer sich die moralische Klugheit (Phronesis) bedient, um das jeweils Gute zu ermitteln, indem sie das Gesollte als die richtige Mitte zwischen zwei Extremen bestimmt, die beide das Moralische verfehlen, insofern sie entweder unterhalb des Maßes bleiben oder über es hinausschießen und insofern Fehlformen menschlichen Verhaltens darstellen" (Pieper, 2017, S. 189).

Außerdem zählt die „transzendentale Methode" zu den ethischen Begründungen. „Die transzendentale Methode (von lat. transcendere – hinübergehen, überschreiten) ist ein reduktives Verfahren, d. h. sie führt moralisches Handeln auf die konstitutiven Bedingungen seiner Möglichkeit zurück, indem sie die Genesis des Begriffs der Moralität bis zu seinem unbedingten Ursprung rekonstruiert. Diese Rekonstruktion, die die Implikate des Begriffs der Moralität a priori so entfaltet, dass eine logische Begriffsreihe entsteht, in der regressiv jeweils vom Bedingten auf das Bedingende zurückgeschlossen wird, führt zu einem selber nicht mehr bedingten, nicht mehr hinterfragbaren unbedingten Anfang, der zugleich unüberbietbarer Letztgrund und höchste Norm alles (moralisch gerechtfertigten) Sollens ist" (Pieper, 2017, S. 190f).

Darüber hinaus umfassen die ethischen Begründungen auch die „analytische Methode". „Wie jedes methodische Vorgehen formal den Ansprüchen der Logik genügen muss, so kommt auch kein ethisches Verfahren ohne Analyse aus, insofern ein komplexer Gegenstand nur durch eine begriffliche Zerlegung der in ihm enthaltenen Momente dargestellt werden kann. In diesem Sinn eines begrifflich zergliedernden, ein vielschichtiges Phänomen in seine impliziten Teilmomente auseinanderlegenden Verfahrens ist jede ethische Methode zugleich ein analytisches Verfahren" (Pieper, 2017, S. 193).

Schließlich gehört die „hermeneutische Methode" zu den ethischen Begründungen. „Die *hermeneutische* Methode (von griech. *hermeneuein* – auslegen, erklären), wie sie vor allem von Hans-Georg Gadamer im Anschluss an Martin Heidegger entwickelt worden ist, erhebt die Geschichtlichkeit des Verstehens von Sinn zum Prinzip der Interpretation. Sie betont die Bedeutung der Überlieferung, durch die die Vorurteile des Interpreten ebenso sehr vorgängig bestimmt sind, wie dieser sie im Sinnhorizont seiner Erwartungen je neu auslegt und in sein Selbstverständnis integriert. Auch die hermeneutische Methode ist ein Verfahren, dessen sich jede Ethik bis zu einem gewissen Grad bedienen muss, und zwar jeweils dort, wo sie es mit zu deutenden, ethisch relevanten Aussagen zu tun hat, sei es, dass diese Aussagen in Form von Texten anderer Moralphilosophen vorliegen, sei es, dass sie in einem Gespräch Teil der Argumentation des Diskussionspartners sind: Jedes Mal müssen fremde Aussagen verstehend angeeignet werden, was wiederum nur im Horizont eines bereits vorhandenen Vorverständnisses von Sinn möglich ist. Um Sinnansprüche erheben zu können, muss Sinn immer schon verstanden sein. Um Sinn zu verstehen, muss man immer schon Sinnansprüche erhoben haben. Der Hermeneutik geht es um die Aufklärung der geschichtlichen Vermitteltheit des moralischen Selbstverständnisses" (Pieper, 2017, S. 196f, Hervorhebung im Original).

> **LEITFRAGE:**
>
> E. *How would you define the ethical question/challenge/problem?*

> **ZIEL:**
>
> Ziel ist es, mit Hilfe des/der ethisch begründeten ethischen Referenzpunkte/s die ethische Frage/die ethische Herausforderung/das ethische Problem zu definieren.

Die rational und ethisch begründete Klarheit hinsichtlich des/der ethischen Referenzpunkte/s erlaubt es nun, die ethische Frage/die ethische Herausforderung/das ethische Problem sorgfältig, gewissenhaft und präzise zu identifizieren.

Diesen Prozess der Definition der ethischen Frage/der ethischen Herausforderung/des ethischen Problems fördert die „*ethische Situationshermeneutik*: Die Zusammenarbeit einzelner Disziplinen kann sich nicht darin erschöpfen, empirische und normative Elemente wie Bausteine zusammenzutragen, die nachträglich zusammengefügt werden. Das lässt sich wie folgt verdeutlichen: Ein wesentliches Element ethischen Urteilens über Situationen oder Situationstypen liegt in der interpretierenden Problemerschließung. Die moralisch relevanten Aspekte der Situation müssen – so scheint es – zunächst als solche wahrgenommen werden, ehe situationsethische Fragen gestellt, in empirische und normative Aspekte zerlegt und abgearbeitet werden können. In Wahrheit impliziert jedoch schon die vermeintlich nur vorbereitende Situationserschließung immer schon einen vorläufigen und eventuell nur impliziten Urteilsprozess, der normative und empirische Einschätzungen aufeinander bezieht. Nur im Licht normativer Vorannahmen heben sich bestimmte Beobachtungen vom belanglosen Hintergrund ab und werden bestimmte empirische Fragen bedeutsam; nur bestimmte Beobachtungen und empirische Vorannahmen berechtigen zu der Vermutung, dass ein bestimmter moralisch relevanter Fall vorliegen könnte. Mehr noch: Auch die Hoffnung, nach erfolgter Situationsinterpretation normative und empirische Fragen gesondert abarbeiten zu können, ist meist trügerisch. Denn in aller Regel bringen neue oder spezifischere Sacheinsichten wiederum weitere normative Fragen hervor und verlangen neue oder präzisierte normative Erkenntnisse für weiteren empirischen Klärungsbedarf. Die interdisziplinäre Zusammenarbeit, die für bereichsethische Diskurse kennzeichnend ist, vollzieht sich daher in der Regel als ein *iterativer Prozess*, in dem empirische und normativ-ethische Fragen und Erkenntnisse immer wieder aufeinander bezogen werden müssen. Dieser Dialog setzt auf beiden Seiten Übersetzungskompetenzen voraus" (Werner, 2021, S. 249, Hervorhebung im Original). Die sich dabei herauskristallisierende ethische Frage/die sich dabei herauskristallisierende ethische Herausforderung/das sich dabei herauskristallisierende ethische Problem gilt es im Zuge der ethischen Entscheidungsfindung zu beantworten bzw. zu meistern bzw. zu adressieren.

6.3 Be the Ethical Judge!

> **LEITFRAGE:**
>
> A. *What is your ethical assessment?*

> **ZIEL:**
>
> Ziel ist es, von einem ethischen Standpunkt aus Position zu beziehen und eine ethische Bewertung vorzunehmen. Diese ethische Position und ethische Bewertung können sowohl zunächst eine Antwort und eine Meisterung der Herausfor-

derung sowie des Problems als auch anschließend einen konkreten ethischen Lösungsvorschlag beinhalten.

Bei einer ethischen Urteilsfindung handelt es sich um eine anspruchsvolle Aufgabe. „Die detaillierte Festlegung der Standards des Richtigen und Guten ist kontroversiell. Dennoch besteht ein Konsens über den Gegenstandsbereich der Moral. Moralische Fragen ergeben sich im Kontext von Verletzbarkeit, Schmerz, Leid, Ungleichbehandlung und Unterdrückung" (Pauder-Studer, 2020, S. 14). Als hilfreich erweist sich, wenn sich der Mensch, der eine ethische Entscheidung fällen muss, des Folgenden bewusst ist: „Unser Ausgangspunkt ist also die Beobachtung, dass jeder von uns von Zeit zu Zeit die Erfahrung eines Auseinanderklaffens macht, einer Diskrepanz zwischen dem, was gut ist, und dem, was nur so erscheint, als wäre es gut. Diese eigene Erfahrung einer Differenz ist von vornherein etwas anderes als ein allein von außen, von anderen Menschen herangetragener *Anspruch*, ein von ihnen Gefordertes sei das Gute im Gegensatz zum unmittelbar Erwünschten (das Kind soll schlafen, aber es will spielen). Es geht um die eigene Erfahrung einer Diskrepanz (ich wollte spielen, aber es ist gut zu schlafen). Solche Erfahrungen kann man niemandem durch Reden verschaffen, man kann höchstens an sie erinnern" (Hastedt, 1994, S. 17, Hervorhebung im Original).

Der ethische Positionsbezug im Sinne einer ethischen Entscheidung hat bestimmte Anforderungen zu erfüllen. „Bei der Komplexität der aktuellen Problemlage und Offenheit der geltenden Orientierungen können die unvermeidbaren Ethikdiskussionen allerdings nicht aus dem Bauch heraus oder mit dem schlichten Verstand des guten Menschen geführt werden, sondern bedürfen einiger Kenntnisse und Fähigkeiten" (Hastedt, 1994, S. 7). Im Zuge dessen sollten wir uns eines Charakteristikums der Ethik bewusst sein. „Maybe ethics *is* often uncertain and untestable. But maybe that isn't such a bad thing. It does not follow, in any case, that we should strive to make decisions in ‚value-free' ways instead, for example, by scientific or economic or other ‚practical' standards. The reason is that we *can't*. There simply is no such thing as ‚value-free' decision making. Instead, all decision making-indeed, one could argue, all action-is value-*laden* (as it's often put). Indeed, any time we choose to do one thing rather than another, or anything at all rather than nothing, we are acting on certain values and leaving other to the side. When the needs and legitimate expectations of others as well as ourselves are at stake, the values involved are ethical by definition. The only question is how explicit and deliberate we are going to be about them" (Weston, 2017, S. 488, Hervorhebung im Original).

Vor diesem Hintergrund ist eine Differenzierung zwischen „Ist" und „Soll" möglich. „Die Unterscheidung von Tatsachen und Werten ist ein Charakteristikum der Philosophie der Moderne. Stilbildend für diese Unterscheidung waren sowohl Hume wie Kant. Während aber Hume die Möglichkeit der Rationalität auf theoretische Rationalität (Übereinstimmung von Überzeugungen und Tatsachen) beschränkte, unterschied Kant zwischen theoretischer Vernunft, die die Erkenntnis von Tatsachen ermöglicht, und praktischer Vernunft, die Handlungsmaximen auf ihre Universalisierbarkeit überprüft" (Nida-Rümelin, 2005a, S. 46f). Diese Universalisierbarkeit, die mit der Erfüllung des Prinzips der Verallgemeinerbarkeit ausgewiesen wird, hat die ethische Bewertung aufzuweisen. „In ‚Morality as a System of Hypothetical Imperatives' [Foot, Philippa: Virtues and Vices. Berkeley 1978], Philippa Foot distinguishes between two different ‚uses' of ‚ought' in judgments about what others ought to do: the *hypothetical* use, which presupposes that the subject of the judgment has a desire or interest, broadly understood, that would be served by his doing as we judge he ought; and the *categorical* use, which makes no such presupposition. For example, when we say someone ‚ought to leave now, to catch the 6 o'clock train,' we presume, that she wants to be on that train. If we learn she is really headed somewhere else, we withdraw the judgment. But moral judgments aren't like that: we don't, for example, withdraw our judgment that Hitler ought not to have issued his terrible orders when we learn that they fit perfectly into his plans" (Markovits, 2014, S. 16, Hervorhebung im Original). Hier wird der Schwerpunkt der Ethik und somit der Fokus des ethischen Entscheidens sichtbar: „Für die Klärung konkreter ethischer Probleme ist oft eine Vielzahl empirischer und prognostischer Fragen zu beantworten. Im Zentrum der ethischen Reflexion steht jedoch nicht die deskriptive und explikative Beschäftigung mit moralischen Fragen, sondern die Generierung, Überprüfung und Begründung von *normativen* Aussagen. Ethik – verstanden als *normative* Ethik – fragt also nicht in erster Linie nach dem, was ist, sondern nach dem *was getan werden* soll. Solche Sollens-Aussagen besitzen im Hinblick auf eudaimonistische Fragen allerdings einen anderen Status als im Bereich der Diskussion über normative Fragen. Während *evaluativen* Aussagen, die stets von bestimmten Vorstellungen vom guten und gelingenden Leben abhängig sind, nur der Status von *Ratschlägen* oder *Empfehlungen* zukommt, erheben Normen bzw. Prinzipien des moralisch Richtigen einen universalen und kategorischen Geltungsanspruch, der ihnen – sobald er vernünftig begründet werden kann – einen Vorrang vor allen anderen praktischen Gesichtspunkten zukommen lässt" (Düwell & Hübenthal, 2011, S. 2, Hervorhebung im Original).

Innerhalb der kategorischen Verwendung des Sollens und somit der ethischen Bewertung kann man von folgenden Grundkategorien ausgehen, was beim ethischen Entscheiden weiterhelfen kann: „Grundkategorien der moralischen Bewertung von Handlungen sind die Kategorien des moralisch Verbotenen, des moralisch Erlaubten und des moralisch Gebotenen sowie die zugehörigen Subkategorien. Basal sind diese Kategorien deshalb, weil die moralische Beurteilung von Handlungen immer schon voraussetzt, dass sich das moralisch Verbotene vom moralisch Erlaubten und moralisch Gebotenen abgrenzen lässt – unabhängig davon, welchen inhaltlichen Maßstab moralischer Richtigkeit sie anlegt, welche Gründe für moralisches Sollen sie annimmt und welche normative Ethik ihr zugrunde liegt" (Stoecker, 2011, S. 13f).

Dies reicht aber nicht aus. „Ein einfaches trichotomisches Modell, wie es die deontische Logik – die Logik des Sollens bzw. der Normsätze – nahelegt, wird der Differenzierungskraft unseres moralischen Urteilvermögens allerdings nicht gerecht. Als moralischer Beurteiler geben wir uns nämlich, wenn uns die zu beurteilende Handlung weder moralisch verwerflich noch moralisch gefordert erscheint, kaum je damit zufrieden, sie der dritten Grundkategorie zuzuordnen, die

die deontische Logik bereitstellt. Denn diese Kategorie umfasst sowohl Handlungen, die, obwohl nicht moralisch gefordert, moralisch sehr wohl wünschenswert sind, als auch solche, die vom Standpunkt der Moral aus gesehen weder verwerflich noch wünschenswert sind, und es gehört zur Praxis des moralischen Urteilens, zwischen diesen beiden Arten von Handlungen einen Unterschied zu machen. Die Kategorie des moralisch Erlaubten bedarf deshalb einer Binnendifferenzierung zwischen dem moralisch Wünschenswerten und dem moralisch Neutralen [...]. Eine weitere Binnendifferenzierung liegt für die Subkategorie der moralisch wünschenswerten Handlungen nahe. Eine moralisch wünschenswerte Handlung kann nämlich aus unterschiedlichen Gründen moralisch nicht geboten sein: Es kann sich um eine Handlung handeln, die zwar moralisch wünschenswert ist, deren Unterlassung aber auch dann nicht als moralisch verwerflich angesehen werden kann, wenn die Ausführung der Handlung dem Akteur zumutbar erscheint. Es kann sich aber auch um eine Handlung handeln, die zwar moralisch wünschenswert ist, dem potentiellen Akteur aber nicht zugemutet werden kann, weil sie ihm mehr abverlangen würde, als die Moral einer/m Akteur:in billigerweise abverlangen darf. Wenn ein/e Akteur:in eine solche supererogatorische, das moralisch Geforderte übersteigende (übergebührliche) Handlung ausführt, wie dies nach Überzeugung mancher Autor:innen etwa bei einer Lebendorganspende der Fall ist [...], handelt er als ‚moralischer Held', d. h. in einer Weise, die uns besondere Bewunderung oder Hochachtung abverlangt und die deshalb nicht ohne eine entsprechende Qualifizierung derselben Grundkategorie zugeordnet werden kann wie zum Beispiel das Mitnehmen eines Anhalters in einer lauen Sommernacht, das man im Allgemeinen als eine moralisch ‚lediglich' wünschenswerte Handlung ansehen wird" (Stoecker, 2011, S. 15f).

Außerdem sollte eine zusätzliche Differenzierung im Blick sein, die ein weiteres Feld für die ethische Bewertung erschließt: „Es gibt zwei begriffliche Register, in denen wir moralische Sachverhalte thematisieren – das deontische (i. e., Begriffe der Pflicht und des Sollens) und das evaluative (i. e., Begriffe des Guten und Schlechten). Es liegt auf der Hand, dass diese zwei Bereiche oder Register nicht vollkommen beziehungslos nebeneinander existieren. So wurde bereits deutlich, dass etwa die Kategorie eines normativen Grundes intensive Beziehungen zu beiden unterhält" (Henning, 2019, S. 40). Diese bringen auch Herausforderungen für die Ethik mit, die ethisches Entscheiden zu berücksichtigen hat, um die Pluralität der Ethik zu respektieren. „Die zunehmende Ausdifferenzierung zwischen *evaluativen* Fragen des guten Lebens und *normativen* Fragen des moralisch Richtigen steht in enger Wechselbeziehung mit der Pluralisierung von Konzepten des guten Lebens und der Säkularisierung staatlicher Autorität. Sofern an diese Stelle einer einheitlichen, weithin geteilten Vorstellung des guten Lebens eine *Pluralität* verschiedener, häufig einander widersprechender Konzepte des Guten tritt, muss sich die Ethik auch der Frage widmen, wie die hieraus resultierenden Wert- und Interessenkonflikte friedlich und gerecht beigelegt werden können. Die Frage der *gerechten Beilegung von Wert- und Interessenkonflikten* ist Gegenstand einer eigenen Reflexion auf das *moralisch Richtige*. Seit der Neuzeit ist diese Frage immer mehr in den Vordergrund ethischer Reflexionsbemühungen getreten und erscheint auch im gegenwärtigen Diskussionskontext als dominierend" (Düwell & Hübenthal, 2011, S. 1f, Hervorhebung im Original).

Darüber hinaus informiert die ethische Bewertung, sich die folgenden drei Möglichkeiten moralischer Orientierung vor Augen zu führen, die uns bei der ethischen Urteilsbildung prägen können:

- „*Legalism*: The Legalist appeals first to laws and principles when required to make a moral decision" (Gillmore & Hunter, 1974, S. 3, Hervorhebung im Original).
- „*Antinomianism*: This is the approach with which one enters into the decision-making situation armed with no principles or maxims whatsoever, to say nothing of rules. In every ‚existential moment or ‚unique' situation, it declares, one must rely upon the situation of itself, there and then, to provide its ethical solution" (Gillmore & Hunter, 1974, S. 3, Hervorhebung im Original).
- „*Situationism*: The Situationist is characterized by his emphasis on human welfare. The Situationist enters into every decision-making situation fully armed with the ethical maxims of his community and its heritage, and he treats them with respect as illuminators of his problems. Just the same he is prepared in any situation to compromise them or set them aside *in the situation* if love seems better served by doing so" (Gillmore & Hunter, 1974, S. 4, Hervorhebung im Original).

Die oben im Kapitel 5 Die regelüberragende Einzigartigkeit des Konkreten eingeführte „regelüberragende Einzigartigkeit des Konkreten" kann hier hinsichtlich der drei Möglichkeiten moralischer Orientierung als Konzept weiterhelfen. Die regelüberragende Einzigartigkeit des Konkreten bedeutet, dass ethische Prinzipien, Normen und Werte in der konkreten Begegnung mit konkreten Personen in einer konkreten Situation kollidieren oder divergieren können und dass in der konkreten Begegnung mit konkreten Menschen in einer konkreten Situation Regeln an ihre Grenzen stoßen, weil das Konkrete in seiner Einzigartigkeit die Regel überragt, und es das ethisch Richtige und ethisch Gute in einer konkreten Begegnung mit konkreten Menschen in einer konkreten Situation sein kann, im Dienste des ethisch Richtigen und ethisch Guten ein ethisches Prinzip bzw. eine ethische Norm bzw. einen ethischen Wert zu missachten. Ethische Prinzipien, Normen und Werte verlieren dadurch nicht ihre Gültigkeit, sondern werden durch dieses Streben nach dem ethisch Richtigen und ethisch Guten in der konkreten Begegnung mit konkreten Personen in einer konkreten Situation bekräftigt. Dadurch wird sichergestellt, dass die ethischen Prinzipien und Normen dem Menschen dienen und nicht umgekehrt.

Schließlich prägt die ethische Urteilsbildung, dass sie selbst einen Prozess bildet und selbst in Bewegung hin auf ein ihr entsprechendes Handeln steckt. „Ethik wird nicht verstanden als eine Begründung dessen was ist, sondern dessen was wird. Sie geht aus einem Prozess der Urteilsbildung hervor" (Kolster, 2006, S. 122).

> **LEITFRAGE:**
>
> B. *How can you justify your ethical assessment?*

> **ZIEL:**
>
> Ziel ist es, die ethische Position und die ethische Bewertung rational und ethisch zu begründen. Bei dieser Begründung ist das Prinzip der Verallgemeinerbarkeit zu erfüllen, indem „gute Gründe" dafür aufgeführt werden. „Gute Gründe" bedeutet, dass es denkbar sein muss, dass alle Menschen in ihrer effektiven Freiheit und Autonomie sowie ihrer vollen Gleichheit diesen Gründen – innerhalb eines Denkmodells und nicht innerhalb eines realen globalen Referendums – aus ethischen Gründen zustimmen würden (vgl. Kirchschläger, 2021a).

Um die Universalität der ethischen Bewertung rational zu begründen und zu plausibilisieren, sollen Gründe und Argumente zur Untermauerung des ethischen Urteils aufgeführt werden, die das Prinzip der Verallgemeinerbarkeit erfüllen. Letzteres kann auch folgendermaßen erfasst werden: „Wenn ein moralisches Urteil in einer bestimmten Situation wahr ist, dann ist das Urteil auch in jeder Situation wahr, die in moralischer relevanter Hinsicht gleich ist" (Pfister, 2013, S. 134).

Solche Gründe und Argumente können folgendermaßen charakterisiert werden: „Ein *Argument* ist eine Aussage oder eine Gruppe von Aussagen, mit denen der *Geltungsanspruch* einer Behauptung begründet wird. Im Gegensatz etwa zum ‚Fragen' oder ‚Befehlen' wird beim ‚Behaupten' stets der Anspruch erhoben, dass das Gesagte zutrifft und wahr bzw. richtig ist. Mit deskriptiven Tatsachenaussagen wie ‚Im Moment scheint die Sonne' ist der Anspruch auf *Wahrheit* verbunden, d. h. auf eine Übereinstimmung dieser Aussage mit dem objektiven Sachverhalt des Scheinens der Sonne. Im Bereich der Ethik erhebt man jedoch mit Behauptungen in Form normativer Aussagen wie ‚Du sollst dieser alten Dame helfen' strenggenommen nicht den Anspruch auf Wahrheit, sondern auf *normative Richtigkeit*: Behauptet wird, es sei in der gegebenen Situation moralisch richtig oder geboten, der alten Dame zu helfen. Mit dem Aufstellen einer Behauptung übernimmt man zugleich die Pflicht, diese bei Nachfrage argumentativ zu verteidigen. Das Argument ist also etwas, was als Rechtfertigung oder Beweis für eine Meinung oder einen Standpunkt vorgebracht wird. Verkürzt ist es eine begründende Aussage oder ein Beweisgrund. Argumentieren heißt folglich, Gründe für oder gegen eine bestimmte Position anzugeben […]. Formal gesehen besteht jedes Argument aus zwei elementaren Bausteinen: 1. *Konklusion*, d. h. die Behauptung bzw. der Standpunkt, der begründet werden soll, und 2. *Prämissen*, d. h. die Aussagen, die diese Konklusion stützen oder rechtfertigen" (Fenner, 2020, S. 63f, Hervorhebung im Original).

Dieses Aufführen von Gründen und Argumenten – das Argumentieren – kann ebenfalls einer Differenzierung unterzogen werden, die sich als weiterführend erweist: „1. Nach dem *rhetorischen* Ansatz ist die Funktion von Argumentationen, einen Adressaten etwas glauben zu machen. Es kommt nicht darauf an, ob das Geglaubte wahr ist, sondern nur, dass der Adressat nachher die These des Argumentierenden glaubt. (Rhetoriker bezweifeln sogar oft, dass es so etwas wie Wahrheit überhaupt gibt.) 2. *Der konsenstheoretische* Ansatz sieht es als die Funktion von Argumentationen an, einen Konsens herbeizuführen. Auch hier kommt es nicht auf die Wahrheit an, sondern darauf, dass man sich geeinigt hat. 3. Nach dem *erkenntnistheoretischen* Ansatz ist die Funktion von Argumentationen, eine Erkenntnis im strengen Sinne zu erzeugen; dies ist ein Glaube, der so gut begründet ist, dass er *rational akzeptabel* ist, d. h.: wahr, wahrscheinlich wahr oder wahrheitsähnlich. Wissen ist ein zwingend begründeter wahrer Glaube. *Erkenntnisse* umfassen Wissen, aber auch schwächer begründete rational akzeptable Überzeugungen, die ein Ersatz für Wissen sind, der dann angestrebt wird, wenn beim aktuellen Informationsstand Wissen nicht oder nur mit zu großem Aufwand erreicht werden kann. Von einer Argumentation, die zu Erkenntnis führt, sagt man, dass sie *rational überzeugt*" (Ach et al., 2011, S. 123, Hervorhebung im Original).

Wenn nun im Zuge des Argumentierens für eine ethische Bewertung dem Aufbau und der Entfaltung einer Begründung bzw. einer Argumentationslinie die Aufmerksamkeit zusteht, stehen einem zahlreiche argumentative Optionen zur Verfügung:

„Unterordnung unter eine Norm

Will man dafür argumentieren, dass in einer bestimmten Situation ein bestimmtes Verhalten geboten, verboten oder erlaubt ist, so liegt es nahe, auf eine Norm zurückzugreifen, unter die das bestimmte Verhalten in der Situation fällt. Man könnte wie folgt argumentieren:

1. Es ist moralisch verboten, ein unschuldiges menschliches Wesen zu töten.
2. *Der menschliche Fötus ist ein unschuldiges menschliches Wesen.*
3. Es ist moralisch verboten, einen menschlichen Fötus zu töten.

Auf diese Weise begeht man keinen Sein-Sollen-Fehlschluss, da man sich auf einen Satz stützt (die erste Prämisse), der bereits normativ ist. Allerdings kann es sein, dass man mit einem solchen Argument in einer Diskussion den Fehlschluss einer *Petitio* begeht [...], weil man in der ersten Prämisse bereits das voraussetzt, was der Diskussionspartner gerade anzweifelt.

Analogieschluss

Eine wichtige Argumentform in der Ethik ist der Analogieschluss [...]. Betrachten wir das folgende Argument:

1. Wir sollen einem ertrinkenden Kind helfen.
2. In Bezug auf das ertrinkende Kind befinden wir uns in einer ähnlichen *Situation wie in Bezug auf diesen Bettler hier.*
3. Wir sollen diesem Bettler helfen.

Der erste Satz ist eine normative Aussage. Der zweite stellt zwischen der ersten Situation und einer zweiten Situation eine Analogie her. Daraus wird geschlossen, dass auch in dieser anderen Situation eine entsprechende normative Aussage gilt." (Pfister, 2013, S. 129ff, Hervorhebung im Original; vgl. dazu auch Fenner, 2020, S. 75f).

„Gebot der guten Folgen

Man soll das tun, was moralisch gute Folgen hat, sofern man dadurch nichts von vergleichbarem moralischem Wert aufgeben muss.

Verbot der schlechten Folgen

Man soll das nicht tun, was moralisch schlechte Folgen hat, sofern man dadurch nichts von vergleichbarem moralischen Wert aufgeben muss" (Pfister, 2013, S. 133, Hervorhebung im Original).

Darüber hinaus können die folgenden Anforderungen an eine Argumentation die Begründung einer ethischen Bewertung stärken:

„Abwägungsgesetz

Handle nie so, dass du nicht auch in deine Handlungsweise einwilligen könntest, wenn die Interessen der von ihr Betroffenen deine eigenen wären" (Pfister, 2013, S. 135, Hervorhebung im Original).

„Praktischer Syllogismus

1. Ich möchte y herbeiführen.
2. X ist ein notwendiges Mittel zum Erreichen von y.
3. Ich möchte x tun." (Pfister, 2013, S. 136, Hervorhebung im Original; vgl. dazu Fenner, 2020, S. 66f)

„Prinzip der instrumentellen Rationalität

Wer den Zweck will, der will auch das dafür notwendige Mittel" (Pfister, 2013, S. 137, Hervorhebung im Original).

Darüber hinaus kann der Rückgriff auf folgende Argumentationsmuster weiterhelfen:

„Der Zweck heiligt nicht die Mittel

Wenn es verboten ist, y zu tun, und y ein notwendiges Mittel für x ist, dann kann es nicht geboten sein, x zu tun" (Pfister, 2013, S. 138, Hervorhebung im Original).

„Pflicht gegenüber anderen

A hat gegenüber B die Pflicht, x zu tun.

Anspruch gegenüber anderen

B hat gegenüber A den Anspruch darauf, dass A x tut, genau dann, wenn A gegenüber B die Pflicht hat, x zu tun" (Pfister, 2013, S. 141, Hervorhebung im Original).

Außerdem sind noch die folgenden beiden Argumentationsmöglichkeiten zu beachten:

- „Bei deduktiven Argumenten besteht die 1. Prämisse häufig aus einer *Wenn-Dann-Aussage*, die eine logische, definitorische oder kausale Beziehung zum Ausdruck bringt oder eine Regel beschreibt [...]. Ein ganz einfaches Beispiel für ein kausales Ursache-Wirkungs-Verhältnis wäre die Aussage: ‚Wenn es regnet, ist die Straße nass'. Ähnlich wie bei den Syllogismen ergeben sich logisch gültige Schlüsse oder aber Fehlschlüsse, je nachdem ob in der 2. Prämisse der *Wenn-Teil* bzw. *Bedingungsteil* (‚Antecedens') oder *Dann-Teil* bzw. *Konsequenz-Teil* (‚Konsequens') entweder bejaht oder verneint wird. Anders als in der Syllogistik gibt es hier für die zweite Prämisse nur genau vier Möglichkeiten, weil entweder der Bedingungsteil bejaht oder verneint oder der Konsequenz-Teil bejaht oder verneint werden kann. In unserem Beispiel wäre das Es regnet oder regnet nicht bezüglich des Bedingungsteils und die Straße ist nass oder die Straße ist nicht nass bezüglich des Konsequenzenteils. Während ein ja zu den Bedingungen und ein nein zu den Konsequenzen in der 2. Prämisse zu logisch gültigen Argumenten führt, handelt es sich im Fall des Neins zur Bedingung und Ja zur Konsequenz um Fehlschlüsse. Der Grund für die Fehlschlüsse ist, dass hinreichende Bedingungen wie der Regen für nasse Straßen mit notwendigen Bedingungen verwechselt werden. Denn der Regen ist nur hinreichende, aber nicht notwendige Bedingung für nasse Straßen, da diese alternativ etwa auch durch Straßenreinigungen oder das Gießen von Gärten nass werden können" (Fenner, 2020, S. 69f, Hervorhebung im Original).

- „Mit dem *Dammbruch-Argument* wird vor bestimmten Handlungen oder Entscheidungen gewarnt, weil sie angeblich den ersten Schritt in einer verhängnisvollen Reihe von Zwischenschritten darstellen. Da diese zwangsläufig zu einem meist drastisch geschilderten schrecklichen Endzustand führen, müsse schon der erste Schritt unterlassen werden. Neben dem Bild eines Dämme niederreißenden Flusses (‚Dammbruch'-Argument) gibt es auch dasjenige einer schiefen Ebene (‚slippery slope'), auf der alles unaufhaltsam nach unten fällt" (Fenner, 2020, S. 72, Hervorhebung im Original).

Schließlich sind mögliche Einwände gegen die Argumente und Gründe, aus denen sich die Begründung der ethischen Entscheidung zusammensetzt, herauszufinden. Dieser Zugang kam u. a. in den obigen Ausführungen unter Kapitel 2 Ethik im globalen Kontext im Rahmen der Erläuterungen zu den „Zehn Argumentationsmuster der Exklusion" (vgl. Kirchschläger, 2016d, S. 170-178) zur Anwendung.

Ein solches Vorgehen erlaubt es, präventiv mögliche Gegenargumente zu entwickeln und zur Entfaltung zu bringen, was die argumentative Überzeugungskraft der ethischen Entscheidung substanziell erhöht.

Exkurs: Ethik-Gremien, Ethik-Ausschüsse, Ethik-Kommissionen, Ethik-Räte, Ethik-Teams und Ethik-Gruppen in die Hände von Ethiker:innen!

In einer Zeit und in einem Kontext, in dem ethische Beratung u. a. aufgrund des technologischen Fortschritts außerordentlich wichtig und notwendig erscheint, muss eine Art von institutionellem Gremium, das sich dieser spezifischen Aufgabe widmet, das notwendige ethische Fachwissen und den Diskurs beinhalten.

Bislang laufen Ethik-Kommissionen Gefahr, ihren Zielen nicht gerecht zu werden. Sie scheinen entweder zum Spielball wirtschaftlicher Partikularinteressen zu werden (z. B. die Einrichtung und Auflösung des Ethikbeirats ATEAC (Advanced Technology External Advisory Council) von Google)) (vgl. Wakefield, 2019), zu einer Stakeholder-Dialog-Übung (z. B. die High-Level Expert Group on Artificial Intelligence (HLEG AI) der Europäischen Kommission (vgl. Europäische Kommission, 2020); die Arbeitsgruppe des Institute of Electrical and Electronics Engineers IEEE zu einem Standard für Ethik im IT-Design) oder zu einem interdisziplinären Dialog mit einer winzigen Minderheit von Ethiker:innen (z. B., Google's ethics board (vgl. Shead, 2019); die UNESCO-Ad Hoc Expert Group for the Recommendation on the Ethics of Artificial Intelligence (vgl. UNESCO, 2020); die Horizon 2020 Commission Expert Group to advise on specific ethical issues raised by driverless mobility) (vgl. European Union, 2020)), statt – was notwendig wäre, um die komplexe *ethische* Aufgabe erfüllen zu können – ein Gremium von Ethiker:innen mit einer kleinen strukturierten interdisziplinären Komponente. Natürlich kann es auch zu einer Kombination dieser drei Erscheinungsformen kommen, z. B., dass die zweite verfolgt wird, um wirtschaftlichen Interessen im Sinne der ersten zu dienen.

Im ersten Fall, wenn Ethikausschüsse zum Spielball wirtschaftlicher Partikularinteressen werden, besteht die Gefahr, dass Ethikausschüsse nicht mehr in erster Linie der ethischen Beratung dienen, sondern für Reputationsgewinne und entsprechende wirtschaftliche Vorteile instrumentalisiert werden. So hat beispielsweise Alphabets KI-Konzern DeepMind ein Ethik- und Gesellschaftsteam gebildet und transparent gemacht (vgl. DeepMind o.J.), während Facebook behauptet, sich speziell für Ethik Zeit zu nehmen, ohne mehr darüber zu sagen (vgl. Novet, 2018). Die meisten Fellows des Ethik- und Gesellschaftsteams von Alphabets KI-Gruppe DeepMind (4 von 5) sind keine Ethiker:innen, die meisten Mitglieder des Teams sind keine Ethiker:innen (5 von 6), und die Forschung im Bereich Ethik von renommierten akademischen Einrichtungen wird weltweit (z. B. Oxford Internet Institute der Universität Oxford; das Center for Information Technology Policy an der Princeton University; das AI Now Institute an der NYU) zu ethischen Fragen finanziert, die genau den Kern der Geschäftsinteressen der DeepMind AI Gruppe betreffen. Letzteres provoziert zumindest einige Fragen über akademische Freiheit, Unabhängigkeit der Forschung, ... Das Gleiche oder sogar noch mehr gilt

z. B. für das von Facebook (vgl. Institut für Ethik in der künstlichen Intelligenz o.J.) finanzierte Institut für Ethik in der Künstlichen Intelligenz an der Technischen Universität München (vgl. Buchwald, 2019).

Im zweiten Fall, einer Stakeholder-Dialog-Übung, werden Ethikausschüsse eingesetzt, um das Ziel zu erreichen, die Vertreter:innen einer Vielzahl von Partikularinteressen zusammenzubringen und ihre Sichtweisen zu sammeln. Dies dient nicht dem Zweck der ethischen Beratung, denn Ethik ist eine akademische Disziplin und Ethik ist keine Demokratie (vgl. oben Unterkapitel 5.1). Oder würden Sie die Klärung z. B. eines mathematischen Problems einem Stakeholder-Dialog anvertrauen? In der High-Level Expert Group on Artificial Intelligence (HLEG AI) der Europäischen Kommission beispielsweise sind 48 von 52 Mitgliedern keine Ethiker:innen; die Gruppe besteht aus Vertreter:innen der Politik, der Universitäten, der Zivilgesellschaft und vor allem der Industrie (vgl. Europäische Komission, 2020). Eines ihrer Mitglieder erklärte, diese Zusammensetzung habe einen erheblichen negativen Einfluss auf ihre Arbeit und ihre Ergebnisse – die „Ethics Guidelines for Trustworthy Artificial Intelligence" von 2019 (vgl. European Commission, 2019). „Die Richtlinien sind lauwarm, kurzsichtig und vorsätzlich vage. Sie übertünchen schwierige Probleme (,explainability') durch Rhetorik, verletzen elementare Rationalitätsprinzipien und sie geben vor, Dinge zu wissen, die in Wirklichkeit einfach niemand weiß. Der Einsatz von tödlichen autonomen Waffensystemen war ein naheliegender Punkt auf unserer Liste (für ,Red Lines' – also nicht-verhandelbare ethische Prinzipien, die festlegen, was in Europa mit KI nicht gemacht werden darf), ebenfalls die KI-gestützte Bewertung von Bürgern durch den Staat (Social Scoring) und grundsätzlich der Einsatz von KI, die Menschen nicht mehr verstehen und kontrollieren können. Dass all dies gar nicht wirklich erwünscht war, habe ich erst verstanden, als mich der freundliche finnische HLEG-Präsident Pekka Ala-Pietilä (ehemals Nokia) mit sanfter Stimme gefragt hat, ob wir die Formulierung ,nicht verhandelbar' nicht doch aus dem Dokument streichen könnten? Im nächsten Schritt haben viele Industrievertreter und die an einer ,positiven Vision' interessierten Gruppenmitglieder vehement darauf bestanden, das Wort ,Red Lines' im ganzen Text zu löschen – obwohl ja genau diese roten Linien unser Arbeitsauftrag waren. Wenn Sie sich das Dokument nach der heutigen Veröffentlichung anschauen, werden Sie keine roten Linien mehr finden. Drei wurden komplett gelöscht, der Rest wurde verwässert und stattdessen ist nur noch die Rede von ,critical concerns'." (Metzinger, 2019)

Im dritten Fall, einem interdisziplinären Dialog mit einer winzigen Minderheit von Ethiker:innen anstelle – was notwendig wäre, um die komplexe ethische Aufgabe erfüllen zu können – eines Gremiums von Ethiker:innen mit einer kleinen, strukturierten, interdisziplinären Komponente oder eines Gremiums von Ethiker:innen, die interdisziplinär mit einem separaten interdisziplinären Gremium zusammenarbeiten, stellt sich die Frage, warum man eine wissenschaftliche Aufgabe, nämlich ethische Chancen und Risiken zu identifizieren und ethische Lösungen zu entwickeln, meist Personen ohne spezifische akademische Ausbildung und Qualifikation in diesem spezifischen Bereich anvertrauen würde. Oder würden Sie die Klärung z. B. eines mathematischen Problems einem Politikwissenschaftler übertragen? Würden wir die Bewältigung einer astrophysikalischen Herausforderung einer Rechtsexpertin anvertrauen? Oder würden wir einen Diplomaten einladen, sich mit einer biologischen Forschungsfrage zu befassen? Die UNESCO-Ad Hoc Expert Group for the Recommendation on the Ethics of Artificial Intelligence (vgl. UNESCO, 2020) besteht beispielsweise aus 24 Mitgliedern, von denen nur vier Ethiker:innen sind. Ihre Aufgabe war es, den ersten Entwurf des ersten globalen Standardisierungsinstruments für die Ethik der künstlichen Intelligenz zu erarbeiten, nachdem die UNESCO-Generalkonferenz in ihrer 40. Sitzung im November 2019 einen entsprechenden Beschluss gefasst hat. Natürlich muss bei einem solchen Unterfangen der angewandten Ethik eine interdisziplinäre Komponente irgendwie Teil der Aktivitäten der mit dieser Aufgabe betrauten Kommission sein. Aber warum sollte man diese Gruppe so zusammenstellen, dass die Ethiker:innen in der Minderheit sind, wenn die Aufgabe speziell die Ethik als wissenschaftliche Disziplin betrifft? Warum sollte man die notwendige ethische Expertise und den entsprechenden Fachdiskurs nicht einbeziehen?

Diese Konzeption, Organisation und Praxis von Ethikkommissionen und Ethikräten muss sich so schnell wie möglich ändern, denn es besteht die Gefahr des „ethics washing": Das bedeutet, dass die Industrie Ethikdebatten organisiert und kultiviert, um Zeit zu gewinnen – um die Öffentlichkeit abzulenken, um eine wirksame Regulierung und echte politische Entscheidungen zu verhindern oder zumindest zu verzögern. Politiker:innen richten auch gerne selbst Ethikkommissionen ein, weil sie selbst nicht wissen, was sie tun sollen, oder – wenn sie es wissen – aufgrund des intensiven Lobbyismus (in den USA gaben „Tech-Giganten, angeführt von Amazon, Facebook und Google, [...] im letzten Jahrzehnt fast eine halbe Milliarde für Lobbyarbeit aus" (Romm, 2020); „Facebook, Google, Apple, Amazon und Microsoft geben zusammen mehr als 20 Millionen Euro jährlich für ihre Lobbyarbeit in Europa aus" (Winter, 2020)) und der intransparenten Einflussnahme multinationaler Technologiekonzerne Gefahr laufen, es nicht tun zu wollen (vgl. LobbyControl, 2020). Doch gleichzeitig baut die Industrie eine „Ethik-Waschmaschine" nach der anderen: Facebook hat in die Technische Universität München investiert – in ein Institut, das KI-Ethiker:innen ausbilden soll, „Google hatte die Philosophen Joanna Bryson und Luciano Floridi für ein ‚Ethics Panel' – das Ende vergangener Woche überraschend eingestellt wurde – engagiert. Wäre das nicht so gekommen, hätte Google über Floridi – der auch Mitglied der HLEG AI ist – direkten Zugriff auf den Prozess bekommen, in dem die Gruppe ab diesem Monat die politischen und die Investitionsempfehlungen für die Europäische Union erarbeitet. Das wäre ein strategischer Triumph des amerikanischen Großkonzerns gewesen. Weil die Industrie viel schneller und effizienter ist als die Politik oder die Wissenschaft, besteht das Risiko, dass wir nach ‚Fake News' jetzt auch ein Problem mit Fake-Ethik bekommen. Inklusive jeder Menge Nebelkerzen, hochbezahlter Industriephilosophen, selbsterfundener Gütesiegel und nicht-validierter Zertifikate für ‚Ethical AI made in Europe'" (Metzinger, 2019). Ethikkommissionen und Ethikräte müssen den Ethiker:innen zurückgegeben werden!

6.4 Act Accordingly!

LEITFRAGE:

A. *How can this ethical assessment be concretely addressed and implemented?*

ZIEL:

Ziel ist es dabei, konkret und praxisnah aufzuzeigen, wie die ethische Position und die ethische Bewertung handlungswirksam adressiert und eine ethische Lösung umgesetzt werden können.

Der vierte Schritt „Act Accordingly" zählt zur ethischen Entscheidung, auch wenn Folgendes die Ethik mitdefiniert. „Die Ethik gibt überhaupt keine konkreten Handlungsanweisungen oder Vorschriften; vielmehr will sie denjenigen, der gut handeln will, dazu auffordern, die in wechselnden Situationen jeweils relevanten Normen zu problematisieren und selbst zu entscheiden, was in einem besonderen Fall das Gesollte ist. Nur im Selbstdenken, wollen und handeln jedes einzelnen ist Freiheit real, und eben dazu will die Ethik als philosophische Freiheitslehre anleiten" (Pieper, 2017, S. 157).

Gleichzeitig ist die Handlungs- und Praxisorientierung der Ethik als theoretische Wissenschaft unbestritten – unter Berücksichtigung der *zwei Prinzipien aller Prinzipien der Ethik: der Freiheit und der Menschenwürde.* „Bedenkt man jedoch, dass die Ethik daran interessiert ist, Freiheit als das Unbedingte im menschlichen Handeln sichtbar zu machen und gegen alle dogmatischen wie ideologischen Fixierungsversuche vonseiten derer, denen aus Machtinteressen an der Unfreiheit von Menschen gelegen ist, als das schlechthin verbindliche Kriterium ausnahmslos jedweder Praxis zu behaupten, so ist ihr Anliegen zugleich höchst anspruchsvoll, geht es ihr doch gerade um die Vermittlung der Einsicht, dass keine Theorie und keine Wissenschaft – seien sie ethisch auch noch so hochqualifiziert – dem Menschen die Freiheit nehmen können, zu der er aufgerufen ist: sich selbst als Freier unter anderen Freien zu verstehen und handelnd zu realisieren" (Pieper, 2017, S. 158).

Die der ethischen Entscheidung entsprechende Handlung bzw. ethische Lösung sollte eine Kohärenz mit der ethischen Entscheidung und ihrer Begründung aufweisen (vgl. Garz & Oser, 1999, S. 16). Der Hauptfokus von „Act Accordingly" liegt auf der konkreten und praktischen Realisierung einer ethischen Lösung. Diese sollte jedoch im Einklang mit den ethischen Referenzpunkten (z. B. Verantwortungsprinzip, Gerechtigkeitsprinzip, Menschenrechtsprinzipien) stehen, welche der ethischen Entscheidungsfindung eine ethische Basis und Ausrichtung gestiftet haben, und sich an diesen orientieren. Allenfalls notwendige Kontextualisierung im Zuge der Realisierung dieser ethischen Prinzipien in konkreten Kontexten darf jedoch weder eine Verwässerung noch eine Unterwanderung der ethischen Prinzipien beinhalten. So darf beispielsweise eine an den Menschenrechten orientierte ethische Lösung keine Diskriminierung von Menschen kennen. Wie die ethische Entscheidung muss in diesem Fall auch die Lösung menschenrechtsbasiert sein.

> **LEITFRAGE:**
>
> B. *Ethics Beyond Rules: How is the rule-transcending uniqueness of the concrete considered?*

> **ZIEL:**
>
> Ziel ist es, sicherzustellen, dass sowohl die Identifizierung der ethischen Frage/der ethischen Herausforderung/des ethischen Problems, deren bzw. dessen ethische Bewertung sowie die rationale und ethische Begründung dieser ethischen Position als auch die ethische Lösung der *regelüberragenden Einzigartigkeit des Konkreten* gerecht wird.

Die *regelüberragende Einzigartigkeit des Konkreten* bedeutet, dass ethische Prinzipien, Normen und Werte in der konkreten Begegnung mit konkreten Menschen in einer konkreten Situation kollidieren oder divergieren können und Regeln an ihre Grenzen stoßen, weil das Konkrete in seiner Einzigartigkeit die Regel überragt. Daher kann das ethisch Richtige und ethisch Gute in einer konkreten Begegnung mit konkreten Menschen in einer konkreten Situation umfassen, im Dienste des ethisch Richtigen und ethisch Guten ein ethisches Prinzip bzw. eine ethische Norm bzw. einen ethischen Wert zu missachten. Ethische Prinzipien, Normen und Werte verlieren dadurch nicht ihre Gültigkeit, sondern werden durch dieses Streben nach dem ethisch Richtigen und ethisch Guten in der konkreten Begegnung mit konkreten Personen in einer konkreten Situation bekräftigt. Dadurch wird sichergestellt, dass die ethischen Prinzipien und Normen dem Menschen dienen und nicht umgekehrt.

Der Erfüllung dieser Anforderung kann dazu dienen, sich vor Augen zu führen, wie solche Kollisionen und Divergenzen von Prinzipien, Normen und Werten aussehen können. Diese können in drei Hauptklassen differenziert werden:

- „Es kann erstens passieren, dass Normen, die zu ein und demselben Moralsystem gehören, miteinander kollidieren.
  - Dies ist z. B. der Fall, wenn sich die Regel, immer wahrhaftig zu sein, in einer bestimmten Situation mit der Regel, niemandem Leid zuzufügen, nicht in Einklang bringen lässt, sodass das Sagen der Wahrheit mit der Zufügung großen Leids verbunden ist, das Verschweigen der Wahrheit aber zu ständigem Lügen zwingt. [...]
- Es kann zweitens der Fall eintreten, dass Normen, die zu verschiedenen Moralsystemen gehören, miteinander kollidieren.
  - Für den Pazifisten ist z. B. die Forderung, keine Waffen zu tragen und sich aus Kriegshandlungen herauszuhalten, mit der Forderung des Staates, sein Vaterland notfalls mit Waffen zu verteidigen, unvereinbar. [...]
- Es kann schließlich drittens eine bestimmte, allgemein anerkannte Norm oder Wertvorstellung das Selbstverständnis eines einzelnen so tiefgreifend beeinträchtigen, dass ihre Befolgung seine freie Selbstverwirklichung, auf die er einen moralischen Anspruch hat, in unzulässiger Weise behindern würde. Hier

entsteht der Konflikt nicht durch die Unvereinbarkeit von allgemeinen Normen oder Normensystemen, sondern durch den Zusammenstoß einer allgemein anerkannten mit einer in bestimmter Weise ausgelegten Individualnorm." (Pieper, 2017, S. 32f).

Weiterführende Literatur

Jonas, H. (1985). *Das Prinzip der Verantwortung: Versuch einer Ethik für die technologische Zivilisation* (4. Aufl.). Insel.

Kirchschläger, P. G. (2013). *Wie können Menschenrechte begründet werden? Ein für religiöse und säkulare Menschenrechtskonzeptionen anschlussfähiger Ansatz*. LIT-Verlag.

Sandel, M. J. (2010). *Justice. What's the Right Thing to Do?* Macmillan.

7 Ausblick: Ethik-SAMBA. Mit Leichtigkeit und argumentativer Eleganz in 4 Schritten ethisch entscheiden

SAMBA wird die ethischen Fragen nicht einfacher sowie die ethischen Chancen und ethischen Risiken nicht kleiner machen. Auch werden die notwendigen ethischen Entscheidungen durch SAMBA weder abnehmen noch weniger herausforderungsvoll. Mit SAMBA sollte es aber gelingen, sorgfältig informiert und begründet zu einer ethischen Entscheidung zu gelangen, eine ethische Entscheidung konzis und kompakt auf den Punkt zu bringen, präzise Klarheit über die Gründe zu erlangen, die einer ethischen Entscheidung und einem damit korrespondierenden Handeln zugrunde liegen, sowie ermutigt und selbstbewusst konkret zu handeln und eine ethische Lösung zu realisieren.

Diese genaue Kenntnis der Gründe für eine ethische Entscheidung erlaubt es auch, aus Respekt vor der Freiheit und Menschenwürde aller Menschen sowie ihrer Autonomie und Selbstbestimmung und damit verbunden vor der Pluralität von Ethiken nicht nur die ethische Entscheidung sowie damit korrespondierendes Handeln zu kommunizieren, sondern diese Mitteilung jeweils mit der Angabe von Argumenten und Gründen zu verbinden, da man sich dann über diese Argumente und Gründe austauschen und diese diskutieren kann. Diese Argumente und Gründe sollten danach streben, „gute Gründe" zu sein. „Gute Gründe" bedeutet, dass es denkbar sein muss, dass alle Menschen in ihrer effektiven Freiheit und Autonomie sowie in ihrer vollen Gleichheit diesen Gründen – innerhalb eines Denkmodells und nicht innerhalb einer realen weltweiten Volksabstimmung – aus ethischen Gründen zustimmen würden (vgl. Kirchschläger, 2021a).

Die Gründe für die eigene ethische Entscheidung zu kennen, verleiht Sicherheit. Dies befähigt auch dazu, den sich als ethisch richtig herauskristallisierten Weg konsequent zu beschreiten und der ethischen Entscheidung konkrete Maßnahmen ihrer Realisierung folgen zu lassen.

Darüber hinaus eröffnet SAMBA den sozialen Horizont, dass die Freiheit aller Menschen mit Verantwortung gelebt wird, indem ethische Entscheidungen verantwortungsvoll gefällt und umgesetzt werden.

Schließlich bewirkt SAMBA ein „Empowerment", Indifferenz zu überwinden oder ihr keine Chance zu lassen, sondern ethisch begründet Position zu beziehen und durch entsprechendes ethisch ausgerichtetes Handeln einen Beitrag zu einer besseren Welt zu leisten – geprägt vom Prinzip der Verantwortung, dem Prinzip der intergenerationellen, omni-dynamischen sozialen Gerechtigkeit, die das Nachhaltigkeitsprinzip mit sich bringt, und von den Menschenrechten.

Literaturverzeichnis

Achtner, Wolfgang (2010): Willensfreiheit in Theologie und Naturwissenschaften: Ein historisch-systematischer Wegweiser. Darmstadt: Wissenschaftliche Buchgesellschaft.
Alexy, Robert (1998): "Die Institutionalisierung der Menschenrechte im demokratischen Verfassungsstaat". In: Gosepath, Stefan / Lohmann, Georg (Hrsg.): Philosophie der Menschenrechte. Frankfurt am Main: Suhrkamp, 244-264.
Alwang, Jeffrey / Siegel, Paul B. / Jorgenson, Steen L. (2002): "Vulnerability as Viewed from Different Disciplines". In: International Symposium: Sustaining Food Security and Managing Natural Resources in Southeast Asia: Challenges for the 21st Century. January 8–11, Chiang Mai, Thailand. Online: https://studylib.net/doc/18294386/vulnerability-as-viewed-from-different-disciplines [13.07.2023].
Anderson, Michael / Anderson, Susan (2011): "General Introduction". In: Anderson, Michael / Anderson, Susan (Hrsg.): Machine Ethics. Cambridge: Cambridge University Press, 1-4.
Anzenbacher, Arno (1998): Christliche Sozialethik: Einführung und Prinzipien. Paderborn: Ferdinand Schoeningh.
Anzenbacher, Arno (2015): "Moralität, Gewissen und der Wille Gottes: Überlegungen zu Summa theologiae I-II, q. 19". In: ET-Studies 6(2), 273-300.
Apel, Karl-Otto (1988): Diskurs und Verantwortung: Das Problem des Überganges zur postkonventionellen Moral. Frankfurt am Main: Suhrkamp.
Appiah, Kwame Anthony (2007): Der Kosmopolit. Philosophie des Weltbürgertums. München: C. H. Beck.
Aristoteles (1983): Nikomachische Ethik. Dirlmeier, Franz (Hrsg.). Stuttgart: Reclam.
Baier, Kurt (1974): Der Standpunkt der Moral: Eine rationale Grundlegung der Ethik. Düsseldorf: Patmos.
Barnes, Michael (2002): Theology and the Dialogue of Religions. Cambridge Studies in Christian Doctrine. Cambridge: Cambridge University Press.
Bauer, Emmanuel J. (Hrsg.) (2007): Freiheit in philosophischer, neurowissenschaftlicher und psychotherapeutischer Perspektive. München: Wilhelm Fink.
Bayertz, Kurt (1995): "Eine kurze Geschichte der Herkunft der Verantwortung". In: Bayertz, Kurt: Verantwortung. Prinzip oder Problem? Darmstadt: WBG, 3-71.
Bayertz, Kurt (2010): "Art. Verantwortung". In: Sandkühler, Hans Joerg (Hrsg.): Enzyklopädie Philosophie 3 (Q-Z). Hamburg: Felix Meiner, 2861-2862.
Bentham, Jeremy (1975): "Eine Einführung in die Prinzipien der Moral und der Gesetzgebung". In: Höffe, Otfried (Hrsg.), Einführung in die utilitaristische Ethik. München: UTB. 35-58.
Bentham, Jeremy (2007): An Introduction to the Principles of Morals and Legislation. Dover Philosophical Classics. New York: Dover.
Bhargava, Vikram / Kim, Tae Wan (2017): "Autonomous Vehicles and Moral Uncertainty". In: Lin, Patrick / Jenkins, Ryan / Abney, Keith (Hrsg.): Robot ethics 2.0: From autonomous cars to artificial intelligence. New York: Oxford University Press, 5-19.
Birnbacher, Dieter (2006): "Responsibility for future generations". In: Tremmel, Joerg Chet (Hrsg.): Handbook of Intergenerational Justice. Cheltenham: Edward Elgar Publishing, 23-38.
Bleisch, Barbara / Huppenbauer, Markus / Baumberger, Christoph (2021): Ethische Entscheidungsfindung. Ein Handbuch für die Praxis (3. Aufl.). Zürich: Versus-Verlag.
Bloch, Walter (2011): Willensfreiheit? Neue Argumente in einem alten Streit. Hodos – Wege bildungsbezogener Ethikforschung in Philosophie und Theologie 11. Frankfurt am Main: Peter Lang.
Bobbert, Monika / Scherzinger, Gregor (Hrsg.) (2019): Gute Begutachtung?: Ethische Perspektiven der Evaluation von Ethikkommissionen zur medizinischen Forschung am Menschen. Wiesbaden: Springer.

Literaturverzeichnis

Bonhoeffer, Dietrich (1992): Ethik. Werke 6. Gütersloh: Gütersloher Verlagshaus.

Bostrom, Nick (2009): "The Future of Humanity". In: Olsen, Jan-Kyrre Berg / Selinger, Evan / Riis, Soren (Hrsg.): New Waves in Philosophy of Technology. New York: Palgrave McMillan, 186-216.

Bostrom, Nick (2014): Superintelligence: Paths, Dangers, Strategies. New York: Oxford University Press.

Bourg, Dominique (2006): "The French Constitutional Charter for the environment: an effective instrument?". In: Tremmel, Joerg Chet (Hrsg.): Handbook of Intergenerational Justice. Cheltenham: Edward Elgar Publishing, 230-243.

Brey, Philip A. E. (2014): "From Moral Agents to Moral Factors: The Structural Ethics Approach". In: Kroes, Peter / Verbeek, Peter-Paul (Hrsg.): The Moral Status of Technical Artefacts. Philosophy of Engineering and Technology 17. Dordrecht: Springer, 124-142.

Brown Weiss, Edith (1989): In Fairness to Future Generations: International Law, Common Patrimony, and Intergenerational Equity. Tokyo: United Nations University / Transnational Publishing.

Brugger, Walter (1992): Stufen der Begründung von Menschenrechten. In: Der Staat 31, 19–31.

Bryson, Joanna (2010): "Robots Should Be Slaves". In: Wilks, Yorick (Hrsg.): Close Engagements with Artificial Companions: Key Social, Psychological, Ethical and Design Issues. Amsterdam: John Benjamins Publishing, 63-74.

Buchwald, Sabine (2019): "Sind die Forscher am von Facebook finanzierten Ethik-Institut wirklich frei?". In: Süddeutsche Zeitung, December 13. Online: https://www.sueddeutsche.de/muenchen/muenchen-tu-finanzierung-facebook-1.4723566 [13.07.2023].

Bühl, Walter L. (1998): Verantwortung für soziale Systeme: Grundzüge einer globalen Gesellschaftsordnung. Stuttgart: Cotta'sche Buchhandlung.

Butler, Judith (2004): Le pouvoir des mots. Politique du performatif. Paris: Éditions Amsterdam.

Casanova, José (2015): "Der säkulare Staat, religiöser Pluralismus und Liberalismus". In: Schwarz, Gerhard / Sitter-Liver, Beat / Holderegger, Adrian / Tag, Brigitte (Hrsg.): Religion, Liberalität und Rechtsstaat: Ein offenes Spannungsverhältnis. Zürich: Verlag Neue Zürcher Zeitung, 19-25.

Coeckelbergh, Mark (2012): Growing Moral Relations: Critique of Moral Status Ascription. New York: Palgrave Macmillan.

Corillon, Carol (1989): "The Role of Science and Scientists in Human Rights". In: The Annals of American Academy of Political and Social Science 506(1), 129-140.

Council of Europe (2018): Discrimination, Artificial Intelligence and Algorithmic Decision-Making. Online: https://rm.coe.int/discrimination-artificial-intelligence-and-algorithmic-decision-making/1680925d73 [13.07.2023].

Decker, Michael (2019a): "Autonome Systeme und ethische Reflexion". In: Thimm, Caja / Bächle, Thomas Christian (Hrsg.): Freund oder Feind?. Wiesbaden: Springer, 135-158.

Decker, Michael (2019b): "Ethische Fragen bei autonomen Systemen". In: Müller, Oliver / Liggieri, Kevin (Hrsg.): Mensch-Maschine-Interaktion. Stuttgart: J.B. Metzler, 309-315.

DeepMind (n.d.): Exploring the real-world impacts of AI. Online: https://deepmind.com/about/ethics-and-society#fellows [13.07.2023].

Demmer, Klaus (2010): Bedrängte Freiheit. Die Lehre von der Mitwirkung – neu bedacht. Studien zur Theologischen Ethik 127. Freiburg im Uechtland: Herder.

Der Große Herder (1935): "Verantwortung". In: Nachschlagewerk für Wissen und Leben 12. 4. Auflage. Freiburg im Breisgau: Herder, 153-154.

Dierksmeier, Claus (2006): "John Rawls on the rights of future generations". In: Tremmel, Joerg Chet (Hrsg.): Handbook of Intergenerational Justice. Cheltenham: Edward Elgar Publishing, 72-85.

Dignum, Virginia (2019): Responsible Artificial Intelligence: How to Develop and Use AI in a Responsible Way. Cham: Springer.

Düwell, Markus / Hübenthal, Christoph. (2011): Handbuch Ethik (M. H. Werner, Hrsg.). Stuttgart: J.B Metzler.
Düwell, Marcus / Neumann, Josef J. (Hrsg.) (2005): Wie viel Ethik verträgt die Medizin?. Paderborn: Mentis.
Enderle, Georges (2002): "Veränderungen der Ökonomie im Kontext von Globalisierungsprozessen". In: Virt, Günter (Hrsg.): Der Globalisierungsprozess: Facetten einer Dynamik aus ethischer und theologischer Perspektive. Freiburg im Breisgau: Herder, 19-40.
European Commission (2019): Ethics Guidelines for Trustworthy Artificial Intelligence. https://digital-strategy.ec.europa.eu/en/library/ethics-guidelines-trustworthy-ai [13.07.2023].
European Commission (2020): Robotics and Artificial Intelligence. https://digital-strategy.ec.europa.eu/en/policies/expert-group-ai [13.07.2023].
European Group on Ethics in Science and New Technologies (2018): Statement on Artificial Intelligence, Robotics and 'Autonomous' Systems. Online: http://ec.europa.eu/research/ege/pdf/ege_ai_statement_2018.pdf [13.0.2023].
European Union (2020): Ethics of Connected and Automated Vehicles: Recommendations of road safety, privacy, fairness, explainability and responsibility.
Fellsches, Josef (2010): „Tugend". In: Sandkühler, Hans Jörg (Hrsg.), Enzyklopädie Philosophie. Hamburg: Felix Meiner, 2781-2783.
Fenner, Dagmar (2020): Ethik. Wie soll ich handeln?. Tübingen: UTB.
Ferrarese, Estelle (2009): "'Gabba-Gabba, We Accept you, One of us': Vulnerability and Power in the Relationship of Recognition". In: Constellations 16(4), 604-614.
Fink, Helmut / Rosenzweig, Rainer (Hrsg.) (2006): Freier Wille – frommer Wunsch? Gehirn und Willensfreiheit. Paderborn: Mentis.
Fleischer, Margot (2012): Menschliche Freiheit – ein vielfältiges Phänomen: Perspektiven von Aristoteles, Augustin, Kant, Fichte, Sartre und Jonas. Freiburg im Breisgau: Karl Alber.
Floridi, Luciano (2014): "Artificial Agents and Their Moral Nature". In: Kroes, Peter / Verbeek, Peter-Paul (Hrsg.): The Moral Status of Technical Artefacts. Philosophy of Engineering and Technology 17. Dordrecht: Springer, 185-212.
Floridi, Luciano / Sanders, Jeff W. (2004): "On the Morality of Artificial Agents". In: Minds and Machines 14(3), 349-379.
Forester-Miller, Holly / David, Thomas. E (1995): A practitioner's guide to ethical decision making. American Counseling Association.
Frezzo, Mark (2015): The Sociology of Human Rights: An Introduction. Cambridge: Polity Press.
Fritzsche, K. Peter (2016): Menschenrechte: Eine Einführung mit Dokumenten. Paderborn: Ferdinand Schoeningh.
Gariup, Deane (2011): "Der harzige Weg zum Frauenstimmrecht". In: POLITHINK.ch, February 7. Online: https://swisspolithink.wordpress.com/2011/02/07/der-harzige-weg-zum-frauenstimmrecht/ [13.07.2023].
Garz, Detlef / Oser, Fritz (1999): Moralisches Urteil und Handeln (W. Althof, Hrsg.). Frankfurt am Main: Suhrkamp.
Geert, Bernard (1970): The Moral Rules: A New Rational Foundation for Morality. New York: Harper & Row.
Giers, Joachim (1957): "Zum Begriff der iustitia socialis: Ergebnisse der theologischen Diskussion seit dem Erscheinen der Enzyklika 'Quadragesimo anno' 1931". In: Münchener Theologische Zeitschrift 7, 61-74.
Gillmore, Gerald M. / Hunter, John E. (1974): Legalism, Antinomianism, Situationism: Three Moral Decision-Making Orientations. Review of Religious Research National and International Studies 16(1), 3.
Glatzel, Norbert (2000): "'Soziale Gerechtigkeit' – ein umstrittener Begriff". In: Nothelle-Wildfeuer, Ursula / Glatzel, Norbert (Hrsg.): Christliche Sozialethik im Dialog: Zur

Zukunftsfähigkeit von Wirtschaft, Politik und Gesellschaft. Festschrift für Lothar Roos zum 65. Geburtstag. Grafschaft: Vektor, 139-150.

Gosepath, Stefan (2010): "Gerechtigkeit". In: Sandkühler, Hans Jörg (Hrsg.): Enzyklopädie Philosophie 1. Hamburg: Felix Meiner, 835-839.

Gosseries, Axel (2008): "Theories of intergenerational justice: A synopsis". In: Surveys and Perspectives Integrating Environment and Society 1(1), 61-71.

Gould, Carol C. (2015): "A Social Ontology of Human Rights". In: Cruft, Rowan / Liao, S. Matthew / Renzo, Massimo (Hrsg.): Philosophical Foundations of Human Rights. Oxford: Oxford University Press, 177-195.

Griffin, James (2015): "The Relativity and Ethnocentricity of Human Rights". In: Cruft, Rowan / Liao, S. Matthew / Renzo, Massimo (Hrsg.): Philosophical Foundations of Human Rights. Oxford: Oxford University Press, 555-569.

Grimm, Jacob / Grimm, Wilhelm (1956): "Verantwortung". In: Wörterbuch 12(1). München: Deutscher Taschenbuch Verlag, Sp. 79-82.

Guckes, Barbara (2003): Ist Freiheit eine Illusion? Eine metaphysische Untersuchung. Paderborn: Mentis.

Gunkel, David J. (2018): "The Other Question: Can and Should Robots Have Rights?". In: Ethics and Information Technology 20(2), 87-99.

Gut, Walter (2008): "Eine Sternstunde der Menschheit: Die Allgemeine Erklärung der Menschenrechte von 1948". In: Schweizerische Kirchenzeitung 176(49), 816-819.

Habermas, Jürgen (1983): Moralbewusstsein und kommunikatives Handeln. Frankfurt am Main: Suhrkamp.

Habermas, Jürgen (1998): "Konzeptionen der Moderne. Ein Rückblick auf zwei Traditionen". In: Habermas, Jürgen: Die postnationale Konstellation: Politische Essays. Frankfurt am Main: Suhrkamp, 195-231.

Habermas, Jürgen (1999a): "Richtigkeit versus Wahrheit". In: Habermas, Jürgen: Wahrheit und Rechtfertigung. Frankfurt am Main: Suhrkamp, 271-318.

Habermas, Jürgen (1999b): "Zur Legitimation durch Menschenrechte". In: Brunkhorst, Hauke / Niesen, Peter (Hrsg.): Das Recht der Republik. Frankfurt am Main: Suhrkamp, 386-403.

Habermas, Jürgen (2001): Die Zukunft der menschlichen Natur. Auf dem Weg zu einer liberalen Eugenik? Frankfurt am Main: Suhrkamp.

Habermas, Jürgen (2011): ‚The Political'. The Rational Meaning of Questionable Inheritance of Political Theology. In: Mendieta, Eduardo / Van Antwerpen, Jonathan (Hrsg.): The Power of Religion in the Public Sphere. New York: Columbia University Press, 15-33.

Hastedt, H. (Hrsg.) (1994): Ethik. Ein Grundkurs. Reinbek bei Hamburg: Rohwohlt.

Heidbrink, Ludger (2003): Kritik der Verantwortung: Zu den Grenzen verantwortlichen Handelns in komplexen Kontexten. Weilerswist: Velbrueck.

Heller Levitt, D. / Hartwig Moorhead, H. J. (2013): Values and Ethics in counseling. Reallife ethical decision making. New York: Routledge.

Henning, T. (2019): Allgemeine Ethik. Paderborn: UTB.

Herrmann-Sinar, S. (2010): Prinzip. In: Sandkühler, Hans Jörg (Hrsg.), Enzyklopädie Philosophie. Hamburg: Felix Meiner, 2143-2144.

Hersch, Jeanne (1992): Im Schnittpunkt der Zeit. Zürich: Benzinger.

Hieronymi, Andreas (2016): "Das VUCA-Konzept – Vier Denkkategorien für Führung und Kommunikation in einer Welt des Wandels". In: Fandel-Meyer, Tanja / Meier, Christoph (Hrsg.): scil Arbeitsbericht 25 – Führungskräfteentwicklung mit Zukunft, 6-21.

Höffe, Otfried (1990): Kategorische Rechtsprinzipien. Frankfurt a. M.: Suhrkamp.

Höffe, Otfried (1991): "Transzendentale Interessen: Zur Anthropologie der Menschenrechte". In: Kerber, Walter (Hrsg.): Menschenrechte und kulturelle Identität. München: Kindt, 15-36.

Höfling, Wolfram (2014): "Gewissens- und religionsfreiheitlich fundierte Profilierung kirchlicher Gesundheitseinrichtungen?". In: Bormann, Franz-Josef / Wetzstein, Verena

(Hrsg.): Gewissen: Dimensionen eines Grundbegriffs medizinischer Ethik. Berlin: De Gruyter, 89-99.

Hörnle, Tatjana (2011): "Zur Konkretisierung des Begriffs 'Menschenwürde'". In: Joerden, Jan C. / Hilgendorf, Eric / Petrillo, Natalia / Thiele, Felix (Hrsg.): Menschenwürde und moderne Medizintechnik. Baden-Baden: Nomos Verlagsgesellschaft, 57-76.

Hoffmaster, Barry (2006): "What Does Vulnerability Mean?" In: Hastings Center Report 36(2), 38-45.

Hogan, Linda (2004): "Conscience in the Documents of Vatican 2". In: Curran, Charles E. (Hrsg.): Conscience. Readings in Moral Theology 14. New York: Paulist Press, 82-88.

Holderegger, Adrian (2006): "Verantwortung". In: Wils, Jean-Pierre / Hübenthal, Christoph (Hrsg.): Lexikon der Ethik. Paderborn: Ferdinand Schoeningh, 394-403.

Holderegger, Adrian / Sitter-Liver, Beat / Hess, Christian W. / Rager, Günther (Hrsg.) (2007): Hirnforschung und Menschenbild: Beiträge zur interdisziplinären Verständigung. Basel: Schwabe / Academic Press Fribourg.

Holzhey, Helmut (1975): "Soll man sich des Gewissens wegen ein Gewissen machen? (Vorwort)". In: Holzhey, Helmut (Hrsg.): Gewissen?. Philosophie aktuell 4. Basel: Schwabe, 7-10.

Honecker, Martin (1990): Einführung in die Theologische Ethik: Grundlagen und Grundbegriffe. Berlin: De Gruyter.

Honnefelder, Ludger (1982): "Praktische Vernunft und Gewissen". In: Hertz, Anselm / Korff, Wilhelm / Rendtorff, Trutz / Ringeling, Hermann (Hrsg.): Handbuch der Christlichen Ethik 3. Freiburg im Breisgau: Herder, 19-43.

Honnefelder, Ludger (2012): "Theologische und metaphysische Menschenrechtsbegründungen". In: Pollmann, Arnd / Lohmann, Georg (Hrsg.): Menschenrechte. Ein interdisziplinäres Handbuch. Stuttgart: J.B. Metzler, 171-178.

Honnefelder, Ludger (1993): "Vernunft und Gewissen: Gibt es eine philosophische Begründung für die Normativität des Gewissens?". In: Hoever, Gerhard / Honnefelder, Ludger (Hrsg.): Der Streit um das Gewissen. Paderborn: Schoeningh, 113-121.

Hoppe, Thomas (2002): "Soziale Gerechtigkeit – ein zentrales Anliegen der katholischen Soziallehre". In: Rauscher, Anton (Hrsg.): Soziale Gerechtigkeit. Köln: J.P. Bachem, 31-56.

Hubig, Christoph (2011): "Technikethik". In: Stoecker, Ralf / Neuhäuser, Christian / Raters, Marie-Luise (Hrsg.): Handbuch Angewandte Ethik. Stuttgart: J. B. Metzler, 170-175.

Hübsch, Stefan (1995): Philosophie des Gewissens: Beiträge zur Rehabilitierung des philosophischen Gewissensbegriffs. Neue Studien zur Philosophie 10. Göttingen: Vandenhoeck und Ruprecht.

Huriet, Claude (2009): "Ethics Committees". In: Have, Henk A. M. J. ten / Jean, Michele S. (Hrsg.): The UNESCO Universal Declaration on Bioethics and Human Rights: Background, principles and application. Ethics Series. Paris: UNESCO Publishing, 265-270.

Institute for Ethics in Artificial Intelligence (n.d.): Homepage. Online: https://ieai.mcts.tum.de/ [13.07.2023].

Joas, Hans (2011): Die Sakralität der Person: Eine neue Genealogie der Menschenrechte. Berlin: Suhrkamp.

Joas, Hans (2015): Sind die Menschenrechte westlich?. München: Koesel-Verlag, 71-80.

Johnson, Deborah (2006): "Computer Systems: Moral Entities but not Moral Agents". In: Ethics and Information Technology 8(4), 195-204.

Johnson, Deborah / Noorman, Merel (2014): "Artefactual Agency and Artefactual Moral Agency". In: Kroes, Peter / Verbeek, Peter-Paul (Hrsg.): The Moral Status of Technical Artefacts. Philosophy of Engineering and Technology 17. Dordrecht: Springer, 143-158.

Jonas, Hans (1985): Das Prinzip Verantwortung: Versuch einer Ethik für die technologische Zivilisation. 4. Auflage. Frankfurt am Main: Insel.

Literaturverzeichnis

Jones, Charles (1999): Global Justice: Defending Cosmopolitanism. Oxford: Oxford University Press.

Kant, Immanuel (1974): Grundlegung zur Metaphysik der Sitten. Weischedel, Wilhelm (Hrsg.). Werkausgabe 7. Frankfurt am Main: Suhrkamp.

Kant, Immanuel (1990): Eine Vorlesung über Ethik. Gerhardt, Gerd (Hrsg.). Frankfurt am Main: Frankfurter Fischer Taschenbuch Verlag.

Kant, Immanuel (1995a): Kritik der reinen Vernunft 2. Weischedel, Wilhelm (Hrsg.). Werkausgabe 4. Frankfurt am Main: Suhrkamp.

Kant, Immanuel (1995b): "Über Pädagogik". In: Kant, Immanuel: Schriften zur Anthropologie, Geschichtsphilosophie, Politik und Pädagogik 2. Weischedel, Wilhelm (Hrsg.). Werkausgabe 12. Frankfurt am Main: Suhrkamp, 691-761.

Kant, Immanuel (1997): Die Metaphysik der Sitten. Weischedel, Wilhelm (Hrsg.). Werkausgabe 8. Frankfurt am Main: Suhrkamp.

Keenan, James F. (2010): A History of Catholic Moral Theology in the Twentieth Century: From Confessing Sins to Liberating Conscience. New York: Continuum.

Kirchschläger, Peter G. (2007): "Brauchen die Menschenrechte eine (moralische) Begründung?". In: Kirchschläger, Peter G. / Kirchschläger, Thomas / Belliger, Andrea / Krieger, David (Hrsg.): Menschenrechte und Kinder. Internationales Menschenrechtsforum Luzern (IHRF) 4. Bern: Stämpfli, 55-64.

Kirchschläger, Peter G. (2011): "Das ethische Charakteristikum der Universalisierung im Zusammenhang des Universalitätsanspruchs der Menschenrechte". In: Ast, Stephan / Mathis, Klaus / Hänni, Julia / Zabel, Benno (Hrsg.): Gleichheit und Universalität. Archiv für Rechts- und Sozialphilosophie 128. Stuttgart: Franz Steiner, 301-312.

Kirchschläger, Peter G. (2013a): "Die Multidimensionalität der Menschenrechte – Chance oder Gefahr für den universellen Menschenrechtsschutz?". In: MenschenRechtsMagazin 18(2), 77-95.

Kirchschläger, Peter G. (2013b): "Gerechtigkeit und ihre christlich-sozialethische Relevanz". In: Zeitschrift für katholische Theologie 135(4), 433–456.

Kirchschläger, Peter G. (2013c): "Menschenrechte und Politik". In: Yousefi, Hamid Reza (Hrsg.): Menschenrechte im Weltkontext: Geschichten – Erscheinungsformen – Neuere Entwicklungen. Heidelberg: Springer, 255-260.

Kirchschläger, Peter G. (2013d): Wie können Menschenrechte begründet werden? Ein für religiöse und säkulare Menschenrechtskonzeptionen anschlussfähiger Ansatz. Religions-Recht im Dialog 15. Muenster: LIT-Verlag.

Kirchschläger, Peter G. (2013e): "Human Rights as an Ethical Basis for Science". In: Journal of Law, Information and Science 22(2), 1-17.

Kirchschläger, Peter G. (2014a): "Human Rights and Corresponding Duties and Duty Bearers". In: International Journal of Human Rights and Constitutional Studies 2(4), 309-321.

Kirchschläger, Peter G. (2014b): "The Relation between Democracy and Human Rights". In: Grinin, Leonid E. / Ilyin, Ilya V. / Korotayev, Andrey V. (Hrsg.): Globalistics and Globalization Studies: Aspects & Dimensions of Global Views, Yearbook. Volgograd: Uchitel Publishing House, 112-125.

Kirchschläger, Peter G. (2014c): "Verantwortung aus christlich-sozialethischer Perspektive". In: ETHICA 22(1), 29-54.

Kirchschläger, Peter G. (2015a): "Adaptation – A Model for Bringing Human Rights and Religions Together". In: Acta Academica 47(2), 163-191.

Kirchschläger, Peter G. (2015b): "Das Prinzip der Verletzbarkeit als Begründungsweg der Menschenrechte". In: Freiburger Zeitschrift für Philosophie und Theologie 62(1), 121-141.

Kirchschläger, Peter G. (2016a): "Building Bridges to Religions by Justifying Human Rights. The 'Clash of Reasons' and Its Conceptual Impact on Human Rights Discourse". In: Zajda, Joseph/Ozdowski, Sev (Hg.): Globalisation. Human Rights Education and Reforms, 169-186.

Kirchschläger, Peter G. (2016b): "How Can We Justify Human Rights?". In: International Journal of Human Rights and Constitutional Studies 4(4), 313-329.

Kirchschläger, Peter G. (2016c): "KonsumActors – mehr Macht beim Einkauf als an der Urne? Konsumethische Überlegungen zur Verantwortung beim Einkaufen". In: ETHICA 24(2), 133-157.

Kirchschläger, Peter G. (2016d): Menschenrechte und Religionen. Nichtstaatliche Akteure und ihr Verhältnis zu den Menschenrechten. Gesellschaft – Ethik – Religion 7. Paderborn: Ferdinand Schoeningh.

Kirchschläger, Peter G. (2016e): "The Interplay of the Legal and the Moral Dimension of Human Rights for the Implementation of Human Rights". In: International Journal of Human Rights and Constitutional Studies 4(1), 31-44.

Kirchschläger, Peter G. (2016f): "To What Extent Should the State Protect Human Beings from Themselves? An Analysis from a Human Rights Perspective". In: Mathis, Klaus / Tor, Avishalom (Hrsg.): 'Nudging' – Possibilities, Limitations and Applications in European Law and Economics. Cham: Springer, 59-67.

Kirchschläger, Peter G. (2017a): "Gewissen aus moraltheologischer Sicht". In: Zeitschrift für katholische Theologie 139(2), 152-177.

Kirchschläger, Peter G. (2017b): "Die Rede von 'moral technologies': Eine Kritik aus theologisch-ethischer Sicht". In: feinschwarz.net, March 20. Online: https://www.feinschwarz.net/die-rede-von-moral-technologies/ [13.07.2023].

Kirchschläger, Peter G. (2018): "Die Menschenrechte als hermeneutischer Schlüssel zu ethischen Grundfragen des 21. Jahrhunderts: Begründung und Ausblick". In: Zeitschrift für katholische Theologie 140, 361-379.

Kirchschläger, Peter G. (2019): "Digital Transformation of Society and Economy Ethical Considerations from a Human Rights Perspective". In: International Journal of Human Rights and Constitutional Studies 6(4), 301-321.

Kirchschläger, Peter G. (2020a): "Human Dignity and Human Rights: Fostering and Protecting Pluralism and Particularity". In: Interdisciplinary Journal for Religion and Transformation in Contemporary Society 6(1), 90-106.

Kirchschläger, Peter G. (2020b): "Kollektive versus individuelle Religionsfreiheit – was ist gerecht?". In: Freiburger Zeitschrift für Philosophie und Theologie 67(1), 52-66.

Kirchschläger, Peter G. (2021a): Digital Transformation and Ethics. Ethical Considerations on the Robotization and Automation of Society and the Economy and the Use of Artificial Intelligence. Baden-Baden: Nomos.

Kirchschläger, Peter G. (2021b): "Ethics of Blockchain Technology". In: Ulshoefer, Gotlind / Kirchschläger, Peter G. / Huppenbauer, Markus (Hrsg.): Digitalisierung aus theologischer und ethischer Perspektive. Konzeptionen – Anfragen – Impulse. Zürich: Pano, 185-209.

Kirchschläger, Peter G. (2022a): "Menschenrechte als ethischer Referenzpunkt Theologischer Ethik, Philosophischer Ethik und positiven Rechts". In: Jahrbuch für Recht und Ethik / Annual Review of Law and Ethics, 30(1), 41-70.

Kirchschläger, Peter. G. (2022b): "Music and a ‚Universal Culture of Human Rights'". In Fifer, Julian / Impey, Angela / Kirchschläger, Peter G. / Nowak, Manfred / Ulrich, Georg (Hrsg.), The Routledge Companion to Music and Human Rights. London: Routledge, 447-459.

Kirchschläger, Peter G. (2023): "Das Menschenbild der Menschenrechte". In: Zichy, Michael (Hrsg.): Handbuch Menschenbilder. Wiesbaden: Springer VS. https://doi.org/https://doi.org/10.1007/978-3-658-32138-3.

Kirchschläger, Peter G. / Kirchschläger, Thomas (Hrsg.) (2010): Human Rights and Pervasive Computing. International Human Rights Forum (IHRF) 7. Bern: Stämpfli.

Literaturverzeichnis

Klein, Eckart (1997): Menschenrechte: Stille Revolution des Völkerrechts und Auswirkungen auf die innerstaatliche Rechtsanwendung. Baden-Baden: Nomos Verlagsgesellschaft.

Kohlberg, Lawrence (1981): Essays on Moral Development, Vol. I: The Philosophy of Moral Development, Harper & Row: San Francisco.

Kohlberg, Lawrence (1984): Essays on Moral Development, Vol. II: The Psychology of Moral Development, Harper & Row: San Francisco.

Koller, Peter (1990): "Die Begründung von Rechten". In: Koller, Peter / Varga, Csaba / Weinberger, Ota (Hrsg.): Theoretische Grundlagen der Rechtspolitik. Ungarisch-Österreichisches Symposium der internationalen Vereinigung für Rechts- und Sozialphilosophie. Archiv für Rechts- und Sozialphilosophie 54. Stuttgart: Franz Steiner, 74-84.

Koller, Peter (2005): Zum Verhältnis von Domestischer und Globaler (Un)Gerechtigkeit. Lecture at the Conference 'The Diversitiy of Human Rights: Constitution and Human Rights'. Dubrovnik: Inter University Centre, 3-10 September (manuscript kindly provided by the author).

Kolster, Wedig (2006): Zur Kritik ethischer Urteilsbildung. Emotionen – Bewertung – Handlungsorientierung. Freiburg im Breisgau: Karl Alber.

Korff, Wilhelm (1989): "Zur naturrechtlichen Grundlegung der katholischen Soziallehre". In: Baadte, Günter / Rauscher, Anton (Hrsg.): Christliche Gesellschaftslehre: Eine Ortsbestimmung. Graz: Styria, 11-52.

Korff, Wilhelm / Wilhelms, Günter (2001): "Verantwortung". In: Lexikon für Theologie und Kirche 10, Freiburg im Breisgau: Herder, 597-600.

Kottow, Miguel H. (2004): "Vulnerability: What kind of principle is it?". In: Medicine, Health Care and Philosophy 7(3), 281-287.

Kramer, Rolf (1992): Soziale Gerechtigkeit – Inhalt und Grenzen. Sozialwissenschaftliche Schriften 18. Berlin: Duncker & Humblot.

Kranich-Stroetz, Christiane (2008): Selbstbewusstsein und Gewissen: Zur Rekonstruktion der Individualitätskonzeption bei Peter Abaelard. Subjekt – Zeit – Geschichte 2. Münster: LIT-Verlag.

LaBossiere, Michael (2017): "Testing the Moral Status of Artificial Beings; Or 'I'm Going to Ask You Some Questions…'". In: Lin, Patrick / Abney, Keith / Jenkins, Ryans (Hrsg.): Robot Ethics 2.0: From Autonomous Cars to Artificial Intelligence. New York: Oxford University Press, 293-306.

Ladwig, Bernd (2007): "Das Recht auf Leben – nicht nur für Personen". In: Deutsche Zeitschrift für Philosophie 55(1), 17-39.

Langan, John (1982): "Human Rights in Roman Catholicism". In: Swidler, Arlene (Hrsg.): Human Rights in Religious Traditions. New York: The Pilgrim Press, 25-39.

Locke, John (2006): Versuch über den menschlichen Verstand. Hamburg: Felix Meiner.

Lohmann, Georg (1998): "Menschenrechte zwischen Moral und Recht". In: Gosepath, Stefan / Lohmann, Georg (Hrsg.), Philosophie der Menschenrechte. Frankfurt am Main: Suhrkamp, 62-95

Lohmann, Georg (2000): "Die unterschiedlichen Menschenrechte". In: Fritzsche, K. Peter / Lohmann, Georg (Hrsg.): Menschenrechte zwischen Anspruch und Wirklichkeit. Würzburg: Ergon, 9-23.

Lohmann, Georg (2004): "Menschenrechte in Theorie und Praxis". In: Kirchschläger, Peter G. / Kirchschläger, Thomas / Belliger, Andrea / Krieger, David (Hrsg.): Menschenrechte und Terrorismus. Internationales Menschenrechtsforum Luzern (IHRF) 1. Bern: Stämpfli, 305-309.

Lohmann, Georg (2008): "Zu einer relativen Begründung der Universalisierung der Menschenrechte". In: Nooke, Günter / Lohmann, Georg / Wahlers, Gerhard (Hrsg.): Gelten Menschenrechte universal? Begründungen und Infragestellungen. Freiburg im Breisgau: Herder, 218-228.

Margalit, Avishai (1998): The Decent Society. Cambridge: Harvard University Press.

Maritain, Jacques (1948): "Introduction". In: UNESCO (Hrsg.): Human Rights: Comments and interpretations. UNESCO/PHS/3 (rev.). Paris: UNESCO, I-IX.

Markovits, Julia (2014): Moral Reason. Oxford: Oxford University Press.

Marschütz, Georg (2014): Theologisch und ethisch nachdenken (Bd. 1). Würzburg: Echter.

Marten, Rainer (1975): "Versuch über die philosophische Bestimmung des Gewissens". In: Holzhey, Helmut (Hrsg.): Gewissen? Philosophie aktuell 4. Basel: Schwabe, 119-133.

Martinsen, Renate (2004): Staat und Gewissen im technischen Zeitalter: Prolegomena einer politologischen Aufklärung. Weilerswist: Velbrück.

Mathwig, Frank (2000): Technikethik – Ethiktechnik: Was leistet Angewandte Ethik?. Forum Systematik 3. Stuttgart: Wilhelm Kohlhammer.

Metzinger, Thomas (2019): "Nehmt der Industrie die Ethik weg!". In: Tagesspiegel, April 8. Online: https://www.tagesspiegel.de/politik/eu-ethikrichtlinien-fuer-kuenstliche-intelligenz-nehmt-der-industrie-die-ethik-weg/24195388.html [13.07.2023].

Metzler, Marco (2016): "Martin Ford: ‚Automatisierung wird die ganze Arbeitswelt erfassen'". In: NZZ-Magazin, February 19. Online: https://magazin.nzz.ch/wirtschaft/martin-ford-automatisierung-wird-die-ganze-arbeitswelt-erfassen-ld.145015 [13.07.2023].

Mieth, Dietmar (1992): "Gewissen". In: Wils, Jean-Pierre / Mieth, Dietmar (Hrsg.): Grundbegriffe der christlichen Ethik. Paderborn: Ferdinand Schoeningh, 225-242.

Miller, David (1992): Distributive Justice: What the People Think. In: Ethics 102(April), 555-593.

Misselhorn, Catrin (2018): Grundfragen der Maschinenethik. Stuttgart: Reclam.

Moor, James H. (2006): "The Nature, Importance, and Difficulty of Machine Ethics". In: IEEE Intelligent Systems 21(4), 18-21.

Moyn, Samuel (2010): The Last Utopia: Human Rights in History. Cambridge: Harvard University Press.

Neue Zürcher Zeitung (2011): "Der lange Weg zum Frauenstimmrecht". In: Neue Zürcher Zeitung, February 4. Online: https://www.nzz.ch/frauenstimmrecht-1.9350588?reduced=true [13.07.2023].

Neuhäuser, Christian (2012): "Künstliche Intelligenz und ihr moralischer Standpunkt". In: Beck, Susanne (Hrsg.): Jenseits von Mensch und Maschine: Ethische und rechtliche Fragen zum Umgang mit Robotern, Künstlicher Intelligenz und Cyborgs. Robotik und Recht 1. Baden-Baden: Nomos Verlagsgesellschaft, 23-42.

Neuman, Gerald (2003): "Human Rights and Constitutional Rights". In: Stanford Law Review 55(5), 1863-1900.

Nickel, James W. (2015): "Personal Deserts and Human Rights". In: Cruft, Rowan / Liao, S. Matthew / Renzo, Massimo (Hrsg.): Philosophical Foundations of Human Rights. Oxford: Oxford University Press, 153-165.

Nida-Rümelin, J. (2005a): Angewandte Ethik. Die Bereichsethiken und ihre theoretische Fundierung. Alfred Kröner.

Nida-Rümelin, Julian (2005b): Über menschliche Freiheit. Stuttgart: Reclam.

Nida-Rümelin, J. (2011): Verantwortung. Stuttgart: Reclam.

Noichl, Franz (1993): Gewissen und Ideologie: Zur Möglichkeit der Rekonstruktion eines unbedingten Sollens. Freiburger theologische Studien 152. Freiburg im Breisgau: Herder.

Nothelle-Wildfeuer, Ursula (1999): Soziale Gerechtigkeit und Zivilgesellschaft. Paderborn: Ferdinand Schoeningh.

Nothelle-Wildfeuer, Ursula (2008): "Die Sozialprinzipien der Katholischen Soziallehre". In: Rauscher, Anton (Hrsg.): Handbuch der Katholischen Soziallehre. Berlin: Duncker & Humblot, 143-163.

Novet, Jordan (2018): "Facebook forms a special ethics team to prevent bias in its A.I. software". In: CNBC, May 3. Online: https://www.cnbc.com/2018/05/03/facebook-ethics-team-prevents-bias-in-ai-software.html [13.07.2023].

Nowak, Manfred (2002): Einführung in das internationale Menschenrechtssystem. Wien: NWV.

Nussbaum, Martha C. (1993): "Menschliches Tun und soziale Gerechtigkeit. Zur Verteidigung des aristotelischen Essentialismus". In: Brumlik, Micha / Brunkhorst, Hauke (Hrsg.): Gemeinschaft und Gerechtigkeit. Frankfurt am Main: Suhrkamp, 324-363.
Nussbaum, Martha C. (1995): "Human Capabilities, Female Human Beings". In: Nussbaum, Martha C. / Glover, Jonathan (Hrsg.): Women, culture, and development: A study of human capabilities. Oxford: Oxford University Press, 61-104.
Ohly, Lukas (2019a): Ethik der Robotik und der Künstlichen Intelligenz. Theologisch-Philosophische Beiträge zu Gegenwartsfragen 22. Berlin: Peter Lang.
Ong-Van-Cung, Kim Sang (2010): "Reconaissance et vulnérabilité: Honneth et Butler". In: Archives de Philosophie 73(1), 119-141.
Parfit, Derek (1984): Reasons and Persons, Oxford: Clarendon Press.
Pauder-Studer, H. (2020): Einführung in die Ethik. Wien: UTB.
Perry, Michael J. (2005): "The Morality of Human Rights: A Nonreligious Ground?". In: Emory Law Journal 54, 97-150.
Pfister, Jonas (2013): Werkzeuge des Philosophierens. Stuttgart: Reclam.
Pieper, Annemarie (1994): Einführung in die Ethik. (7. Aufl.) Tübingen: UTB.
Platon (1989): Der Staat: Über das Gerechte. Apelt, Otto / Bormann, Karl (Hrsg.). Philosophische Bibliothek 80. Hamburg: Felix Meiner.
Pogge, Thomas (1999): "Menschenrechte als moralische Ansprüche an globale Institutionen". In: Gosepath, Stefan / Lohmann, Georg (Hrsg.): Philosophie der Menschenrechte. Frankfurt am Main: Suhrkamp, 378-400.
Pogge, Thomas (2002): World Poverty and Human Rights. Cambridge: John Wiley & Sons Publishing.
Pritchard, Michael, S/, Engelhardt, Elaine, E. / Archer, Carina / Hartmann, Laura. P. / Werhane, Patricia H. (2013): Obstacles to Ethical Decision-Making. Mental Models, Milgram and the Problem of Obedience. Cambridge: Cambridge University Press.
Rabossi, Eduardo (1990): "La teoria de los derechos umanos naturalizada". In: Revista del Centro de Estudio Constitucionales 5(Enero-marzo), 159-175.
Rawls, John (1971): A Theory of Justice. Cambridge: Harvard University Press.
Rawls, John (1993): Political Liberalism. New York: Columbia University Press.
Rawls, John (1999): The Law of Peoples. Cambridge: Harvard University Press.
Raz, Joseph (1986): The Morality of Freedom. Oxford: Clarendon Press.
Raz, Joseph (2015): "Human Rights in the Emerging World Order". In: Cruft, Rowan / Liao, S. Matthew / Renzo, Massimo (Hrsg.): Philosophical Foundations of Human Rights. Oxford: Oxford University Press, 217-231.
Reeder, John P. (2015): "On Grounding Human Rights: Variations on Themes by Little". In: Twiss, Sumner B. / Simion, Marian G. / Petersen, Rodney L. (Hrsg.): Religion and Public Policy: Human Rights, Conflict, and Ethics. New York: Cambridge University Press, 96-119.
Reiter Johannes (1991): "Die Frage nach dem Gewissen". In: Seidel, Walter (Hrsg.): Befreiende Moral: Handeln aus christlicher Verantwortung. Würzburg: Echter, 11-31.
Remele, Kurt (2009): "Gerechtigkeit lehren, gerecht leben: Katholische Sozialethik und Soziallehre als institutionalisierte Gesellschaftsreflexion und praktisches Handeln". In: Salzburger Theologische Zeitschrift 13, 192-205.
Römelt, Josef (2011): Das Geschenk der Freiheit: Christlicher Glaube und moralische Verantwortung. Innsbruck: Tyrolia.
Romm, Tony (2020): "Tech giants led by Amazon, Facebook and Google spent nearly half a billion on lobbying over the past decade, new data shows". In: The Washington Post, January 22. Online: https://www.washingtonpost.com/technology/2020/01/22/amazon-facebook-google-lobbying-2019/ [13.07.2023].
Rorty, Richard (1996): "Menschenrechte, Rationalität und Gefühl". In: Shute, Stephen / Hurley, Susan (Hrsg.): Die Idee der Menschenrechte. Frankfurt am Main: Suhrkamp, 144-170.

Roth, Gerhard (2003): Aus Sicht des Gehirns. Frankfurt am Main: Suhrkamp.
Ruiz-Cano, Jennifer (2015): "Revision de modelos para el analisis de dilemas eticos (Review of models ofor the analysis of ethical dilemmas)". In: Boletín Medico del Hospital Infantil de Mexico 72/2, 1-10.
Runggaldier, Edmund (2003): "Deutung menschlicher Grunderfahrungen im Hinblick auf unser Selbst". In: Rager, Günter / Quitterer, Josef / Runggaldier, Edmund (Hrsg.): Unser Selbst – Identität im Wandel neuronaler Prozesse. Paderborn: Ferdinand Schoeningh, 143-221.
Sandkühler, Hans Jörg (2010): "Art. Menschenrechte". In: ders. (Hg.): Enzyklopädie Philosophie, Hamburg: Felix Meiner, 1530–1553.
Sandler, Ronald L. (2014): Ethics and Emerging Technologies. New York: Palgrave Macmillan.
Sartre, Jean-Paul (1943): Das Sein und das Nichts: Versuch einer phänomenologischen Ontologie. Hamburg: Rowohlt.
Schaupp, Walter (2014): "Zwischen personal beliefs und professional duties: Weltanschaulich-religiöser Pluralismus als neue Herausforderung für das ärztliche Gewissen". In: Bormann, Franz-Josef / Wetzstein, Verena (Hrsg.): Gewissen: Dimensionen eines Grundbegriffs medizinischer Ethik. Berlin: De Gruyter, 3-23.
Schlögl-Flierl, Kerstin (2016): "Die Tugend der Epikie im Spannungsfeld von Recht und Ethik". In: Chittilappilly, Paul-Chummar (Hrsg.): Horizonte gegenwärtiger Ethik. Festschrift Josef Schuster. Freiburg im Breisgau: Herder, 29-39.
Schmitt, Hanspeter (2008): Sozialität und Gewissen. Anthropologische und theologisch-ethische Sondierung der klassischen Gewissenslehre. Studien der Moraltheologie 40. Wien: LIT-Verlag.
Schockenhoff, Eberhard (2014a): Grundlegung der Ethik: Ein theologischer Entwurf. Freiburg im Breisgau: Herder.
Schönherr-Mann, Hans-Martin (2010): Die Macht der Verantwortung. Freiburg im Breisgau: Karl Alber.
Schroeder, Doris / Gefenas, Eugenijus (2009): "Vulnerability: Too Vague and Too Broad?". In: Cambridge Quarterly of Healthcare Ethics 18(2), 113-121.
Schüller, Bruno (1980): Die Begründung sittlicher Urteile. Typen ethischer Argumentation in der katholischen Moraltheologie. Düsseldorf: Patmos-Verlag.
Schuster, Johannes / Kerber, Walter (2016): "Gewissen". In: Brugger, Walter (Hrsg.): Philosophisches Wörterbuch. Freiburg im Breisgrau: Herder, 144-146.
Shead, Sam (2019): "Google Announced an AI Advisory Council, but the Mysterious AI Ethics Board Remains A Secret". In: Forbes, March 27. Online: https://www.forbes.com/sites/samshead/2019/03/27/google-announced-an-ai-council-but-the-mysterious-ai-ethics-board-remains-a-secret/#34ba580e614a [13.07.2023].
Shoham, Shlomo / Lamay, Nira (2006): "Commission for Future Generations in the Knesset: lessons learnt". In: Tremmel, Joerg Chet (Hrsg.): Handbook of Intergenerational Justice. Cheltenham: Edward Elgar Publishing, 244-281.
Singer, Peter (2004): "One Community". In: Singer, Peter: One World: The Ethics of Globalization. New Haven: Yale University Press, 150-193.
Smith, Adam (2004): Theorie der ethischen Gefühle. Hamburg: Felix Meiner.
Strong, Kelly C. / Meyer, Dale G. (1992): "An Integrative Descriptive Model of Ethical Decision Making". In: Journal of Business Ethics 11(2), 89-94
Sullins, John P. (2006): "When Is a Robot a Moral Agent". In: International Review of Information Ethics 6(12), 23-30.
Taparelli, Luigi (1855): Saggio teoretico di diritto naturale appoggiato sul fatto 1. Roma: La Civiltà cattolica.
Tasioulas, John (2015): "On the Foundations of Human Rights". In: Cruft, Rowan / Liao, S. Matthew / Renzo, Massimo (Hrsg.): Philosophical Foundations of Human Rights. Oxford: Oxford University Press, 45-70.

Literaturverzeichnis

Teichtweiter, Georg (1976): "Moral – wieder gefragt?". In: Hirschmann, Johannes (Hrsg.): Der Christ in der Welt 5(7a/b). Aschaffenburg: Paul Pattloch, 102-123.

Thimm, Caja / Bächle, Thomas Christian (2018): "Autonomie der Technologie und autonome Systeme als ethische Herausforderung". In: Rath, Matthias / Krotz, Friedrich / Karmasin, Matthias (Hrsg.): Maschinenethik. Wiesbaden: Springer, 73-87.

Thomas Aquinas (1937): Summa Theologica 6. Katholischer Akademikerverband (Hrsg.). Übersetzt von Dominikanern und Benediktinern Deutschlands und Österreichs. Salzburg: Anton Pustet.

Thompson, Janna (2010): "What is Intergenerational Justice?". In: Future Justice, 5-20. Online: http://www.futureleaders.com.au/book_chapters/pdf/Future_Justice/Janna_Thompson.pdf. [13.07.2023].

Torrance, Steve (2008): "Ethics and consciousness in artificial agents". In: AI & Society 22, 495-521.

Torrance, Steve (2011): "Machine Ethics and the Idea of a More-Than-Human-World". In: Anderson, Michael / Anderson, Susan Leigh (Hrsg.): Machine Ethics. Cambridge: Cambridge University Press, 115-137.

Tremmel, Joerg Chet (2006): "Establishing intergenerational justice in national constitutions". In: Tremmel, Joerg Chet (Hrsg.): Handbook of Intergenerational Justice. Cheltenham: Edward Elgar Publishing, 187-214.

Trotter Cockburn, Catherine (1702): A Defence of Mr. Lock's Essay of Human Understanding. London: William Turner & John Nutt.

Tugendhat, Ernst (1993): Vorlesungen über Ethik. Frankfurt a. M: Suhrkamp.

Turner, Bryan S. (2006): Vulnerability and Human Rights. Pennsylvania: Pennsylvania State University Press.

Tzafestas, Spyros G. (2016): Roboethics: A Navigating Overview. Intelligent Systems, Control and Automation: Science and Engineering. Cham: Springer.

Ulpian, Domitius (2005): Corpus Iuris Civilis: Digesten 1. Knütel, Rolf / Kupisch, Berthold / Seiler, Hans Hermann / Behrends, Okko (Hrsg.). Heidelberg: C. F. Müller.

UNESCO (2020): Elaboration of a Recommendation on the ethics of artificial intelligence. Online: https://en.unesco.org/artificial-intelligence/ethics [13.07.2023].

United Nations (1948): Universal Declaration of Human Rights of 1948. United Nations. Online: https://www.un.org/en/universal-declaration-human-rights/ [13.07.2023].

United Nations (1950): French Delegate to the Sixth Commission on Human Rights 1950. Summary Record of the 165th meeting: Draft International covenant on human rights. Economic and Social Council. Commission on Human Rights. Sixth Session. E/CN.4/SR.165. Paris: United Nations.

Úriz Pemán, Maria J. / Idareta Goldaracena, Francisco (2017): La ética en las intervenciones sociales: Algunos modelos de resolución de dilemas éticos. https://academica-e.unavarra.es/xmlui/handle/2454/33153 [13.07.2023].

Van Opstal, Rocus / Timmerhuis, Jacqueline (2006): "The role of CPB in Dutch economic policy". In: Tremmel, Joerg Chet (Hrsg.): Handbook of Intergenerational Justice. Cheltenham: Edward Elgar Publishing, 299-316.

Veith, Werner (2014): "Gerechtigkeit". In: Heimbach-Steins, Marianne (Hrsg.): Christliche Sozialethik: Ein Lehrbuch 1. Studienliteratur. Regensburg: Friedrich Pustet, 315-326.

Verbeek, Peter-Paul (2014): "Some Misunderstandings About the Moral Significance of Technology". In: Kroes, Peter / Verbeek, Peter-Paul (Hrsg.): The Moral Status of Technical Artefacts. Philosophy of Engineering and Technology 17. Dordrecht: Springer, 75-88.

Virt, Günter (2007): Damit Menschsein Zukunft hat: Theologische Ethik im Einsatz für eine humane Gesellschaft. Marschütz, Gerhard / Prüller-Jagenteufel, Gunter M. (Hrsg.). Würzburg: Echter.

Vogt, Markus (2005): "Natürliche Ressourcen und intergenerationelle Gerechtigkeit". In: Heimbach-Steins, Marianne (Hrsg.): Christliche Sozialethik: Ein Lehrbuch 2. Studienliteratur. Regensburg: Friedrich Pustet, 137-162.

Wakefield, Jane (2019): "Google's ethics board shut down". In: BBC News, April 5. Online: https://www.bbc.com/news/technology-47825833 [13.07.2023].
Wallach, Wendell / Allen, Collin (2009): Moral Machines: Teaching Robots Right from Wrong. Oxford: Oxford University Press.
Weiss, Norman (2007): "Menschenrechtsschutz". In: Volger, Helmut (Hrsg.): Grundlagen und Strukturen der Vereinten Nationen. München: De Gruyter Oldenbourg, 163-188.
Werner, Micha H. (2021): Einführung in die Ethik. Stuttgart: J.B. Metzler.
Weston, Anthony (2017): A 21st Century Ethical Toolbox. New York: Oxford University Press.
Wetz, Franz Josef (1998): Die Würde des Menschen ist antastbar: Eine Provokation. Stuttgart: Klett-Cotta.
Willoweit, Dietmar (1992): "Die Veräusserung der Freiheit. Über den Unterschied von Rechtsdenken und Menschenrechtsdenken". In: Bielefeldt, Heiner / Brugger, Winfried / Dicke, Klaus (Hrsg.): Würde und Recht des Menschen. Festschrift Johannes Schwartländer. Würzburg: Koenigshausen & Neumann, 255-268.
Winter, Sabrina (2020): "Undurchsichtige Lobbyarbeit der US-Techkonzerne aufgedeckt. Verstösse gegen EU-Transparenzregeln". In: Der Spiegel, September 28. Online: https://www.spiegel.de/netzwelt/netzpolitik/facebook-google-amazon-apple-microsoft-undurchsichtige-lobbyarbeit-aufgedeckt-a-432bb716-0844-4a1a-95c0-6bfec6e733c5 [13.07.2023].
Witschen, Dieter (2002): Christliche Ethik der Menschenrechte: Systematische Studien. Studien der Moraltheologie 28. Münster: LIT-Verlag.
Wolbert, Werner (2003): "Menschenwürde, Menschenrechte und Theologie". In: Salzburger Theologische Zeitschrift 7(2), 161-179.
Wolbert, Werner (2008): Gewissen und Verantwortung: Gesammelte Studien. Studien zur Theologischen Ethik 118. Freiburg im Breisgau: Herder.
Wolf, Clark (2003): "Intergenerational Justice". In: Frey, Raymond G. / Wellman, Christopher Heath (Hrsg.): A Companion to Applied Ethics. Malden: Wiley Blackwell Publishing, 279-294.
Wolf, Jean-Claude (1993): Utilitarismus, Pragmatismus und kollektive Verantwortung. Freiburg im Breisgau: Herder.
Yampolski, Roman V. (2013): "Artificial Intelligence Safety Engineering: Why Machine Ethics Is a Wrong Approach". In: Müller, Vincent C. (Hrsg.): Philosophy and Theory of Artificial Intelligence. Cham: Springer, 289-296.
Zimmerli, Walther C. (1993): "Wandelt sich Verantwortung mit technischem Wandel?". In: Lenk, Hans / Rophl, Günther (Hrsg.): Technik und Ethik. Stuttgart: Reclam, 92-111.

Stichwortverzeichnis

Die Angaben verweisen auf die Seitenzahlen des Buches.

A

Achtung 15, 17, 25, 26, 30, 37, 88, 90, 101, 116
Autonomie 11, 17, 26, 28, 33, 41, 48, 51–59, 69, 77, 84, 95, 96, 98, 103, 113, 116, 124, 135
Autoritäten 47, 70, 77, 80, 122

D

Demokratie 59, 129
Deontologie 73
Diskurs 25, 27–32, 41, 47, 48, 51, 67, 71, 75, 88, 93, 95, 100, 117, 119, 128
Diskursethik 67, 71
Durchsetzung 37, 39, 79, 114

E

Eleganz 19, 24, 63, 135
Entscheiden 11, 18, 19, 24, 41, 51, 55, 57–59, 63, 67, 69, 70, 72, 81, 84, 85, 96, 99, 104, 113, 114, 121, 122, 131, 135
Entscheidungen 11–21, 25, 28, 30, 31, 35–39, 41–45, 48–50, 52–59, 63, 64, 66, 67, 69–76, 78, 80, 82–88, 90, 94, 96, 105, 108, 109, 113, 115, 116, 119, 120, 127, 128, 130, 131, 135
Entscheidungsfindung 11–21, 25, 28, 31, 35–39, 44, 55, 58, 59, 63, 67, 69, 70, 75, 84, 113, 119, 131
Epikie 60, 70
Ethik 11–19, 24–27, 33, 35–37, 39, 46, 53, 56, 59, 61, 63, 67–69, 73, 75, 76, 84, 88, 90, 104, 114, 117, 118, 120–125, 127–131, 133, 135
Ethiker
 – innen 128–130
Ethische Normen 17, 35, 36, 60, 123, 132

F

Folgen 11, 13, 17, 37, 39, 41, 49, 50, 55, 59, 60, 63, 69, 71–76, 78, 79, 82–84, 94, 117, 120, 126, 131

Freiheit 11, 12, 14, 15, 17, 25–33, 35, 36, 39, 41, 48–55, 57–59, 67–69, 75, 77, 80–82, 84, 87, 96, 98, 99, 103, 107, 113–116, 124, 128, 131, 135

G

Gerechtigkeit 36, 60, 66, 67, 75, 85–96, 108, 114, 135
Gewissen 41, 44, 47–51, 53–55, 57, 58, 60, 74, 83, 97, 117
Global 18, 25, 31, 82, 83, 92, 108, 112
Glück 68, 70, 72, 73
Gruppe 12, 27, 28, 30, 31, 53, 72, 76, 80, 87, 91, 97, 103, 124, 128–130

K

Komplexität 18, 30, 47, 59, 60, 73, 76, 78, 120
Konsequenzen 19, 45, 72, 73, 127
Konsequenzialismus 67, 72
Kontext 18, 25–29, 31, 33, 42, 44, 47, 63, 69, 76, 88, 99, 112, 114, 120, 127, 128, 131
Künstliche Intelligenz 129

L

Leichtigkeit 19, 24, 63, 135

M

Maschinen 41, 42, 46, 47, 51–56, 58
Menschenrechte 24, 28–31, 33, 35, 36, 38, 39, 45, 46, 67, 75, 79, 88, 90, 93–105, 107–116, 133
Menschenwürde 11, 15, 17, 24–33, 35, 36, 39, 51, 52, 67, 73–75, 88–91, 96, 99, 100, 106–108, 110, 112, 114, 115, 131, 135
Moral 11–16, 20, 21, 36, 38, 39, 41, 43, 47–57, 63, 64, 66, 85, 120, 122
Moralfähigkeit 17, 41, 42, 44, 46, 47, 51–58, 85

N

Natur 54, 68, 71, 77, 78, 84, 93, 114
Naturrecht 70, 71, 88
Normen 12, 14, 15, 17, 20, 33, 35–37, 41, 48, 50, 52, 58–61, 65, 67–71, 74, 75, 80, 83, 89, 112, 116–118, 121, 123, 125, 131–133
Normethik 69, 70

P

Pflichten 14, 37, 38, 47–50, 67, 73, 75–78, 83, 86, 88, 91, 93, 98, 99, 101, 103, 107, 108, 115–117, 122, 124, 127
Pflichtenethik 67, 73
Pluralität 11, 17, 25, 26, 32, 67, 70, 71, 112–114, 116, 122, 135
Prinzipien 11, 15–17, 20, 25, 26, 28, 32, 35, 37–39, 41, 44–46, 52–56, 58–60, 66–72, 74, 75, 80, 84, 92, 93, 96, 104, 105, 108–116, 118, 120, 121, 123, 124, 126, 129, 131–133, 135

R

Realisierung 39, 131, 135
Recht 13, 19, 27, 35–39, 43, 51, 79, 85, 88, 97, 99, 103, 111, 112, 115, 117
Rechtliche Normen 36, 37, 60

Regelüberragende Einzigartigkeit des Konkreten 19, 59, 60, 70, 123, 132
Respekt 15, 25, 114, 116, 135

S

Schutz 43, 75, 97, 98, 101, 102, 106, 107, 109, 110, 114

T

Teleologie 72
Tugenden 39, 60, 67, 69, 70, 85
Tugendethik 67, 69, 70

U

Unsicherheit 45, 92, 93, 105, 108
Utilitarismus 67, 72, 73

V

Verantwortung 11, 12, 16, 17, 19, 41, 47, 52–58, 60, 61, 67, 72, 75–84, 87, 93–95, 98, 133, 135
Verletzbarkeit 28, 41–47, 53–55, 57, 58, 93, 104–113, 120

Z

Zweck 72, 79, 80, 126, 129